西南交通大学新时代日常思想政治教育实践研究丛书

西南交通大学辅导员工作室建设成果

教育部高校思想政治工作队伍培训研修中心（西南交通大学）、四川省高校辅导员培训中心建设成果

高校思想政治工作队伍培训研修中心（西南交通大学）2022年度课题（SZSWJTU22-13）研究成果

新君子教育

道德教育的新路向

石　莹◎著

光明日报出版社

图书在版编目（CIP）数据

新君子教育：道德教育的新路向 / 石莹著．

北京：光明日报出版社，2024.8. -- ISBN 978－7－5194－

8155－1

Ⅰ. G641.6

中国国家版本馆 CIP 数据核字第 2024BU0623 号

新君子教育：道德教育的新路向

XINJUNZI JIAOYU：DAODE JIAOYU DE XINLUXIANG

著　者：石　莹			
责任编辑：陈永娟		责任校对：许　怡　李佳莹	
封面设计：中联华文		责任印制：曹　净	

出版发行：光明日报出版社

地　　址：北京市西城区永安路 106 号，100050

电　　话：010-63169890（咨询），010-63131930（邮购）

传　　真：010-63131930

网　　址：http：//book. gmw. cn

E － mail：gmrbcbs@ gmw. cn

法律顾问：北京市兰台律师事务所龚柳方律师

印　　刷：三河市华东印刷有限公司

装　　订：三河市华东印刷有限公司

本书如有破损、缺页、装订错误，请与本社联系调换，电话：010-63131930

开　　本：170mm×240mm

字　　数：269 千字　　　　　　　印　　张：16.5

版　　次：2025 年 1 月第 1 版　　　印　　次：2025 年 1 月第 1 次印刷

书　　号：ISBN 978－7－5194－8155－1

定　　价：95.00 元

序

"开辟价值之源，挺立道德主体，莫过于儒。"儒家思想以孔子为开端，赓续绵延，发展出安身立命、经世致用的"仁学"体系。其内圣外王之道，重伦理，重功用，重实践，成为一代又一代中国人的精神皈依和生命旨归。先秦儒家君子人格思想，则是中华民族"最深层次的精神追求"和"独特的精神标识"的典型代表之一，虽历千年，仍散发着超越时空的无穷魅力。

石莹博士的大著正是这样一部对先贤及其思想满蕴温情与敬意的心血之作。其突出特点有三。

一是以马克思主义为魂，以中华优秀传统文化为根。著者坚持辩证唯物主义和历史唯物主义的基本观点，认真辨析先秦君子人格思想的内涵，深入挖掘先贤学说蕴含的思想观念、人文精神、道德规范，汲取其精华，不仅讲清楚了先秦君子人格思想"是什么"，更讲清楚了这笔资源之所以足可能"古为今用"的学理依据，从而在推动中华优秀传统文化"创造性转化和创新性发展"的时代命题下展现出自己的理论逻辑。

二是理论与实践相结合，知行合一。儒家人格思想，绝不仅仅是高头讲章，更是一种人生哲学，有着鲜明的日常功用价值，以其"内化于心，外化于行"而贯通于日常人伦之道。著者敏锐地抓住儒学这一特点，深入探究了君子人格思想蕴含的道德条目如何涵养大学生的社会公德、职业道德、家庭美德和个人品德，并具体探讨了君子人格思想中的德育方法、修养方式怎样有效融入大学生思想道德教育。可以说，著者以其绵密沉实的分析论证，收到了雕精达博之功效。

三是古今融通，中西兼取。习近平总书记说："传承中华文化，绝不是简单复古，也不是盲目排外，而是古为今用、洋为中用、辩证取舍、推陈出新，摒弃消极因素，继承积极思想，'以古人之规矩，开自己之生面'，实现中华文化的创造性转化和创新性发展。"在马克思主义指导下，不断赋予中华优秀传统文化以新的时代内涵和表现形式，实现传统与现代的有机衔接，从而让中华优秀传统文化绽放绚丽的时代光彩，这是时代的新要求。显然，实现这样的目标，需要学人时贤们具备融通古今、学贯中外的"功力"。古代学者将其概括为"才、学、识"三要素。著者沉潜于古籍文献，并采撷西方思想家的相关论述以为用，既重道亦重器，这种探索无疑是弥足珍贵的。而且，著者作为一名高校思想政治教育工作者，坚持言传和身教相统一，坚持潜心问道和关注社会相统一，其实也是在以其不断自我提升知识格局、价值理想、道德人格的种种努力，为学生点亮理想的灯、照亮前行的路。

古人说："恒患意不称物，文不逮意"；"方其搦翰，气倍辞前；暨乎篇成，半折心始"。为文之难，由此可见矣。可以说，任何一部著作，都难以做到尽善尽美，石莹博士的著作当然也概莫例外。但"道不远人"，著者本为青年学者，来日方长，且勤奋好学，自立自强，我们由衷地希望并且祝愿他勇猛精进，不断进入新境界，谱写新华章！

西南交通大学人文学院执行院长 教授 博士生导师 刘占祥

2024 年 3 月

目 录
CONTENTS

第一章

绪　论

第一节　新时代大学生道德教育的新理路

人的道德行为规范、道德理性养成以及道德修养提升是一个古老而又常新的话题，这既是一个理论问题，又是一个现实问题。当今中国，最重要的实践就是实现"第二个百年奋斗目标"和中华民族伟大复兴的中国梦，实现宏伟目标，需要一代又一代"德才兼备"的青年接续奋斗。马克思指出："作为确定的人，现实的人，你就有规定，就有使命，就有任务……这个任务是由于你的需要及其与现存世界的联系而产生的。"① 新时代，成为德智体美劳全面发展的社会主义建设者和接班人，是大学生的时代责任和历史使命，也是大学生的成才目标。然而，在瞬息万变的当今世界，面临复杂多变的国际环境和艰巨繁重的国内改革任务，当代大学生却暴露出越来越多的问题。比如，功利主义盛行、拜金主义严重、实用主义泛滥、诚信观念缺失等。可以说，这些问题的出现，在相当程度上背离了当代大学生作为担当民族复兴大任的时代新人的成才目标，也背离了高校"立德树人"这一教育的根本任务。

加强公民道德建设，是把我国建设成为富强、民主、文明、和谐、美丽的社会主义现代化强国的必然要求。新时代以来，持续加强公民道德建设已经成为党和国家的共识。党的十八大报告提出："用社会主义核心价值体系引领社会

---

① 中共中央马克思恩格斯列宁斯大林著作编译局．马克思恩格斯全集：第 3 卷［M］．北京：人民出版社，1960：328.

思潮、凝聚社会共识"，"积极培育和践行社会主义核心价值观"。① 报告明确指出，将全面提高公民道德素质作为社会主义道德建设的基本任务，深入"推进公民道德建设工程"，弘扬时代新风。党的十九大报告再次强调了加强公民道德建设的时代主题，通过"推进社会公德、职业道德、家庭美德、个人品德建设"，进而"提高人民思想觉悟、道德水准、文明素养，提高全社会文明程度"。② 2019 年 10 月，《新时代公民道德建设实施纲要》（以下简称《纲要》）印发，将"加强公民道德建设、提高全社会道德水平"作为"全面建成小康社会、全面建设社会主义现代化强国的战略任务"。③ 这些重要论述，将公民道德建设摆到了更加重要的位置，凸显了当前加强道德建设的必要性和紧迫性，明确了当前道德建设的目标要求、基本内容和方法步骤，为新时代推动全民道德素质建设和社会文明程度的提升指明了方向。

大学生是推动社会进步的中坚力量，其思想道德状况的好坏，直接关系到第二个百年奋斗目标能否顺利实现。加强和改进大学生思想道德教育，对培养社会主义建设者和接班人，具有重要的战略意义。大学生思想道德教育的基本目标，就是要及时解决大学生的心理困惑，提高大学生的思想道德素质，坚定大学生高尚的理想信念和人生追求，最终帮助大学生获得全面发展。这一基本目标框定了大学生思想道德教育工作的基本内容，同时，马克思主义认为，世界是不断变化发展的，思想道德教育工作也应随着历史的发展和时代任务的变化不断做出调整和创新。

党的十八大以来，面对新的历史条件和时代要求，习近平高度重视青年的思想道德教育工作，对青年思想道德建设的意义、目标和路径做了深刻论述，形成了关于青年思想道德建设的新思想、新观点、新举措，为新时代全面深化和发展大学生道德教育提供了根本遵循。习近平多次强调修身立德对大学生全面发展的重要性：青年学子应努力"成为德才兼备、全面发展的人才"④，要培

① 胡锦涛 . 坚定不移沿着中国特色社会主义道路前进 为全面建成小康社会而奋斗——在中国共产党第十八次全国代表大会上的报告［EB/OL］. 人民网，2012-11-18.
② 习近平 . 决胜全面建成小康社会 夺取新时代中国特色社会主义伟大胜利——在中国共产党第十九次全国代表大会上的报告［EB/OL］. 人民网，2017-10-27.
③ 中共中央 国务院印发《新时代公民道德建设实施纲要》［EB/OL］. 中国政府网，2019-10-27.
④ 习近平 . 习近平著作选读：第一卷［M］. 人民出版社，2023：540.

育和践行社会主义核心价值观，踏踏实实修好品德，成为有大爱、大德、大情怀的人。"要把正确的道德认知、自觉的道德养成、积极的道德实践紧密结合起来，不断修身立德，打牢道德根基。"① 习近平的这些重要论述，开拓了青年思想道德建设工作的新局面，为新时代高校全面贯彻落实"立德树人"根本任务、指导青年大学生自觉立德修身指明了前进方向。

新时期以来，在社会道德建设中，党和国家一向重视优秀传统文化和中华传统美德对提升公民道德素养的基础性作用。特别是党的十八大以来，传承中华传统美德，以优秀传统文化涵养社会主义核心价值观、提升公民道德水准，不论在认识还是实践上，都被提升到了一个全新的高度。习近平高度重视弘扬中华优秀传统文化，认为优秀传统文化不仅是中华民族共有的精神家园，还彰显了整个人类文明的生存智慧。习近平指出，优秀传统文化当中蕴含着丰富的道德资源，是当前进行道德教育的"好教材"②。"中国传统文化博大精深，学习和掌握其中的各种思想精华，对树立正确的世界观、人生观、价值观很有益处"③，"培育和践行社会主义核心价值观"，"深入挖掘中华优秀传统文化蕴含的思想观念、人文精神、道德规范"④。为此，我们就需要在继承和弘扬优良传统的基础上，重点做好优秀传统文化的"创造性转化和创新性发展"。习近平并非将优秀传统文化划归为一个简单的历史范畴，而是站在新的历史起点，更加凸显了它的精神内涵与时代价值，提出了对待传统文化的科学态度。习近平在庆祝中国共产党成立100周年大会的讲话中，首次提出了"把马克思主义基本原理同中国具体实际相结合，同中华优秀传统文化相结合"的基本论断，揭示了中国式现代化的必经之路。第二个结合作为原创性的论断，进一步凸显了中华优秀传统文化的"根脉"地位。习近平关于传统文化的理论认识体现了高度的文化自觉和文化自信，并为在道德教育领域传承优秀传统文化提供了根本依据。

儒家伦理及其道德理想是中国传统文化最重要的组成部分，其中，儒家的

---

① 习近平. 在纪念五四运动100周年大会上的讲话［M］. 北京：人民出版社，2019：11.
② 井琪，崔宪涛. 传承和弘扬中华优秀传统文化——学习习近平总书记系列重要讲话体会之九十［EB/OL］. 中国共产党新闻网，2015-07-22.
③ 习近平. 习近平谈治国理政：第一卷［M］. 北京：外文出版社，2014：405.
④ 习近平. 决胜全面建成小康社会 夺取新时代中国特色社会主义伟大胜利——在中国共产党第十九次全国代表大会上的报告［EB/OL］. 人民网，2017-10-27.

人格思想奠定了中国传统伦理思想及道德教育思想的发展方向，成为彰显民族精神的精粹。儒家文化中有丰富的人格教育思想，早在春秋战国时期，以孔、孟、荀为代表的先秦儒家就已经全面探讨了人格修养问题，并形成了比较系统的人格思想。先秦儒家的理想人格包括了以"仁"为核心的道德教育内容、内圣外王的道德行为模式、注重内省的道德修养途径等丰富的传统道德教育资源。先秦儒家把"人"推崇到很高的地位，重视人、肯定人在道德发展领域的无限可能性，并通过对君子人格——这一充满现实性的理想人格模式的塑造和追求，实现了从"修身齐家"到"治国平天下"的个人价值和社会价值的有机统一，体现了对个体精神世界的终极关怀与家国社会的责任担当的有效统合。

先秦儒家君子人格思想古老而鲜活、历久而弥新，对人的高尚品行的养成和道德境界的提升有积极而深远的影响，是塑造我们的精神世界的价值源头之一。在新的时代条件下，对先秦儒家君子人格思想进行创造性转化和创新性发展，能够发挥其在滋养社会道德建设中的重要作用。2018年5月，教育部发布了《关于开展中华优秀传统文化传承基地建设的通知》，在全国普通高校开展中华优秀传统文化传承基地建设，这一举措，体现了高校传承优秀传统文化的实践自觉。因此，充分挖掘先秦儒家君子人格思想蕴含的符合时代要求的道德精华，并细致做好其与高校道德教育的对接融入，对推动高校坚持立德树人内涵式发展、培养和塑造大学生良好道德品格都具有重大的理论意义和实践价值。

新时代，高等教育人才培养的目标和要求发生了新的变化，当前的人才培养工作不能仅局限于传授科学理论知识和增强学生的社会适应能力方面，还要以培养社会主义建设者和接班人为己任。为此，高校就要努力形成和构建满足培养大学生德智体美劳全面发展的教育体系和人才培养模式，把"立德树人"融入大学生思想道德教育、文化知识教育以及社会实践教育诸环节。高校人才培养质量，事关国家前途、民族命运和人民幸福，"实现中华民族伟大复兴的中国梦，需要一代又一代有志青年接续奋斗"①。推进中国式现代化需要青年大学生挺膺担当，社会的发展、时代的进步对青年大学生提出了更高的要求。大学生要成长为肩负民族复兴大任的时代新人，除了要有扎实的专业知识和过硬的技术本领，还必须有崇高的道德品质。因此，促进学生的全面发展、培养学生

---

① 习近平. 在知识分子、劳动模范、青年代表座谈会上的讲话 [N]. 人民日报，2016-04-30（2）.

的理想人格，成为当前高等教育面临的最为重要的课题之一。

道德是具体的历史时代的产物，凌驾于一切民族和时代之上的永恒不变的道德是不存在的。当前，党和国家对加强公民道德建设，特别是对提升大学生道德素养提出了更高的要求，精神的丰富和道德的完善理应体现时代风貌，符合社会期许。因为，如果没有与时代价值相吻合的道德精神，国家富强和社会繁荣的目标将无法达成，人的完善与社会的和谐将无从追寻，中华民族伟大复兴的中国梦将无法实现。

同时，道德又具有相对独立性和历史继承性，并在社会舆论、教育和人们的内心信念等因素作用下固化为相对稳定的道德原则和道德规范，而道德观念亦深深根植于历史传统和文化记忆之中。因此，我们完全地抛弃固有模式去寻求现代人的道德教育途径，显然是不可行的。儒家所倡导的君子人格，作为立德修身的典范，千百年来一直被中国人所仰慕和追求。张岱年讲道："道德是文化的组成部分，对于文化的论断应当也适用于道德"，中国古代思想家的道德学说，"在陶铸中华民族的民族精神上曾经起过卓越的作用，还是应该继承的"。①同样，当前的高校道德教育，亦需要在充分发掘我国传统儒家德育思想丰富内涵的基础上，赋予儒家德育观念以时代气息和新的生命力，并为推动大学生道德教育发展提供文化本源、价值来源、理论渊源和方法资源。

君子人格融入大学生道德教育，其理论意义有三：一是通过系统梳理先秦儒家君子人格塑造理论，充分发掘君子人格的精神内涵，汲取中华传统道德教育中的修身智慧，为当前道德教育的理论研究提供中华优秀传统文化的角度和视野，构建符合时代要求的本土化的道德教育模式；二是通过吸收先秦儒家君子人格思想的积极部分来培养时代新人，有助于丰富和发展高校道德教育理论，同时也有利于丰富新时代高校思想政治教育的研究内容，拓展高校思想政治教育的理论空间；三是通过挖掘先秦儒家君子人格的时代价值，从个案出发对传统文化的"创造性转化"和"创新性发展"在方法论意义上进行有益尝试，并为大学生树立"文化自信"和"价值观自信"提供切实的文化支撑。其现实意义有四：一是对高校道德教育进行系统性的研究，有助于深刻认识当前人才培养的时代背景和大学生道德教育的现实要求，深化全社会对加强大学生道德教育重要性和紧迫性的认识，促进高校"立德树人"这一教育根本任务的全面贯

---

① 张岱年. 中国伦理思想研究 [M]. 南京：江苏教育出版社，2009：48—49.

彻落实；二是探讨儒家君子人格融入大学生道德教育的理论依据，为大学生立德修身提供新的内容和方法，启迪大学生积极主动地完善自身道德素质，对激发大学生的道德主体性具有现实意义；三是挖掘君子人格蕴含的群体道德意识和道德情感，有助于大学生深入理解社会主义核心价值观以及实现中华民族伟大复兴的中国梦的历史逻辑和传统底蕴，回应大学生道德教育的时代命题；四是确立并构建君子人格融入大学生道德教育的科学原则和多维路径，为高校传承中华优秀传统文化、弘扬中华传统美德提供实践方案，体现"扎根中国大地办教育"的鲜明特色。

第二节　先秦儒家君子人格与大学生道德教育研究回顾

一、国内学界关于君子人格与大学生道德教育的研究进展

目前，学界已经在相关论域内就本研究的论题开展了一些研究，取得了相当的成果，但在总体上尚需进一步提升研究的系统性，对某些具体问题的阐发也有待做进一步的推进。特别是新时代、新形势下，对大学生道德教育面临的新问题、新需求需要予以及时的关注和回应，因此，本研究选题尚具有较大的发挥空间。

（一）关于先秦儒家君子人格的研究

1. 关于先秦儒家君子人格思想形成的理论基础的研究

先秦儒家君子人格思想的产生基于具体的历史文化背景，这一时空坐标又为其形成和发展提供了现实条件和理论基础，这一思路为从源头上把握君子人格思想的特征和要旨提供了便利，此类研究又大致包括两种分析视角。

第一种视角是基于对中国传统文化的整体性理解和把握，这类研究为我们理解先秦儒家君子人格思想的发展脉络，提供了宏观的时空背景。英国历史学家阿诺德·约瑟夫·汤因比（Arnold Joseph Toynbee）提出"挑战"与"应战"是文化发展的动力来源，民族文化的发展是本民族对其生存环境给予挑战的一种回应，也是说文化是人对自然环境的认识与回应，不同类型的民族文化是在

具体的自然地理条件下建构起来的。① 这方面研究的主要著作有费孝通的《乡土中国》、韦政通的《儒家与现代中国》、杜维明的《现代精神与儒家传统》、成中英的《合外内之道——儒家哲学论》等。另有学者从文化的民族性意义上探讨了国人文化人格的总体特征，代表性的研究有沙莲香的《中国民族性》、杨国枢的《中国人的蜕变》等。这些研究表明，人是文化的承载主体，因此，文化是动态的价值取向，而非静态的积淀物。每一个中国人身上或多或少都能找到几千年传统文化积淀的影子。传统文化在无形之中浸入中国人的日常生活并影响着中国人的言行，进而塑造了中国人独特的精神面貌。

第二种视角是对儒家思想产生的理论基础的研究，这类研究为我们深入认识先秦儒家君子人格提供了直接的理论来源。张岱年认为孔子之作是人生理想论的滥觞，"中国哲学之中心部分是人生论，人生论之中心部分是人生理想论。人生理想论即是关于人生最高准则的理论"。"人生理想论，实是中国哲学之核心部分。中国哲学在此方面的贡献，亦较大。"② 朱义禄从人生理想及其实现角度来考察儒家与传统文化的关系，他对儒家典籍中常见的圣贤、君子、大丈夫等理想人格范型做了较为细致的剖析，进而指出，儒家的理想人格学说的理论基础是"人贵在于'有义'"的价值观。③ 孙德玉指出，任何学派的人格思想都有其一定的理论基础。先秦儒家构建的"天人合一"学说，为儒家人格思想提供了一个形上的保证；先秦儒家多样的人性论丰富了人格教育思想的内涵和途径；先秦儒家的心理学思想为人格塑造提供了价值引导和理论依据。④ 徐书业认为，天人关系是先秦哲学争论的重要问题，它反映了人类对人与自然的相互关系的思考达到了一个新的水平，表现了人类自我意识的新的觉醒，而先秦儒家理想人格在理论形态上即表现为"天人合一"。⑤

① 陈来. 传统与现代：人文主义的视界 [M]. 北京：生活·读书·新知三联书店，2009：8.
② 张岱年. 中国哲学大纲 [M]. 南京：江苏教育出版社，2005：243.
③ 朱义禄. 儒家理想人格与中国文化 [M]. 上海：复旦大学出版社，2006：5.
④ 孙德玉. 先秦儒家人格教育思想的理论基础论略 [J]. 合肥师范学院学报，2008（5）：29-33.
⑤ 徐书业. 先秦儒道理想人格比较 [J]. 教育研究与实验，1990（4）：17-21.

2. 关于先秦儒家君子人格思想内容体系的研究

先秦儒家为使君子人格变为现实，建构了一个博大精深的人格教育内容体系，用以规范人们的行为。学界就这一问题展开了详细的梳理和研究，形成了大量的研究成果。

朱义禄认为，人格范型的结构、理想人格的出现以及人格在各个时代的沉浮与变迁，往往对一个民族的文化生活的各个领域产生深刻的影响。西方现代的心理学研究也将人格作为非常重要的课题，现代西方人格心理学中某些见解可以作为研究的参照系，但不能作为考察儒家理想人格学说的基本出发点。学者对儒家理想人格的研究，主要应从伦理、德性的视野上去考虑，同时兼顾求知、审美的角度，以区别于广义的西方人格的多义性与偏重心理学的角度。① 此论较为妥当地总结了把握君子人格内容体系的立场和原则。

从宏观方面来看，学者凝练了君子人格道德内容的价值指向。陈来高度概括了儒家人格修养的诸方面，他认为从先秦至明清，儒家学说的宗旨和核心一以贯之，即"宗本五经孔子，倡导王道政治，挺立德性人格，强调家庭伦理，注重社会道德，崇尚礼乐教化"②。葛晨虹指出，先秦儒家通过君子等理想人格，实现了"仁"与"礼"、"内圣"与"外王"、"超越"与"内在"等人的多元价值的耦合统一。③ 郭齐勇指出，孔孟人格境界主要关注两种价值，即终极至上的"圣"的境界和经世致用的"凡"的境界，在实践层面，圣人处于理想的至上境界，而君子处于现实的道德境界。④ 程潮认为儒家文化的核心内容是"内圣外王之道"，"内圣外王"关涉儒家的价值取向、人格理想、政治理想和学术宗旨。⑤

从微观层面看，研究者还就先秦儒家君子人格所涵盖的具体内容进行了细致的梳理与辨析，比较有代表性的成果如下。崔永东从"内圣外王"哲学思想出发，总结先秦儒家人格思想的内容：孔子的"修己以安人"、孟子的"修其身

---

① 朱义禄. 儒家理想人格与中国文化 [M]. 上海：复旦大学出版社，2006：5-8.

② 陈来. 郭店楚简与儒学的人性论 [C] // 复旦大学哲学系，北京大学哲学系. 第二届中国南北哲学论坛暨"哲学的当代意义"学术研讨会论文集. 北京：北京大学，2005：11.

③ 葛晨虹. 儒家理想人格境界的二极耦合 [J]. 史学月刊，1996（4）：2-7.

④ 郭齐勇. 孔孟儒学的人格境界论 [J]. 华中师范大学学报（人文社会科学版），2000（6）：24-28.

⑤ 程潮. 儒家内圣外王之道通论 [M]. 长沙：湖南人民出版社，2005：35.

而天下平"、荀子的"积善成德"、《大学》的"修齐治平"、《中庸》的"成己成物"、《易传》的"崇德广业"①；孙德玉把先秦儒家人格思想总结为"仁民爱物""重义轻利""自强不息""尊道忘势""中庸和谐"五方面②；黄正泉在《儒家人格学说的现代意义》一文中把先秦儒家君子人格思想的内容总结为"仁者爱人""成仁之道""化性起伪""天人合一""舍生取义""自强不息""有教无类""笃志而体"八个层面。③

当然，也有学者指出了儒家理想人格在内容上的不足。葛荣晋认为，儒家"内圣外王"的理想人格的设计，对道德价值在人格诸要素中优先性的肯定，既是其合理之处，又是其在今天遭遇窘境的症结。一是过分强调道德价值，忽视了科学技术价值；二是夸大"德"的作用，抹杀了"智""美""劳"的独立性；三是过分肯定道德之于"外王"的作用，削弱了"依法治国"的必要性。④此论指出了儒家理想人格设计的缺陷，有一定的启发意义，但上述观点亦不免有"以今释古"之嫌。

3. 关于先秦儒家君子人格修养途径的研究

先秦儒家自孔子始即形成了重视道德教化的优良传统，他们在长期的教育实践中，积累了很多有价值的道德教育经验，总结了许多行之有效的德性修养的原则及方法。同时，以孔、孟、荀为代表的先前儒家，在君子人格的修养问题上，都有着基于自身时代要求的阐发，学界在对先秦儒家君子人格的修养途径带有整体性认识的基础上，也从不同侧面对孔、孟、荀关于君子人格修养的具体进路进行了一系列的研究，具体情况如下。

就孔子的君子人格修养途径而言，龚群认为，好学与自省是成就孔子理想人格的最为重要的修养功夫。⑤ 杨千朴主张，应从"学、思、行"三个层面来把握孔子君子人格的基本修养路径。⑥ 赵行良从君子人格"内圣外王"的政治理论设想出发，指出孔子阐明的君子人格的修养方法包括向内的"修己"功夫

---

① 崔永东. 内圣与外王：中国人的人格观 [M]. 昆明：云南人民出版社，1999：11.
② 孙德玉. 先秦儒家人格教育思想研究 [M]. 芜湖：安徽师范大学出版社，2010：153.
③ 黄正泉. 儒家人格学说的现代意义 [J]. 中国哲学史，1999（3）：43-46.
④ 葛荣晋. 儒家理想人格模式论（续）[J]. 社会科学辑刊，1991（4）：18-19.
⑤ 龚群. 中国的君子人格理想 [J]. 伦理学研究，2006（1）：23-28.
⑥ 杨千朴. 孔子的君子人格论 [J]. 扬州师院学报（社会科学版），1991（3）：74-78.

和向外的"安人"路数两大类。① 熊燕华对孔子"学、思、行"的君子人格修养方式进一步细化，将其具体展开为"为仁由己""博学于文""讷言敏行"等几方面。② 鲍彩莲则将孔子关于君子的修养方法拓展为"志、学、思、改、行"，这一概括在最大层面上把握了人的道德构建与实践的整体过程。③

"性善论"是孟子君子人格修养的人性论基础，其人格修养的根本方法就是对内在善的本质的不断体认与显现。东方朔认为孟子的君子人格修养方法由启发理性自觉、锤炼意志品质和培养道德情感三部分组成，体现了知、意、情的统一。④ 杨国荣指出，孟子理想人格的塑造主要是对"先天善端"的顺导，而后天的理性自觉以及意志锻炼等外在修养方式，是本性之善得以展开的条件。⑤ 翟廷晋亦持此论，他指出孟子君子人格的修养方法，可以总结为开掘先天的道德本性和推进后天的自我修养两方面。⑥ 梁宗华从孟子"持志养气"这一代表性观点出发认为，孟子理想人格生成的唯一路径就是养"浩然之气"，这一"存养"过程就是"内心修养"和"外在考验"的过程。⑦

与孟子相反，"性恶论"是荀子人性论的基础，因此荀子君子人格的修养途径就带有明显的"隆礼重法"的倾向性，学者也大致沿着这一思路对荀子的君子人格的修养方法展开研究。韩石萍指出，荀子君子理想人格的立足之本就是重师法和守礼义。⑧ 陈光连认为，荀子君子人格的核心是"礼义"，因此，礼义修养是通达君子德性的根本。⑨ 葛晨虹、杨钦英等人亦持此论。张常银提出，荀子将"道德"看作人"后天习得的知识"，因此教育和环境是理想人格塑造的首要因素，其次才是基于主观能动性的个体道德修养。⑩ 杨国荣讲到，与孔、孟

---

① 赵行良. 孔子的理想人格论及其当代价值 [J]. 船山学刊, 1998 (2): 61-67.
② 熊燕华. 孔子君子人格观探析 [D]. 武汉: 华中科技大学, 2007.
③ 鲍彩莲. 试论孔子的理想人格: 君子 [D]. 大连: 辽宁师范大学, 2003.
④ 东方朔. 孟子道德修养论探析 [J]. 学术月刊, 1988 (5): 33-36, 13.
⑤ 杨国荣. 人格之境与成人之道: 从孟子看儒家人格学说 [J]. 南京社会科学, 1994 (6): 62-65, 54.
⑥ 翟廷晋. 孟子价值观评析 [J]. 上海社会科学院学术季刊, 1992 (2): 91-98.
⑦ 梁宗华. 论孟子"浩然之气"与"大丈夫"人格养成 [J]. 东岳论丛, 2018, 39 (4): 13-19.
⑧ 韩石萍. 荀子对君子人格的界定 [J]. 齐鲁学刊, 1998 (2): 79-81.
⑨ 陈光连. 知识与德性: 荀子"知性"道德哲学研究 [M]. 南京: 东南大学出版社, 2014: 36.
⑩ 张常银. 荀子的人格思想探析 [J]. 管子学刊, 1992 (2): 45-48, 54.

理想人格强调"内圣"的心性修养不同，荀子的理想人格更偏重"外王"的现实前提，这样，荀子开出的人格塑造的必由之路就是"化性起伪"，即通过社会影响与个人修养，整治本恶之性并使之合乎礼义。①

4. 关于先秦儒家君子人格思想价值的研究

优秀传统文化是"中华民族最深沉的精神追求，是中华民族生生不息、发展壮大的丰厚滋养"②。先秦儒家君子人格思想是中国人精神建构和道德人格塑造的根源性、母体性的价值资源，它既是历史的积淀，又是活着的传统，是时至今日仍被大众普遍认可的理想人格模式。君子人格中蕴含的道德资源，有的可以直接继承和发扬，有的则需要从当代实践出发，经过科学的扬弃后使之为我所用。

就儒家思想对当代社会发展和文明进步的整体性价值而言，方东美指出，孔子及其儒学思想蕴含着"弥贯全宇宙的创造宏力"，显扬并肯定了人性崇高这一立论主旨，构建了一套"极高明而启人向往"的"哲学人性论"，从而确保了人类内在价值与尊严的实现。③ 汤一介认为，儒家思想为解决当今人类社会存在的诸多复杂问题，提供了思考的路径和有价值的理念，儒学的思维方式和人生智慧，有助于和谐的人类社会的建设。④ 陈兴锐认为，以"仁"与"礼"为核心的传统儒家思想，实现了现实规范性与理想趋向性的有机统一，这种二元构架方式同样符合当今社会发展规律并体现了自身的价值。⑤ 在牟钟鉴看来，平和、宽容是儒家思想的精神特质，这一特质曾在历史上推动了中国多元文化的良性互动，它在推动当代世界文明对话中也有重要作用。⑥ 樊海源等从社会意义层面分析了儒家思想的三重时代价值，即有利于促进中华民族伟大复兴的中国梦的实现，有利于推动社会主义核心价值观的践行，有利于世界和平与发展的

---

① 杨国荣. 超越本然的自我：从儒学的演变看荀子的人格学说 [J]. 思想战线，1993（1）：27-32.

② 习近平. 习近平谈治国理政：第一卷 [M]. 北京：外文出版社，2014：155.

③ 方东美. 中国哲学精神及其发展（上）[M]. 孙智燊，译. 北京：中华书局，2012：10.

④ 汤一介. 在儒学中寻找智慧 [M]. 北京：中国人民大学出版社，2016：16.

⑤ 陈兴锐. 中国传统伦理思想的构架与社会主义伦理体系的建立 [J]. 探索，1999（4）：40-42.

⑥ 方国根，罗本琦. "和合"理念、文化全球化与儒学发展："儒家思想在世界的传播与发展"国际研讨会综述 [J]. 学术界，2005（2）：279-288.

历史演进。①

　　就君子人格对人的价值观念和道德理想的培养来看，张岱年认为君子人格有助于当前人们价值观的正确培养或重新树立，君子人格独立自尊以及勇担社会责任的重要品格，也是今天道德建设的内在要求。② 易强指出，历史上，儒家人格思想对促进人性的发展发挥了重要作用，它也将以其博大精深的文化力与超越历史的适应力，在当今社会发挥积极的价值塑造作用。③ 刘述先在方法论意义上就如何认识儒家君子人格思想的价值提出了比较有创见性的观点，他认为，应去掉儒学作为现实国家主要意识形态的光环，着重从个人道德修养的层面客观地认识它的现代价值。④ 彭彦华指出，先秦儒家塑造君子理想人格的"目的在于扬善抑恶"，从中汲取传统美德的营养，是解决当下国人安身立命的一项重要举措。⑤ 有学者就先秦儒家人格思想中的消极因素对当前人的价值观念可能带来的不良影响进行了剖析，比如，道德伦理秩序对人的个性发展的排斥，中庸之道的处世哲学对现代竞争意识的抑制等。

　　如何承接君子人格思想的当代价值，学界目前的共识就是实现其在新的历史条件下的"创造性转化和创新性发展"。对传统文化的继承、创新及转化，已是一个跨越百余年的重大课题。其间，既有新文化运动先驱们对传统文化在价值上的批判反思，又有20世纪六七十年代以来海（境）外华裔学者对儒家第三期发展的理论疏浚。党的十八大以后，"优秀传统文化创造性转化"的命题集中进入学者们的学术视野，成为研究的热点。万光侠辨析了创造性转化的内涵，创造性转化就是使中华传统文化获得新的生命力的一种文化自我生成过程。⑥ 就其必要性和可能性，陈先达指出当代中国需要创造与社会主义相适应的文化形态是其内在的必要性，传统文化的基本精神具有超越时代的文化基因和文化价

①　樊海源，崔家善. 中华儒家思想之理论旨要与时代价值 [J]. 学术交流，2015（3）：45-50.
②　张岱年. 文化与价值 [M]. 北京：新华出版社，2004：66.
③　易强. 儒家人格思想及其现代价值研究 [J]. 求索，2012（11）：136-138.
④　刘述先. 儒家思想与现代世界 [M]. 台北："中央研究院"中国文哲研究所，2004：47.
⑤　彭彦华. 君子人格的诠释及其现实价值 [J]. 孔子研究，2019（3）：53-65.
⑥　万光侠. 中华传统文化创造性转化创新性发展的哲学审视 [J]. 东岳论丛，2017，38（9）：27-34.

值，这是其现实可能性。① 就原则和导向问题，林泰主张创造性转化必须坚持以马克思主义为指导②，郗戈认为创造性转化应以社会主义核心价值观为导向③。就如何转化，朱晓鹏提出了解读文化原典、挖掘"普世价值"、实现"史""思"统一、探讨现代意义的转化路径④。

（二）关于大学生道德教育的研究

在当代学人中，从推动大学生道德教育理论深化和实践发展来看，最具有代表性的学者就是罗国杰和鲁洁。

罗国杰既是新中国伦理学事业的奠基人、当代中国马克思主义伦理学的开拓者，同时也是一名教育家，他把伦理学研究与大学生思想道德教育实践结合起来，取得了一系列开创性的理论研究和实践教育成果。罗国杰以教材编著的形式不断推动高校德育的理论和实践研究，从 20 世纪 60 年代初开始，他陆续编写了《马克思主义伦理学教学大纲》《马克思主义伦理学讲义》《马克思主义伦理学》等中国化马克思主义伦理学教材，编著了《伦理学教程》《伦理学》《伦理学原理》等中国高等教育伦理学教材，编撰了《中国伦理思想史》《西方伦理思想史》等国内外伦理思想史研究专著，编订了《思想品德修养》《人生观教育》《思想道德修养与法律基础》等大学生思想道德教育的针对性教材。罗国杰打通了伦理学的话语体系和大学生思想政治教育话语之间的内在逻辑关系，揭示了道德语言对青年大学生的世界观、人生观、价值观和道德观形成的重要意义，并在教育实践中为培养大学生的优良道德品质做出了巨大贡献。

鲁洁是当代中国著名教育理论家、道德教育研究领域的知名专家，被我国教育学界誉为"最具思想和影响力的教育学者"之一。鲁洁道德教育思想的发起和归结都在于对"人的理解"，她提出道德教育的根本任务就在于培养有德性的人，道德教育的实质主要是培养人的德性与品质，道德教育的目的就是成就人的德性。⑤ 她从哲学的视域提出了道德教育的超越性问题，道德教育为精神

---

① 陈先达. 中国传统文化的创造性转化和发展 [J]. 前线，2017 (2)：33-38.

② 林泰. 对待传统文化要坚持马克思主义的分析方法 [J]. 思想理论教育导刊，2015 (5)：40-41.

③ 郗戈，张梧. 弘扬核心价值观要实现传统文化创造性转化 [J]. 理论导报，2015 (2)：62-63.

④ 朱晓鹏. 论从传统文化到现代文化的创造性转化 [J]. 中共浙江省委党校学报，2017，33 (6)：109-115.

⑤ 鲁洁. 当代德育基本理论探讨 [M]. 南京：江苏教育出版社，2003：76.

的、可能的世界对现实的、物质的世界的超越提供了可能，道德教育就是要引导人认识并自觉体验应当的、可能的理想道德生活。① 同时，为摆脱"大德育"的现实窘境，鲁洁极富创造性地提出了道德教育的个体享用功能，即道德教育可使个体实现某种精神需要，获得精神上的享受。② 此外，鲁洁还进一步发展了道德教育应当"源于生活，为了生活"的理念。她主张道德内在于生活，是生活的一个组成部分，道德教育应始终保持同生活的整体联系，道德教育应引导人去构建一种更具人性的、使人得以更好地生成和发展的生活。③

从文献回顾的角度出发，近年来，学界关于大学生道德教育的学术研究成果，主要有以下几方面的内容。

1. 关于大学生道德教育的现状与问题的研究

多数学者肯定了当前大学生道德教育取得的成效显著，大学生的道德水准和道德风貌普遍呈现良好态势，当代大学生总体上能够形成正确的道德认知、自觉的道德意愿和积极的道德行为。但是，现代复杂的社会结构造就了多元文化、多种价值观念的交相碰撞，这一社会事实，深刻影响了人们原有的思想认识和行为方式，更是给涉世未深的青年大学生在道德判断、道德选择等方面造成了迷茫与困惑，导致部分大学生道德意志薄弱、道德观念模糊、理想信念淡化，制约了大学生良好道德品格的形成与发展，对大学生道德教育提出了新的命题与挑战。

就大学生道德教育面临的整体性问题而言，黄海认为存在四方面的突出问题：一是道德教育与社会现实分离，导致大学生在道德实践中产生迷茫和困惑；二是道德教育与知识教育分离，道德教育成了生硬的知识灌输；三是德性教育与规范教化分离，忽视了对大学生的人文关怀；四是灌输教育与学生主体性分离，大学生成了道德规范和道德原则的被动接受者。④ 刘霞同样认为，大学生道德教育面临的主要问题有：道德教育与社会现实脱节，大学生变成了道德上的"双面人"；道德教育与知识教育融合度不够，道德教育沦落为对人的"物化"过程；道德教育与德性培育疏离，背弃了道德教育塑造大学生道德心灵的"初

① 鲁洁. 道德教育：一种超越 [J]. 中国教育学刊，1994（6）：2-8.
② 鲁洁. 试论德育之个体享用性功能 [J]. 教育研究，1994（6）：46-47.
③ 鲁洁. 生活·道德·道德教育 [J]. 教育研究，2006（10）：3-7.
④ 黄海. 我国大学生道德教育的历史回顾与问题审思 [J]. 黑龙江高教研究，2014（1）：121-123.

心"；道德教育与道德主体相脱离，忽略了大学生的心智发展和思想实际。① 这类研究从总体上关照了大学生道德教育与社会现实的关系，道德教育与知识教育的关系，道德教育的本质、功能与人的德性培养的关系，道德教育实效性与主体作用发挥的关系——这四大类关系与大学生道德教育问题的产生有着必然的联系，对问题的认识和把握比较全面、准确，为我们从整体上理解大学生道德教育存在的问题提供了重要参照。

有学者指出，当前大学生道德教育暴露出来的，最为根本或者最为迫切的问题就是道德教育游离于学生的生活实际之外。鲁洁分析指出，道德教育的目的不是让人获得谋生的本领，而是让人成为人，让人获得精神的发展和完善。道德教育的过程不是注入规范和规则的外在化教育，而是指向生活实践的过程，"当代的道德教育却以普遍化、客体化的知识割断了与生活和实践的联系，走上了一条唯知识化的路"②。刘济良认为，我国道德教育效率低下的原因就是，德育忽视了对人性的关照和回应，脱离了主体对象的现实生活。③ 唐汉卫指出道德教育的科学化、理想化、成人化和泛政治化是造成道德教育与生活脱节的症结所在，这四种倾向的共同错误抹杀了生活本身的完整性、丰富性和现实性，从而导致了道德教育的"异化"。④

近年来，亦有学者关注了网络技术以及新兴媒体的发展给大学生道德教育带来的新挑战。大学生是与互联网以及新兴媒体接触最为频繁的群体之一，网络技术的蓬勃发展，在推动大学生道德教育方法和手段创新的同时，也使当代大学生陷入了网络道德的困境。"网络宅"成了部分大学生的生活方式，对网络的过度依赖，使大学生失去了与他人、与社会接触的机会，弱化了大学生解决实际问题的能力。网络环境的开放性和匿名性为大学生提供了一个更加自由的空间，部分大学生在虚幻的网络世界中放弃了道德责任和对自我的道德约束。网络成了低俗文化、功利文化以及外来文化滋生的温床，其中充斥着的个人主义、拜金主义以及享乐主义等价值取向冲击着现实社会的主流价值，造成了大

---

① 刘霞. 对新形势下大学生道德教育的思考［J］. 学校党建与思想教育，2019（1）：89-91.
② 鲁洁. 边缘化 外在化 知识化：道德教育的现代综合症［J］. 教育研究，2005（12）：11-14，42.
③ 刘济良. 回归现实生活的道德教育［J］. 教育科学，2001（2）：46-48.
④ 唐汉卫. 脱离生活的道德教育：表现与批判［J］. 当代教育科学，2004（10）：24-27.

学生思想和价值上的"空洞"。① 吕晓峰等归纳了大学生网络道德最为突出的三个问题：一是大学生网络行为失范，沉迷色情网站、沉迷网络游戏和沉迷网上购物；二是大学生网络语言失当，频繁使用攻击性语言、粗俗语言和下流语言等；三是网络人际关系失真，瓦解了大学生道德认知、道德情感及道德行为的现实根基。②

2. 关于大学生道德教育问题根源与成因的研究

有学者从宏观的现实环境和时代背景分析了大学生道德教育问题产生的社会根源。在现代化、全球化、信息化渗透社会生活方方面面的今天，各种异质文化和价值观念挤到了同一个历史舞台上。在道德领域，过去那些指导人们行动的道德原则失去效力，难以适应当下情境，在一定程度上迫使人们陷入了一种没有确定道德原则的生存窘境，"道德滑坡""信仰迷茫"成了困扰现代人的一个重大现实问题。社会转型引发的道德观念和价值观念的紧张与冲突，也使高校的道德教育遭遇了巨大的挑战，社会的种种丑恶现象和不正之风，亦使青年大学生的道德感和价值观受到熏染。现代社会变化的速度远远超出了人们对变化的适应程度，现代社会价值观念的激烈交锋程度远远超出了高校道德教育改革的发展力度，从根本上导致了大学生道德教育的实践效果难以满足时代发展的新要求。③

有学者从我国道德教育历史发展的纵向视野，分析了道德教育的传统惯性给当前道德教育发展带来的桎梏，这构成了当前大学生道德教育问题产生的历史根源。回顾我们的教育发展历程，新中国成立后相当长的一段时间，我们把教育视为政治、意识形态和上层建筑，教育在很大程度上成为政治的工具，不仅服务于政治，甚至直接演变为政治运动。在改革开放后的一段时间内，我们对教育本质的把握由"上层建筑"转变为"生产力"，促进经济发展，成为人们对教育的最大期待。教育不仅为经济发展服务，而且自身也打上了市场经济的烙印，市场化、经济化的思维，又使教育跌入了世俗化和功利化的泥沼。在以政治为原点的教育观念下，道德教育蜕变为一种政治教化，一种意识形态的

---

① 张海斌. 如何填补大学生网络道德教育"漏洞"［J］. 人民论坛，2017（5）：82-83.

② 吕晓峰，孟维杰. 对大学生网络道德教育的思考［J］. 教育探索，2014（12）：111-112.

③ 黄书光. 价值观念变迁中的中国德育改革［M］. 南京：江苏教育出版社，2008：259-260.

简单灌输，成为政治或意识形态的工具。在以市场为导向的教育原则下，世俗化和功利化的恶性发展侵蚀了道德的崇高性，瓦解了道德教育的根基，使道德教育沦为一种"无道德的道德教育"。① 这些道德教育所走过的历史歧途既为新时代"立德树人"教育根本任务的全面贯彻落实提供了经验教训，又因人的认识观念的惯性，给当前高校道德教育的完善与提升带来了一定的困扰。

此外，大批学者从微观上，分析了当前大学生道德教育问题产生的具体原因。翟志强指出道德认知与道德行为存在较大的错位和缺位，是当代大学生道德冲突的重要诱因。具体来看，首先，学校道德教育与学生的日常生活、经验世界以及认知结构脱节，对学生良好品德的形成缺乏引导力。其次，学校道德教育对复杂的现实社会给大学生带来的负面影响缺乏应对策略，学校内部各种教育资源的有效协同不足。最后，忽视了家庭教育对大学生良好道德品格的塑造作用，对家庭环境出现的新变化及其对当代大学生的生活方式、道德观念和价值取向所造成的影响的呼应不够。② 周慧则认为，当前大学生道德教育之所以存在这样、那样的问题，除了客观上面临各种社会思潮的袭扰，主观上受大学生主体自律不足的制约之外，其根本的原因在于学校道德教育对大学生的道德理想危机重视不够，对道德在促进个体精神成人方面所发挥的重要作用的阐发和实践不够。③

就大学生网络道德教育面临的问题，有学者指出对网络道德缺乏有效引领，是大学生网络道德失范的重要原因。网络世界的虚拟性造成大学生强烈的身份缺失感，而其开放性则导致了大学生道德观念的多元化，高校网络道德教育的缺位，为大学生网络道德失范现象的滋生提供了可乘之机。④ 此外，有学者指出，大学生对网络社会出现的问题认识不够深入，对良莠不齐的网络信息缺乏鉴别能力，加之在虚拟性、匿名性网络环境中的社会责任意识淡薄，从而加大了高校实施道德教育的难度。⑤

---

① 冯建军. 当代道德教育的人学论域 [M]. 福州：福建教育出版社，2015：1-2.
② 翟志强. 大学生道德教育的理性反思与模式构建 [J]. 学校党建与思想教育，2017（10）：40-42.
③ 周慧. 当代大学生道德实践教育的困境及对策探寻 [J]. 湖南师范大学教育科学学报，2016，15（1）：71-74.
④ 杨立敏. 高校网络道德教育的开拓性思考 [J]. 教育与职业，2015（13）：49-51.
⑤ 张思. 大学生网络道德教育特点分析 [J]. 湖北社会科学，2016（4）：195-198.

3. 关于大学生道德教育路径与方法的研究

不同的学者从各自的研究视域出发，提出了改进和完善当前道德教育的不同进路，这些思考，为探求当前大学生道德教育问题的解决之道提供了多样化的可能。

从宏观的理念来看，黑晓佛从人本主义哲学的视野出发，将道德看作人的一种存在方式，并指出道德本质是为了人，它表达了人类对至善和幸福的追求，因而道德教育的目标理应是促进人性的丰富和发展。他进一步强调，道德教育世界是人的世界，离开了人的道德教育是不成立的，因此道德教育的基本理念就是要"使人成为人"①。李伟言从人性假设的复杂性、道德规范的生成性以及道德价值体系的类型性出发指出，在现代社会，伴随着市场经济的发展和市民社会的发育，传统的精英化的道德教育必然面临实践困境，平民化道德教育成为应然选择，进而提出了平民化德育实施的五大方法论：以美储智、转识成智、谋求教育性生存、提升学校的教育质量以及促进叙事模式的转换。②

同时，既有的研究亦从不同侧面构建提高大学生道德教育成效的路径。

陈虹等学者从疏通道德教育中的"知行关系"入手，指出"道德认知向道德行为的转化是一个复杂的过程"，要提高德育效果首先要实现由"知"到"信"的转化，提高道德教育的可信度，并在注重大学生个体差异的基础上做到因材施教；其次，要完成由"信"到"行"的转化，教育者要做知行合一的榜样，要有意识地培养大学生的意志力，加强对大学生道德行为的约束监督。③ 古琳认为，在大学生道德教育中贯穿人文关怀，有助于道德教育摆脱低效、无效的状态，为此，既要合理设定道德教育的价值目标，坚持社会价值与个人价值相统一，又要促进道德教育内容的进一步优化，避免德育内容的理想化、单一化和片面化，还要在道德教育的理念、方法和形式上进行创新和探索。④ 赵娜等提出"主体参与"范式是当代大学生思想道德教育创新的必然选择。学校构建

① 黑晓佛. 回归生命 走向生活：当代道德教育的精神品格与价值自觉 [M]. 北京：人民出版社，2012：27.
② 李伟言. 重塑我们的道德生活：当代德育价值取向转型的理论研究 [M]. 北京：北京师范大学出版社，2012：8.
③ 陈虹，石静. "知行关系"视角下的在校大学生道德教育研究 [J]. 内蒙古师范大学学报（教育科学版），2014，27（11）：55-57.
④ 古琳. 论人文关怀视阈下的大学生道德教育 [J]. 思想教育研究，2011（12）：19-22.

并实施一种充分挖掘大学生主体创新潜力和参与能力的道德教育范式的实施路径包括四方面：首先，要提高大学生对道德教育的认同度；其次，要培养大学生的道德敏感性、道德判断力和道德行动力等主体道德人格所需要的能力素质；再次，要提供校园文化活动和社会实践活动等多维参与空间；最后，要探索隐性教育、多向互动教育以及网络信息教育等多元的教育方法。[1] 于冰从"立德树人"的理念出发，提出改进高校德育的方法：优化教育目标，培养具有健康人格的道德主体；创新教育内容，推动传统优秀道德与现代道德相融合；改进教育方式，达到"教育供给"和"教育需求"的契合；完善教育生态，形成全社会齐抓共管的道德教育社会生态系统。[2]

此外，张夫伟认为，道德教育的根本使命在于教育人们"学会道德选择"，而德性教育是引导人们学会道德选择的根本途径。[3] 李艳丽将"加强理想信念教育"作为提升大学生道德教育效果的突破口，提出大学生应正确认识最高理想、共同理想和个人理想的关系。[4] 张旭新从"道德需要"的理论出发，主张从研究大学生道德需要的特点和层次出发，重构以大学生道德需要为核心的道德教育理论体系和道德教育模式。[5] 李华玲主张应以责任教育为核心重建大学生德育模式，并将道德实践作为培养大学生道德责任感的主要德育方式。[6] 张瑞从"实践育人"的角度，提出了提高大学生思想道德水平的举措：培养实践育人思维方式、树立实践育人教育观、构筑实践育人模式。[7] 有学者指出，大学生道德教育的关键就在于塑造理想道德人格。在道德人格塑造的方式上，邓清华认为除了尽快完善社会主义市场经济体制，还要从创新道德教育方法，营造良好校

---

① 赵娜，周春国. 主体参与：大学生思想道德教育创新的范式选择 [J]. 中国高等教育，2014（Z1）：47-49.

② 于冰. 转型期大学生思想道德教育面临的困境及其对策 [J]. 伦理学研究，2013（3）：114-117.

③ 张夫伟. 道德选择与道德教育的现代性危机 [M]. 北京：中国社会科学出版社，2014：11.

④ 李艳丽. 从理想信念教育入手加强大学生思想道德教育 [J]. 教育与职业，2010（30）：51-52.

⑤ 张旭新. 当代大学生道德教育的困境与反思 [J]. 思想教育研究，2013（1）：30-32.

⑥ 李华玲. 回归责任：当代大学生道德教育的转向 [J]. 江苏高教，2012（4）：126-127，134.

⑦ 张瑞. 基于实践育人理念的大学生思想道德教育的几点思考 [J]. 黑龙江高教研究，2014（8）：123-124.

园文化氛围，加强高校与家庭、社会的联系等方面，引导大学生进行道德修养，鼓励大学生开展道德实践等方面的工作。①

赵惜群和黄蓉就加强和改进大学生网络道德教育的路径进行了论述，具体来看，一是要明确提升包括网络道德认知、情感、意志、行为等内容的网络道德素养，并将其作为大学生网络道德教育目标；二是要明确包括大学生自身、家庭、学校、社会在内的各类主体，还要明确大学生网络道德教育的主体地位；三是要将网络道德技术、网络道德文化和网络道德规范整合，并将其作为大学生网络道德教育的内容；四是要通过改进课堂教学、优化网络教育、虚实结合，实现大学生网络道德教育方法的创新；五是要在加快网络立法、完善网络监管、强化网络舆论引导的基础上净化大学生网络道德教育环境。②

（三）关于儒家人格思想与大学生道德教育的关系

1. 传统文化与思想政治教育的关系

从比较与借鉴的角度出发，传统文化与思想政治教育关系的相关研究，为我们理解先秦儒家君子人格与大学生道德教育的关系，提供了较为宽泛的讨论背景。早期的代表性著作主要有顾明远的《民族文化传统与教育现代化》、邓球柏的《中国传统文化与思想政治教育》、沈壮海的《思想政治教育的文化视野》，以及顾友仁的《中国传统文化与思想政治教育的创新》等。党的十八大以后，关于传统文化与思想政治教育融合创新的研究高潮再次掀起，一批研究专著相继刊出，比如，李程的《传统文化精神与大学生思政教育》、靳义亭的《传统文化融入高校思想政治教育研究》、王易的《传统文化与思想政治教育创新》，以及霍洪波的《高校思想政治教育中传统文化融入问题研究》等。上述研究尽管各有其研究视角和侧重点，但基本上都照顾到了传统文化融入高校思想政治教育的重要意义、融入的现状及问题、融入的传统文化资源、融入的途径和原则及对策等几方面。

近年来，代表性的期刊文章观点，大致归纳如下：就融入的意义，冯刚认为坚定文化自信对思想政治教育而言具有根本性的意义，中华优秀传统文化是

---

① 邓清华. 当代大学生道德人格的问题、成因与对策［J］. 内蒙古师范大学学报（教育科学版），2003（4）：47-49.

② 赵惜群，黄蓉. 加强和改进大学生网络道德教育路径初探［J］. 思想理论教育导刊，2014（4）：129-132.

涵育大学生德行的重要力量。① 王娜指出传统文化是民族精神的集中体现，它对推动大学生理想信念教育的深化发展具有重要价值。② 就融入的内容，刘昕等指出传统文化中蕴含的爱国主义元素、自强不息的进取精神、崇尚伦理的取向、和而不同的观念以及诚信正义的道德原则，可以作为思想政治教育的重要资源。③ 就融入的原则，范芹等认为，在融入的过程中，应做到坚持明确的政治方向（方向性原则）、以中国社会现实为主体（主体性原则）积极回应时代变化（动态性原则）。④ 就融入的路径，李国娟提出，以思想政治理论课教学为突破口、以专题讲座式课堂教学为载体、以实践教学环节为抓手，实现有机融入。⑤ 另外，樊海源、张瑞涛、迟成勇等学者，就中华优秀传统文化融入思想政治理论课教学的具体问题做了专门研究。

2. 儒家思想与道德教育的关系

就儒家思想与人的道德涵养和社会文明发展的一般意义，梁漱溟曾指出，孔子儒学以其伦理的、道德的特征和品质，塑造了中国文化的各方面的基本特征，创造了中国人的生活方式，并成为中国文化的核心。⑥ 李泽厚分析认为，儒家“仁”学思想的精神特征是其“实践（用）理性”，这代表了儒家伦理思想的一种理性精神或理性态度⑦，这种理性精神对当前的道德实践具有重要的启发意义。楼宇烈指出，儒家关于道德修养的论述在很多方面是十分深刻的，特别是其中关于文化修养以及修身方法的阐述，很值得今人加以借鉴、应用，还可以作为终身教育的重要内容。⑧ 陈来认为，儒家思想“奠定了中国文化的核心价值与道德规范”，在历史上是中华文明传承发展的主要承担者，并在中华民族

---

① 冯刚. 新时代中国特色社会主义思想政治教育的创新发展 ［J］. 中国高等教育，2018（Z1）：28-32.

② 王娜. 传统文化融于大学生理想信念教育的价值与实现 ［J］. 思想政治教育研究，2017（1）：88-92.

③ 刘昕，刘海鹰. 论中华优秀传统文化在大学生思想政治教育中的作用与实践 ［J］. 管子学刊，2016（4）：71-73.

④ 范芹，范国华. 中国传统文化视域下的思想政治教育 ［J］. 东南大学学报（哲学社会科学版），2015，17（S2）：9-11.

⑤ 李国娟. 高校加强中华优秀传统文化教育的理论思考与实践逻辑 ［J］. 思想理论教育，2015（4）：64-69.

⑥ 梁漱溟. 中国文化要义 ［M］. 上海：学林出版社，1987：101.

⑦ 李泽厚. 中国古代思想史论 ［M］. 北京：人民出版社，1985：1-29.

⑧ 楼宇烈. 儒家修养论今说 ［J］. 高校理论战线，1993（6）：60-63.

的民族精神塑造过程中具有不可替代的作用。① 杨国荣指出，儒家的价值追求最终指向理想的人格境界，儒家的理想人格是社会理想和人生理想的统一，它既是真善美的理想道德境界，又以知情意的多方面发展为内容，儒家的上述价值体系在现代社会无疑仍具有积极意义。② 罗国杰认为，儒家的优良道德传统，是维持社会秩序、改善社会风尚、协调人际关系、增强国家凝聚力的精神力量，对儒家伦理进行改造和发展，对现代化进程中我国优良道德风尚的形成具有巨大的作用。③

就儒家思想与道德教育的直接关系来看，姜同河指出，先秦儒家道德教育思想将培养君子作为教育目标，重视"孝道"，并坚持"重义轻利"的道德信条，构成了其合理内核，这些在今天仍是我们所需要的。④ 邵龙宝认为，儒家伦理以其强大的民族内聚作用，可以为社会主义道德建设服务，其"理想人格"可以为塑造社会主义新人服务，而其道德规范可以创造性转化为贴近人们日常生活的教育原则。⑤ 易连云提出，厘清传统道德与现代精神的辩证关系，将儒家伦理的灵魂与现代道德精神进行有机的融合，是道德教育改革需要着重考虑的目标定位。⑥ 钱逊认为，儒家伦理中包含了各个时代普遍适用的内容，即"常道"，将这部分内容与现代社会相结合，"赋予它新的内容、新的形式和新的时代精神"，它就能够成为推动公民道德教育发展的资源。⑦ 此外，祝士明等分析了儒家"天人合一"思想对推动当代生态道德教育理论发展和体系完善的重要价值⑧，庚良辰梳理了儒家"礼"思想中的道德规范和道德价值对当代道德教育理论和实践的启发意义⑨，闫少华等论述了先秦儒家伦理对推动道德教育

---

① 陈来. 如何看待儒家文化与中国传统文化 [J]. 中国哲学史，2018（1）：23-25.

② 杨国荣. 善的历程：儒家价值体系研究 [M]. 北京：中国人民大学出版社，2012：19.

③ 罗国杰. 传统伦理与现代社会 [M]. 北京：中国人民大学出版社，2012：377.

④ 姜同河. 先秦儒家道德教育的合理内核剖析 [J]. 教育评论，1992（1）：45-48.

⑤ 邵龙宝. 儒家伦理在社会主义道德教育中的应用 [J]. 社会科学，1995（7）：47-51.

⑥ 易连云. 儒家文化与世纪之交的学校道德教育改革定位 [J]. 西南师范大学学报（哲学社会科学版），2000（1）：51-57.

⑦ 钱逊. 儒家伦理与公民道德教育 [J]. 道德与文明，2006（1）：4-6.

⑧ 祝士明，曲铁华，袁媛. 儒家生态道德教育思想及其现代价值 [J]. 道德与文明，2010（1）：72-76.

⑨ 庚良辰. 儒家"礼"思想对当代道德教育的启示 [J]. 道德与文明，2011（4）：91-93.

"回归生活世界"的重要作用①。

　　学界就先秦儒家道德思想对大学生道德教育的积极影响做了一定的探讨。吴腊梅认为，先秦儒家的"仁爱"思想有助于高校德育原则的确立，先秦儒家的道德条目可以推动高校德育工作的具体化，先秦儒家的教育方法可以推动高校德育方法的优化，先秦儒家的自我修身思想有助于启发大学生的自我道德修养意识，先秦儒家的言传身教思想可以促进高校德育教师队伍的建设。② 兰婷等人主张，先秦儒家道德教育思想的精髓，对培养大学生的仁爱精神、进取精神、集体主义精神、和谐精神以及树立大学生的正确义利观，具有重要的启发和借鉴意义。③ 此外，有部分硕士论文讨论了先秦儒家道德思想对促进大学生道德教育发展的当代价值。比如，彭春分析了先秦儒家德育思想对大学生品格塑造的意义④，郑喜月探讨了借鉴先秦儒家修身思想推动大学生道德教育创新的可能性⑤，刘寿广提出了先秦儒家义利观融入大学生道德教育的对策建议⑥。

　　3. 君子人格思想与大学生道德教育的关系

　　相当一部分学者逐渐认识到了儒家人格思想的现代意义和价值，主张应批判地借鉴其精华塑造大学生的健全人格。

　　钱逊系统研究了儒家道德人格，论证了儒家道德人格与当前社会主义道德建设以及社会公共生活的联系，并指出儒家人格思想的精华是社会主义道德建设的宝贵资源。⑦ 成云雷指出，儒家理想人格不仅为个体道德修养提供了参考模式，还为社会良好秩序的建构奠定了主体自觉。⑧ 燕国材认为，儒家传统人格教育的基本原则是习性论、社会化、主体性，人格教育的具体方法包括立志、明理、身教、自省。⑨ 于雷等认为，传统道德教育对当今人格教育的启示有三：一

① 闫少华，尉天骄．"回归生活世界"：现代道德教育观与先秦儒家伦理思想的契合［J］．社会科学家，2011（2）：12-14.

② 吴腊梅．刍议先秦儒家人文思想在加强大学生道德教育中的运用［J］．理论月刊，2008（7）：180-182.

③ 兰婷，李壮凌．先秦儒家道德教育思想对大学生价值观教育的启示［J］．思想教育研究，2013（6）：98-102.

④ 彭春．先秦儒家德育思想对当代大学生品格教育的价值［D］．长沙：中南大学，2010.

⑤ 郑喜月．先秦儒家修身思想对大学生道德教育的启示［D］．青岛：青岛大学，2018.

⑥ 刘寿广．先秦儒家义利观融入大学生道德教育研究［D］．曲阜：曲阜师范大学，2019.

⑦ 钱逊．中国古代人生哲学［M］．北京：清华大学出版社，1998：87.

⑧ 成云雷．先秦儒家圣人与社会秩序建构［M］．上海：上海古籍出版社，2007：33.

⑨ 燕国材．中国古代人格教育的原则和方法［J］．江西教育科研，1995（5）：57-59.

是应强调个体性的培育，二是应树立以人为本的观念，三是要坚持道德实践。①郭三玲指出儒家理想人格是中华民族传统文化的精髓，改善大学生的道德人格状况，应秉承儒家博爱思想，培育大学生的忠恕之道和经世胸怀；以儒家刚健有为的人生追求，培养大学生奋发图强的坚定信念；借鉴儒家以义制利的价值观，引导大学生树立正确的义利观；坚守儒家诚实守信的道德原则，培养大学生的诚信品质；把握儒家仁礼并重的人格内涵，培育大学生的礼让精神。② 孙德玉认为蕴含在传统儒家人格思想中的教育意涵是多方面的：理想人格的塑造对青年大学生具有积极的目标导向作用；自强不息的进取精神有助于青年大学生的健康成长；崇尚气节的爱国情操仍然是当代大学生的精神支柱；"义以取利"的价值取向有利于大学生确立正确的人生观；"厚德载物"的伦理思想有益于促进大学生的人际和谐；"慎独"精神不失为青年大学生修身养性的重要方法。③

儒家君子人格与大学生道德教育之间的关系比较有代表的研究成果为：张自慧指出君子人格是中华民族道德理想和人格追求的凝练与升华，当代大学生应学习和践行儒家文化中的君子之道，将善良作为立身处世的道德之基，以乐道作为道德修身的理想境界，把弘毅作为自强不息的精神支柱。④ 张晓庆指出人格具有历史继承性，传统人格包含了现代人格塑造不可或缺的继承因素，借鉴君子人格中的"仁""义""礼""信""学"等人格教育内容，有助于当下大学生健全人格。⑤ 滕晓楠指出，孔子君子人格蕴含的道德品质、道德境界、价值理念和道德情操，对大学生形成坚定的道德信念、确立乐观进取的生活态度以及树立正确的价值观念，具有积极意义。⑥ 马建新等提出应积极挖掘君子人格理论的精华，让其在当代大学生道德教育中发挥出应有的作用，具体做法为：以仁爱思想培育大学生高尚道德情操，以"义以为上"帮助大学生树立正确的价

① 于雷，冯清华，徐原. 中国传统教育对当代大学生人格教育的启示 [J]. 中国成人教育，2010（13）：20-21.

② 郭三玲. 儒家理想人格与当代大学生道德人格培养 [J]. 学校党建与思想教育，2009（2）：47-48.

③ 孙德玉. 论传统儒家人格思想对当代大学生的教育意蕴 [J]. 徐州工程学院学报（社会科学版），2014，29（5）：95-98，108.

④ 张自慧. 论君子之道及其现代价值——对大学生道德理想与人格追求的思考 [J]. 黑龙江高教研究，2008（9）：104-107.

⑤ 张晓庆. 君子人格与当代大学生健全人格的养成 [J]. 铜仁学院学报，2009，11（6）：19-21.

⑥ 滕晓楠. 孔子的君子论与大学生人格培养 [J]. 教育探索，2011（8）：3-4.

值观，以"约之以礼"培育大学生彬彬有礼的气质，以君子忠信提高大学生诚信意识，以"智者不惑"鼓励大学生勤奋博学，以自强不息引导大学生艰苦奋斗。① 余杭同样认为，《论语》中塑造的以"仁、义、礼、智、信"为主要人格特征的君子形象，为培育当代大学生理想人格提供了重要参照。② 朱小芳认为，君子人格与高校"立德树人"的人才培养目标有一致之处，为大学生道德教育提供了一个可学可鉴的完整体系。弘扬和培育现代君子人格，符合社会文化发展需要，有助于解决当前大学生道德教育面临的现实问题，为培育和践行社会主义核心价值观，为提升大学生文化自信提供了实践样本。③ 廖丹琪在剖析了孔子君子人格的核心品德和修养方式后，指出孔子的君子人格思想为解决大学生的道德教育问题提供的主要启示：君子德才兼备的思想，启发高校应健全人才培养标准，加强通识教育；君子笃志的观点，启迪高校应帮助大学生树立崇高理想信念，增强道德责任感与社会责任感教育；君子力行的认识，启示高校应加强对大学生道德修养意识的引导与道德践行能力的培养；君子里仁为美的提法，启发高校应在营造良好的校园道德氛围和浓厚的传统文化氛围上下功夫。④

与此同时，这一论题亦有部分较有创建性的硕士学位论文，其中代表性观点如下：张春乐指出，将孔子的德育思想融入当代大学生道德教育中，既有利于实现孔子德育思想的时代创新，又能为新时期大学生道德教育发展找到新的突破口。为实现两者的有效衔接，我们就需要在科学理念指导下，在探寻融入方法、创设融入环境、优化融入载体、建立融入机制等工作上做文章。⑤ 杜继艳主张，大学生道德教育应该在弘扬主旋律的同时，开发先秦儒家理想人格这一宝贵的传统道德资源，在对其进行批判继承与改革创新之后，先秦儒家理想人格对塑造当代大学生的健全人格有重要的理论价值和实践意义。⑥ 冯琳舒结合当

① 马建新，司成伟，张长胜.论儒家君子人格与大学生的人格教育 [J].淮海工学院学报（人文社会科学版），2014，12（11）：105-107.

② 余杭.《论语》的君子人格与大学生理想人格的培育 [J].高校辅导员学刊，2015，7（4）：19-22.

③ 朱小芳.儒家君子人格对大学生人格培育的启示 [J].学校党建与思想教育，2017（22）：11-13，18.

④ 廖丹琪.孔子的君子人格思想与大学生道德人格的培养 [J].教育评论，2017（5）：146-150.

⑤ 张春乐.孔子德育思想融入新时期大学生道德教育研究 [D].延安：延安大学，2018.

⑥ 杜继艳.先秦儒家理想人格思想与当代大学生健全人格的塑造 [D].长春：东北师范大学，2006.

代大学生道德人格的现状和存在的问题，剖析了君子人格的德性本质、价值观念和行为规范，这对大学生的道德教育有借鉴意义，认为君子人格能有效引导大学生建立正确的道德情感，形成坚定的道德信念，养成良好的道德行为。① 庞晓利同样认为儒家君子人格思想蕴含了丰富的思想道德资源，是新时期大学生道德教育新的增长点。因此，对君子人格思想进行创造性转化、创新性发展，借鉴君子人格的有益成分培育新时代大学生的道德人格，这对培养有理想担当、有学识本领、有主体意识、有进取精神的时代新人具有重要意义。②

此外，张晓庆的《君子人格与当代大学生健全人格的养成》，叶豪芳的《孔子君子道德理想人格思想及其现代价值》，路振茂的《儒家君子人格对当代大学生道德人格培养的价值研究》，孙娟妮的《〈论语〉中的君子人格及其对大学生道德人格养成的启示》，霍青华的《儒家君子人格与当代大学生道德人格培养》以及宋凤琴的《君子品格诠释及对大学生人格培育的启示》等对此也进行了论述，限于篇幅，此处不再展开论述。

二、国外学人关于君子人格与道德教育的研究概观

（一）关于儒家君子人格的研究

美国学者本杰明·史华慈（Benjamin Schwartz）从中西比较的视角，对《论语》进行了分析性的解构。他认为孔子开创了整个轴心时代的中国思想，并指出孔子的"礼"既是具体的礼仪实践，又是整体的社会秩序，"仁"是"礼"的情感保证，同时又囊括了所有的德行。他还进一步分析，"学"是沟通"仁"与"礼"的关键，是德行培养的具体过程，而个体学习活动最初的、最理想的场所是"家庭"，因为家庭是"仁爱"这一道德情感的发源地。③ 史华兹虽然没有过多就君子人格进行论述，但他关于孔子思想的极富洞见性的阐述，为我们分析君子人格提供了诸多启发性的观点。

美国学者郝大维（David Hall）、安乐哲（Roger Ames）认为，孔子按照新

---

① 冯琳舒. 孔子君子人格思想对大学生道德人格塑造的启示 [D]. 长春：长春理工大学，2017.
② 庞晓利. 儒家君子人格对新时代大学生道德人格培育的启示 [D]. 桂林：广西师范大学，2016.
③ 史华兹. 古代中国的思想世界 [M]. 程钢，译. 南京：江苏人民出版社，2008：72-118.

的道德条件，对之前的君子概念进行了改造，使君子有了政治责任和道德修养的双重规定。君子通过自我修养，可以将道德内容拓展到社群秩序中，从而实现了个体在承担社会责任与完善人格境界上的协调统一。安乐哲还剖析了仁、君子与圣人的关系，他认为这三者在结构上是一个逐渐扩大的同心圆，"仁"处于最核心，关涉人与人之间的关系，"君子"居于"仁"之外，指向社群关系，而"圣人"位于最外层，包含了宇宙意义。"仁"和"君子"共同关联到成圣这一整体目标。①

美国哲学家赫伯特·芬格莱特（Herbert Fingarette）指出，孔子塑造的君子是理想的人格典范，君子体现了"礼"与"仁"的统一。同时，"礼"与"仁"构成了君子道德行为的两方面，"礼"是君子按照社会身份采取的特定行为，而"仁"是君子基于内在道德原则的个性行为，"礼"和"仁"展示了君子道德的"社会性"和"能动性"。此外，君子人生境界的实现或者说道德的涵养包括两方面：一是对"传统"的态度，二是对"人性"的把握。一方面，君子在对文化传统的继承和复活之中不断自我生成；另一方面，君子又在增进社群公共福祉之中丰富了"人性"的神圣性。②

美国学者威廉·西奥多·狄百瑞（William Theodore de Bary）将君子置于社会政治秩序的构建中来理解和认识君子的身份角色、社会地位和历史使命。他认为，君子不一定拥有实权，但确实是受过良好教育的社会精英。他们具备了与"天命"同质化的美德、智慧和良知，并能以其强烈的道德使命感积极服务于社会公共事务。即是说，君子能以其宽广的胸怀和高尚的情操，立志维护与上天秩序统一的道德秩序。这种社会责任感，是君子超越绅士的地方，但也正是在这个意义上，君子又肩负了过于沉重的历史责任。③ 加拿大学者贝淡宁指出了君子人格的重要特质，那就是它主体的社会实践性。他分析指出，没有"儒学目的地"，只有"成为儒家的过程"。儒学的品格是入世的，要成为一个"儒者"，必须身体力行儒学的价值观。儒家并不是一个道德说教的地方，它之所以具有说服力，是因为它能将对家庭的关爱推广到更广阔的社会中去。作为有道

---

① 郝大维，安乐哲. 孔子哲学思微 [M]. 蒋弋为，李志林，译. 南京：江苏人民出版社，1996：41.

② 芬格莱特. 孔子：即凡而圣 [M]. 彭国翔，张华，译. 南京：江苏人民出版社，2002：63.

③ 狄百瑞. 儒家的困境 [M]. 黄水婴，译. 北京：北京大学出版社，2009：18.

德担当的君子，他的理想就是维持现实社会中各种善的平衡，因此，君子的角色应是一个社会批评家。①

　　美籍华人哲学家成中英，在分析现代社会的价值错乱和道德危机的基础上，重新认识了儒家君子人格的价值。他指出："西方现代社会重科技知识而有迷失道德价值的危机，中国当代社会也因科技与经济的发展而有失去文化传统的危机。"当务之急就是要重构中国的社会价值和社会伦理，来消除经济现代化带来的负面影响。在发展经济的同时，在文化层面，恢复人文传统和仁爱精神，反思道德价值与道德原则的历史依据，这种做法具有重要的时代意义。在此过程中，我们要重新挖掘君子人格思想的积极方面，注重人的道德培养和人格培育，才能避免社会走下坡路。② 美籍华人历史学家余英时认为，在现代社会中重建儒家的人格理论，是复兴儒家学说的首要任务。他指出儒学今天面临空前困境的原因有两个：一是儒学与制度之间的联系中断，二是儒家道德资源在过度消耗的同时并未增加新的储备。即便如此，作为中国传统文化主流的儒家思想在现代社会仍未断绝，使儒学走出现代困境的首选之路，就是要重新发现并整理儒家的君子人格理论。③

　　（二）关于道德教育的研究

　　西方道德教育理论体系庞大，观念甚巨，对其进行详细的展现并非笔者研究的初衷，只能择其要者，采撷其中与君子人格存在对话基础的有代表性的观点，进行粗线条的梳理。同时，为了呈现的方便，笔者按照西方德育理论发展的历史进程将其划分为古代、近代和现代三个阶段，具体如下。

　　西方古代的德育理论。苏格拉底（Socrates）是公认的西方伦理道德史上第一个道德教育家，也是西方教育理论的奠基者。在西方哲学史上，苏格拉底开启了哲学命题由对自然的关注向对人的关注的伦理学转变。关于教育的最终目的，他认为是促成人的发展，是使人获得高尚的道德情操和渊博的学识。他提出的"美德即知识"以及"认识你自己"等命题为道德教育提供了丰富的思想源泉，其中，他所说的"认识人自己就是认识心灵的内在原则"，更是开西方德

---

①　贝淡宁．中国新儒家［M］．吴万伟，译．上海：上海三联书店，2010：56-72.

②　成中英．合外内之道——儒家哲学论［M］．北京：中国社会科学版社，2001：121-133.

③　余英时．现代儒学的回顾与展望［M］．北京：生活·读书·新知三联书店，2004：56-57.

性论之先河。柏拉图（Plato）是"三师徒"中承上启下的人物，他的道德与哲学教育理论集中体现在《理想国》这一著作之中，卢梭曾说《理想国》"是一篇最好的教育论文"。柏拉图关于教育的理念对后世影响巨大，恰如阿尔弗雷德·怀特海（Alfred Whitehead）所说"全部西方哲学传统都是对柏拉图的一系列注脚"。柏拉图认为知识和德性都是先天的来自人自身的"理念"，"善"是理念的最高等级，品德天赋论构成了柏拉图道德教育的理论基石。以此为基础，柏拉图指出教育的目的有两个：一是使受教育者达到灵魂的和谐与正义，具备良好的道德品质，实现个人之"善"；二是达至城邦的和谐与正义，使全体公民获得最大幸福，实现城邦之"善"。亚里士多德（Aristotle）是古希腊百科全书式的人物，亦是古希腊教育思想的集大成者。首先，在道德教育的理论基础上，亚里士多德建构了带有形而上学特质的自然主义的德性论。他认为人在本质上是"形式"和"质料"的统一，教育的目标就在于完善人的理性灵魂，促进人的幸福。其次，在对美德的认识上，亚里士多德认为事物有过度、不足和中间三维度，而德性的本性就恰在其中间，即"美德乃中庸之道"，美德的形成是知行统一的结果。最后，亚里士多德总结了道德教育的三大要件：天赋、习惯及理性。道德教育就是在利用天性的基础上，养成道德习惯，最终实现发展理性、完善美德的目标。

西方近代的德育理论。约翰·洛克（John Locke）在《教育漫话》中提出绅士教育思想，这标志着从封建社会教育到资产阶级世俗教育转变的启幕，奠定了英国近代教育的思想基础。他认为绅士应当具备"德行、智慧、礼仪和学问"四种精神品质，并应从德、智、体三方面系统地对人们进行绅士教育。让-雅克·卢梭（Jean-Jacques Rousseau）是自然教育理论的代表人物，他的经典著述《爱弥儿》，在教育史上具有划时代的意义。在卢梭看来，人的天性中有善良和自爱的情感，道德教育主要是与人的情感相关联的教育，所以道德教育的重点就是将人天性中的自爱情感发展为博爱情感。因此，道德教育的路径可以概括为以情感培养为主要内容和以实践活动为主要方式两方面。伊曼努尔·康德（Immanuel Kant）是德国古典哲学的创始人，是实践理性道德教育思想的代表。康德把道德教育视为自由的实践理性领域，人通过实践理性的自由意志，可以超越知性认识的界限而达到本体界，从而为自身立法。进而言之，人应成为道德教育的终极目的，道德教育的展开就是从他律到自律的过程，自律是道德教育的唯一法则，道德教育应使道德法则成为人的内心法则，再经由人的实践活动予以外显，道德教育应充分尊重人的主体性。此外，还有承袭苏格拉底"美德即知识"观点而来的、主知主义教育代表人物约翰·弗里德里希·赫尔巴特（Johann Friedrich Herbart），以及首个用社会学研究方法来研究道德的、功能主义道德教育思想的代表人物埃米尔·涂尔干（Émile Durkheim）。限于篇幅，笔者在此不做展开论述。

　　西方现代的道德教育理论。约翰·杜威（John Dewey）提出了实用经验主义的道德教育理论。杜威重视教育与生活的关系，强调学校与社会的联系，凸显实践教育的重要性。杜威教育思想中有两个基本观点，那就是"教育即生活"与"学校即社会"。据此，杜威反对那种脱离现实生活进行纯道德观念传授的道德教育方式，呼吁道德教育应当同生活和社会保持一致，学校道德教育的内容也应向社会生活开放。因此，他提出了两种理想的道德教育方法：一是要采取探究式、讨论式的教育方法，来替代传统的强制灌输的道德教育方法；二是要运用社会实践的道德教育方法，即"从做中学"，来避免传统的空洞说教式的道德教育导致的知行分离的弊病。苏联教育家瓦西里·亚历山德罗维奇·苏霍姆林斯基（Василий Александрович Сухомлинский）认为，学校教育的目标就是培养"个性全面和谐发展的人"，和谐发展的核心则是高尚的道德。为了实现人的全面和谐发展，学校道德教育就应当遵循以下基本原则：一是要充分认识并发挥人的个性特点；二是要重视学校集体道德素质对个体道德素质的重要影响；三是要重视激发学生自我教育的潜能；四是坚持宽恕优于惩罚，惩罚必先教育的观念。美国儿童发展心理学家劳伦斯·科尔伯格（Lawrence Kohlberg）构建了道德认知发展理论，他认为人的道德发展直至走向成熟是一个长期的渐进过程，并将人的道德认知过程做了"三水平六阶段"的划分。科氏的研究不仅揭示了人的道德发展的复杂性，还指出了人的道德发展有赖于主体与社会之间的互动。在这一互动过程中，道德主体通过对社会道德经验的吸收、整合以及同化，结构化为自己新的道德经验，以实现自身道德结构在更高水平上的新的平衡和质的飞跃。因此，为了完成个体道德水平这种由不平衡到新的平衡的阶段性的跃升，学校道德教育就应该让学生通过"社会经验"和"角色承担"来自主地发展自己的道德认知。

三、既有研究述评及进一步研究的脉络

总体而言，学界关于先秦儒家君子人格以及大学生道德教育等论题的研究已取得了相当丰硕的成果，但仍有进一步探讨的空间。

在先秦儒家君子人格的研究方面，国内学者提出了很多有价值的认识和观点，也总结了一些极具启发意义的思想和结论，但是既有研究多倾向于对儒家君子人格的传统伦理价值进行挖掘和梳理，对其时代价值关注不够，没有很好地讲清楚儒家君子人格与当今社会发展的现实联系。随着中国特色社会主义进入新时代，符合时代要求的道德教育实践如何在传统文化精粹中汲取营养，是我们应该认真对待的一个重大的理论和现实问题，因此，以时代眼光去理解、发掘并利用传统人格理论的精髓，并对其进行创造性转化和创新性发展，是研究儒家君子人格理想的当务之急。国外关于儒家君子人格的研究，为我们提供了东西文化比较的研究立场，也正源于此，国外研究有脱离中国式的伦理道德哲学研究框架的倾向。从共时性来看，国外学者的研究话语与我国传统文化的本土化语境存在隔膜；从历时性来看，国外学者的研究内容与当下中国文化发展的现实需要存在差距。

在道德教育及其发展的研究方面，国外的研究特别是当代研究主要是从心理学的视角切入，而国内研究则侧重道德的基本规范和个体道德发展的基本规律这一角度，两类研究各有所长。既有研究对大学生这一特殊社会群体的道德品质形成与一般社会成员道德发展的差异性凸显不够。另外，当前的研究在一定程度上体现了对学理探讨的重视以及对模式构建的热衷，但对当前高校道德教育发展的现实需要和时代命题呼应不够，时代感和使命感有待提升。

在先秦儒家君子人格和大学生道德教育的关联性的研究方面，学者普遍认识到了先秦儒家君子人格对大学生道德教育的启发意义，并据此提出了改善大学生道德教育的方法路径。但是，目前的研究仍有值得加强之处：一是对先秦儒家君子人格价值与大学生道德素养提升之间的关系阐述得不够深入和明晰，由于缺少了优秀传统文化"创造性转化和创新性发展"以及"文化自信"等研究视野，既有的研究在将两者结合起来之时，要么显得生硬呆板，不知如何下手；要么显得底气不足，缺乏理论自信。二是对大学生道德教育的现实性关照不够，特别是欠缺对"立德树人作为高校根本任务"的整体性理解，研究假设

脱离了快速发展的大学生的实际状况，研究的结论又不能满足不断变化的大学生的现实需要。三是在两者结合的方法路径上，既有研究多是一种宏观性的制度设计，然而这种自圆其说的道德理论对现实生活的实际意义并不大，缺乏一个符合中国道德教育传统和当前社会实际情况的具有可操作性的具体策略。

先秦儒家君子人格作为一个历史的范畴，必然有其历史的烙印和限于其形成年代的时空特征，但是作为中华优秀传统文化的代表之一，它又具有超越特定历史时空的永恒价值。这种精神魅力一方面是君子人格传承不息的文化密码，另一方面是与时代要求相结合的价值依据。如何在传统文化创造性转化的视域下挖掘君子文化的当代价值，并在大学生道德教育的理论和实践中彰显文化自信和价值观自信，是本书拟解决的关键问题之一。

新时代新形势，高校思想政治教育内涵式发展以及大学生道德素养的提升，都面临诸多新的问题与挑战。面对挑战，我们既要对现有的高校道德教育实践进行系统性反思，又要在时代要求下对大学生道德教育进行创造性发展。当前，如何在"立德树人"的理论和实践中，"以古人之规矩，开自己之生面"，自觉吸取优秀传统文化的道德精粹，提高大学生道德教育的实效性，是摆在我们面前的一项重要课题。本书拟解决的第二个关键问题就是，讲清楚先秦儒家君子人格与大学生道德教育相结合的必要性和可能性，为推动当代大学生道德教育新发展提供有益的启示。

总体而言，本书重点解决先秦儒家君子人格是什么、君子人格为什么要融入大学生道德教育、哪些方面可以融入以及如何融入等几方面的问题。具体而言：一是对先秦儒家君子人格思想进行分析探讨。廓清君子人格的内涵，梳理儒家君子人格的内容，发现君子人格的实现途径，挖掘君子人格的内在价值，以达到在整体上全面把握君子人格思想理论、在深层次上系统认识君子人格内在本质的研究目标。二是把握当代大学生道德教育的理论及其实践。通过对道德以及道德教育的理解，明确德性涵养对大学生"精神成人"的重要意义。本书梳理优秀传统文化与"立德树人"之间的关系，挖掘君子人格中可资借鉴的道德精华，赋予其新的时代内涵，构建符合时代要求、蕴含中国智慧的大学生道德教育的内容和方法体系。三是构建先秦儒家君子人格融入大学生道德教育的具体路径。本书以当代大学生道德教育现实需要为出发点，明确君子人格思想融入当前大学生道德教育的理论依据和基本原则，为大学生道德教育创新发展提供"中国特色"的实践方案和路径依赖。

第三节　核心概念界定

概念是科学研究的起点,"科学研究的首要任务,便是对概念进行分析"①。概念的内涵与外延划定了它所包含的特定范畴和研究对象,"概念……是我们认识事物的工具"②。因此,我们开始正式研究之前,厘清几个基本概念就显得十分必要。

一、道德

道德通常被看作调整人与人之间、人与社会之间以及人与自然之间的行为规范和行为准则的总和,它在本质上是一种社会意识形态③,并"通过社会的或一定阶级的舆论对社会生活起约束作用"④。

如果从词源上考查,在中国传统文化中,"道"与"德"起初是分开使用的两个不同概念。就"道"的原初意义,《说文解字》言:"道,所行道也。从辵从首,一达谓之道。""道"作"道路"解,并由此意引申为事物发展变化的内在规律以及人的行为准则。关于"德",《说文解字》释"德"为"德,升也。从彳,悳声"。其本义是"直视而行",后延伸为对一切正直的行为的统称。"道"与"德"两个字连用,最早见于《周易·说卦》"和顺于道德而理于义"一语,但此处仍然使用的是两字的分别义。此后,"道德"在先秦诸子的表述中频繁出现,其内涵逐渐指向"人伦道德",这一含义逐步确定并趋向我们现在所言"道德"之内涵。

在西方文化中,"道德"的英文翻译有"morals""morality""ethics"三种。⑤ "ethics"源自古希腊语"ethos"一词,而"morals"和"morality"则来

① 刘作翔. 法律文化理论 [M]. 北京:商务印书馆,1999:8.
② 费孝通. 乡土中国 [M]. 北京:生活·读书·新知三联书店,1985:3.
③ 中国教育大百科全书 [M]. 北京:中国大百科全书出版社,1985:234.
④ 中国社会科学院语言研究所词典编辑室. 现代汉语词典 [M]. 北京:商务印书馆,1996:259.
⑤ 吴景荣,程镇球. 新时代汉英大词典 [M]. 北京:商务印书馆,2000:311.

自拉丁文"mores"一词。在词义上，不管是"ethos"还是"mores"，它们都有风俗、习惯的含义。在早期的西方道德思想中，道德在通常意义上被看作人的某一德性特征，因此，"道德"与个人的"美德"或"品德"在多数情况下属于同义语。文艺复兴之后，笛卡儿、康德、黑格尔等主张理性是道德的源泉，以科学理性取代思辨理性并将其作为道德判断的基础。19世纪以来，尼采、萨特、胡塞尔等相继站在现代非理性主义的立场，关注人的个性、价值和尊严，个人的意志自由取代理性成为道德唯一的根源、标准和目标。

马克思、恩格斯在对人类社会发展规律的深刻把握中，从唯物史观的立场出发，将对道德的认识由抽象变得科学。首先，道德源于具体的社会物质生产条件。道德作为一种意识形态，源于物质社会关系并由物质生产条件所决定。其次，道德的本质是人与人之间现实的利益关系的反映。道德"是从一定社会或阶级所要求的个人利益和整体利益的关系中引申出来的"①。再次，道德具有阶级性。人们总是从固有的阶级地位出发，"形成和发展自己的道德观念"②，超越阶级关系和时代特征的"绝对的永恒道德"是不存在的。最后，道德的现实基础是实践。"全部社会生活在本质上是实践的"③，实践是一切道德形成的现实基础。

中西方对"道德"的认识虽有差异，但其中又不乏相通之处：一是都意识到道德的存在及道德价值的实现离不开生活，二是都将对生命意义的探查作为道德的首要问题。这两点认识也在很大程度上体现了道德的本质属性，一是道德作为社会规范的属性，二是道德作为个体品质的属性。

"道德既具外在的规范形式，又有内在的德性精神"，道德是"内在德性良知与外在规范形式的现实统一"。④ 综合以上认识，本书将道德界定为一定社会调整人们相互关系的行为规范与个体品德修养以及由此所指向的实践活动的统一。

---

① 罗国杰，马博宣，余进. 伦理学教程［M］. 北京：中国人民大学出版社，1985：51.
② 恩格斯. 反杜林论［M］. 中共中央马克思恩格斯列宁斯大林著作编译局，译. 北京：人民出版社，1970：91.
③ 中共中央马克思恩格斯列宁斯大林著作编译局. 马克思恩格斯全集：第3卷［M］. 北京：人民出版社，1960：8.
④ 朱贻庭. "'本''末'之辨"说道德：当前道德治理必须关注的一个问题［J］. 道德与文明，2013（2）：5-8.

二、道德教育

道德教育简称德育，就道德教育应包括哪些内容，学界却存在诸多争论。争论的结果就是，出现一种将道德教育的概念进行广义的理解，另一种将道德教育的概念进行狭义的理解。

道德教育（moral education）作为一个明确的概念，是在 18 世纪末由康德首次提出来的。1860 年，赫伯特·斯宾塞（Herbert Spencer）对教育进行了"智育""德育""体育"的明确界分，此后，"道德教育"逐渐成为教育领域的一个基本概念。20 世纪初，道德教育一词传入中国，1902 年在《钦定京师大学堂章程》中出现了"外国学堂于知育体育之外，尤重德育"的表述，真正意义上将"道德教育"引入国内教育界讨论的，应该是王国维。1904 年，王国维在《叔本华之哲学及其教育学说》中将叔本华的教育思想概括为"德育""知育""美育"。1906 年，他又在《论教育之宗旨》中，将德育、知育、美育与体育并称。1929 年，唐钺等人编撰的《教育大辞书》提出德育"是德性之熏陶"。是年，王克仁等编著的《中国教育辞书》认为："道德教育训练道德品格之教育也称德育。"① 无疑，在"道德教育"概念发展的早期，学者对其讨论多集中于其狭义上的含义。

狭义的道德教育就是"教育者将品德规范转化为受教育者品德的教育"②，如《中国大百科全书》对"道德教育"的解释："教育者按照一定社会或阶级的要求，有目的、有计划、有组织地对受教育者施加系统的影响，把一定的社会思想和道德转化为个体的思想意识和道德品质的教育。"③ 罗国杰认为，"所谓道德教育，是指生活与现实各种社会关系中的有道德知识和道德经验的人们（亦可称道德上的先觉者），依据一定的道德准则和要求，对其他人有组织、有计划地施加系统影响的一种活动"④。檀传宝同样认为道德教育是"教育者组织适合德育对象品德成长的价值环境，促进他们在道德价值的理解和道德实践能

① 班华. 现代德育论［M］. 合肥：安徽人民出版社，2004：9.

② 华中师范大学教育系，陕西师范大学教育系，杭州大学教育系，等. 德育学［M］. 西安：陕西人民教育出版社，1986：17.

③ 《中国大百科全书》总编辑委员会. 中国大百科全书·教育［M］. 北京：中国大百科全书出版社，1985：1.

④ 罗国杰. 伦理学［M］. 北京：人民教育出版社，1989：449.

力等方面不断构建和提升的教育活动"①。

广义的道德教育包括政治教育、思想教育、道德教育等多方面内容，如顾明远主张"德育""在社会主义中国包括思想教育、政治教育和道德教育"②。鲁洁等认为，"德育是教育者根据一定社会和受教育者的需要，遵循品德形成规律，采用言传、身教等有效手段，通过内化和外化，发展受教育者的思想、政治、法制和道德几方面素质的系统活动过程"③。胡厚福同样主张，道德教育就是教育者"将一定社会或阶级的思想政治准则和法纪道德规范转化为受教育者思想、政治、法纪、道德品质的活动"④。在实际教育工作中，道德教育也主要是在广义上使用的。1995 年颁布的《中国普通高等学校德育大纲》规定："德育即思想、政治和品德教育。" 1995 颁布的《中学德育大纲》和 1998 年实施的《中小学德育工作规程》都规定了德育即对学生进行政治、思想、道德和心理品质教育。2004 年，《关于进一步加强和改进大学生思想政治教育的意见》中将"德育"和"思想政治教育"放在一起提出。

不难发现，在伦理学中，学者一般采用狭义的道德教育概念；在教育学和实际工作中，则多采用广义的道德教育概念。就如何取舍对道德教育的广义和狭义的界定，檀传宝认为应采取"守一"而"望多"的原则，"守一"就是要坚持道德教育即为"育德的教育"，"望多"就是要承认"政治信仰与道德人格之间"的密切联系，在道德教育中渗透思想教育、政治教育的内容。这一观点，对我们在具体研究中恰当使用道德教育的含义具有重要的启发意义。

结合本书的论题，笔者认为，对道德教育的理解，既要尊重我国悠久的德育历史，又要符合当前教育实际。从传统社会对"德"的理解来看，"德"不仅关乎个体道德品质，它还是一个政治概念；从新时代高校"立德树人"的现实要求来看，所立之德包括了大学生的思想水平、政治觉悟和道德品质。因此，本书将在更广泛的意义上使用道德教育这一概念，即认为大学生道德教育应在坚持以培养大学生道德品质和提升大学生道德实践能力为核心的同时，兼顾与大学生道德素养密切相关的思想教育、政治教育等内容。

---

① 檀传宝. 学校道德教育原理 [M]. 3 版. 北京：教育科学出版社，2015：6.
② 顾明远. 教育大辞典 [M]. 增订合编本. 上海：上海教育出版社，1998：249.
③ 鲁洁，王逢贤. 德育新论 [M]. 南京：江苏教育出版社，1994：95.
④ 胡厚福. 德育学原理 [M]. 北京：北京师范大学出版社，1997：105.

三、君子人格

"君子"一词产生之初是对王侯贵族等有社会地位的人的专称，并不具有明确的道德含义。君子从"有位"的专指到强调"有德"的新义，始于春秋末期。孔子首先赋予"君子"以道德的属性，由此，"君子"从纯粹的身份地位符号变成了德性的承载者。君子不必出身高贵，但应具有高尚的品德，代表着一个以仁为本、以德立身的具有崇高道德素质的社会新群体。《白虎通义·号》言："或称君子者何？道德之称也。"此后，历代学者对君子理想人格的概括，亦没有超出孔子君子人格的立论范畴，君子内涵亦没有明显的变化。

君子人格是先秦儒家所倡导的具备高尚道德品质并且能承担历史使命的理想人格模式。事实上，"中国古代没有'人格'这个词，但有'人品''为人''品格'"①，"人格"一词是近代翻译家从日文中引入的。孔子赋予了"君子"道德的规定性，"君子"是对"有德之人"的统称，而"君子人格"这一特定称谓就成了我们表达儒家理想人格的现代说法。

先秦儒家君子人格思想虽未形成严格的理论体系，但其作为儒家的理想人格范式，内涵十分丰富："所谓君子者，言必忠信而心不怨，仁义在身而色无伐，思虑通明而辞不专，笃行信道，自强不息，油然若将可越而终不可及者，此则君子也。"（《孔子家语·五仪解》）此一概括，为我们展示了一个鲜活的君子人格形象，君子人格是以"崇道"为理想目标，以"仁爱"为内在精神，以"信义"为基本原则，以"礼仪"为外在规范，以"好学"为重要品格，以"躬行"为修养进路的、具有高尚品行的道德人格范式。

先秦儒家倡导的君子人格有其鲜明的特征。首先，君子人格是个体道德修养和社会功用相统一的道德人格理论。君子人格是个体道德修养的参照，"君子道者三，我无能焉：仁者不忧，知者不惑，勇者不惧"（《论语·宪问》），君子怀德，是仁、知、勇的统一体。同时，君子还具有深厚的家国情怀，家国情怀也是儒家君子最显著的人格标识，君子理应"谋道不谋食""忧道不忧贫"，并通过"修齐治平"的精神追求将君子人格的个人修养与家国命运紧密相连。其次，君子人格是一种大众人格，是"传统中国的普遍人格"，对全社会成员都

---

① 张岱年. 张岱年哲学文选（下）[M]. 北京：中国广播电视出版社，1999：233-234.

具有普遍的道德教育意义。在儒家看来，人在道德上是平等的，上至君王，下至黎庶，通过道德修养，每个人都可以成就道德上的理想境界，即"人皆可以为尧舜"。最后，先秦儒家君子人格是理想与现实相结合的人格思想。先秦儒家一方面树立道德上的最高标准，用以引导人们不断向这一理想状态迈进；另一方面，又从现实出发，说"圣人，吾不得而见之矣；得见君子者，斯可矣"（《论语·述而》）。在提升道德修养的具体过程中，孔子又提出了礼乐教化、内省不疚等一系列寓于现实生活的修养功夫，借以鼓励人们不断躬行君子之德。

因此，本书认为，君子人格是先秦儒家提出的一种现实性的理想人格，这一人格思想体现了以"仁"为核心的内在德性和以"礼"为约束的外在规范的统一，它不仅提示了个体道德修养的内容，还阐明了提升道德境界的方式。

第二章

先秦儒家君子人格思想的演进及特征

第一节　历史演进

"君子"概念的形成与发展经历了一个长期的历史过程，因之，先秦儒家君子人格思想的产生与确立，是随着社会、历史发展的一个不断完善的动态过程。"君子"一词并非先秦儒家的首创，古已有之。只不过，在"上古三代"之时，君子作为个体道德表征的意味尚不明显，最初主要是社会中具有一定身份地位的、特殊的群体的指称。到了先秦儒家那里，特别是经过孔子的创造性阐释，"君子"概念开始明确地由"有位者"向"有德者"演变，并逐渐成为先秦儒家理想人格中最为重要的人格类型。

一、上古三代君子观念的萌芽

从大的时空坐标来看，先秦儒家的思想多是继承"三代"文化而来的，当然在这种承袭的基础上，更有诸子对"三代"思想创造性的阐释和发展，无可否认，其思想源头是绵亘不绝的夏、商、周三代文化。"君子"概念的起源和发展同样如此，在孔子之前，"君子"作为一类称谓就在各种古代典籍和文献中反复出现。在这些典籍中，"君子"的含义大体上包括以下两种情形：一是对贵族或具有一定身份地位的人群的专门指称，另一种是对男子的统称。当然，其主要含义还是第一种。

（一）"君"与"子"的字形结构及其释义

在梳理"君子"的初始含义时，李长泰从甲骨文、金文以及《说文解字》中，对"君"字的起源进行了一定的探索，分别从"君"字的静态的原始字形和动态的字形偏旁意义的演变来解释"君"的含义。① 在甲骨文中，"君"的形状是 𡭔，从字形上看，"君"上部为一人手持杖之形；在金文中，"君"的字形一开始仍保留了以手持杖的字形特征，比如，"县妃簋"中的 𢀸，以及"令鼎"中的 𢀸。甲骨文和金文中，"君"字以手持杖的字形，生动说明了"君"是社会中具有一定身份地位、掌握一定权力的特殊群体。从字形偏旁的组合来看，"君"字由"尹"和"口"组成，在古代，"尹"是"君"的本字，两者意义相同。"尹"在甲骨文中的字形是 𠂇，从又，意思是"手"，执笔会意。另据卜辞记载，尹常在君王左右，管理国家或者君王的某些事务，因此身份地位极高，比如，被后世所熟知的伊尹和黄尹。所以从卜辞中不难看出，"尹"在当时既是官职的名称，又有"管理"和"治理"的意思。同时，"君"字下半部分为口，与"尹"结合，在这里有发号施令、执政治国的意思。[汉] 许慎释"君"为："君，尊也。从尹，发号，故从口。古文象君坐形。"② 对此，[清] 段玉裁注曰："尹，治也。""尹亦声。"[清] 朱骏声按："君，出令治民者也，故从尹从口会意。"③《春秋繁露》的释义更为直接："君也者，掌令者也。"此外，《仪礼·丧服》曰："君，至尊也"。郑玄注："天子、诸侯及卿大夫有地者，皆曰君。"④ 由上推知，"君"最初的含义就是指居于高位的统治者。

关于"子"字，在甲骨文中的形状为 𠙙 或者 𡥀，后演变为 𡥄、𡥅、𡥆 等形态，状如小儿头有发及二足之形。金文"子"字的字形结构与甲骨文相差不大，也写作 𠙙、𡥀、𡥄 等形式。从甲骨文和金文的字形结构来看，"子"代表的是尚处于成长阶段的小儿，故而《说文解字》中说："子，十一月阳气动，万物滋，人以为称。象形。凡子之属皆从子。�，古文子，从巛，象发也。𣕊，籀文子，囟有发，臂、胫在几上也。"⑤《汉语大辞典》对"子"的解释十余例，但古今常

---

① 李长泰. 天地人和——儒家君子思想研究 [M]. 北京：人民出版社，2012：18-20.
② 许慎. 说文解字 [M]. 北京：中华书局，1963：32.
③ 朱骏声. 说文通训定声 [M]. 北京：中华书局，1984：793.
④ 郑玄，注. 贾公彦，疏. 十三经注疏：仪礼注疏：卷二十九 [M]. 北京：中华书局，1980：1100.
⑤ 许慎. 说文解字 [M]. 北京：中华书局，1963：309.

用者有四。一是古代指儿子和女儿。《仪礼·丧服》上说："故子生三月，则父名之。"郑玄注曰："凡言子者，可以兼男女。"二是泛指子孙后代。《荀子·正论》说："圣王之子也，有天下之后也，执籍之所在也，天下之宗室也。"三是古代对男子的统称。《玉篇·子部》载："子，男子之通称也。"《谷梁传·宣公十年》言："其曰'子'，尊之也。"四是古代对老师或者有学问、有道德的人的尊称。《正字通·子部》解释曰："子，门人称师亦曰子。"［魏］王肃曰："子者，有德有爵之通称。"

我们考察"君"和"子"字在甲骨文和金文中的字形结构及其释义，为窥见"君子"的初义提供了一个重要门径。从构词上看，"君子"的初始含义存在两种可能：一是指"君之子"，"君"就是君王等统治者，"子"即儿子，"君子"意为统治者的儿子；二是指"尊贵的男子"。"君"从尊，"子"是对男子的尊称。这两种含义在西周相关文献中比较普遍，但此两种理解的出现究竟孰先孰后？从唯物史观的立场出发，人的认识观念以及文化的具体形态根植于现实的历史条件中，因此，要回答上述问题，就要考察西周初年的政治社会文化背景。

西周以宗法血缘为基础，实现分封制，并以立长立嫡的世袭制确定了政权的传递方式，从而摆脱了政权的原始自然状态，建立了稳固的政治秩序。① 这样，自周天子至"封君"都获得了前所未有的尊贵地位，同时"传嫡不传庶，传长不传贤"的嫡长子继承制，又必然将"封君"的儿子置于社会政治生活的重要位置，作为"封土"将来的继承人，"封君"之子也理所当然地享有尊贵的地位。"君之子"这一含义可以看作西周政治社会发展带来的直接结果，而"尊贵的男子"似由"君之子"的特殊身份衍化而来。相反，单纯的"尊贵的男子"的含义，却不能体现统治者之间的血缘关系和政权更迭形式。许倬云就说："君子作为'封君的儿子'这个含义引申以后，就包含了通过血缘关系联结起来的与统治集团有关的所有人员，这就使'君子'成了'贵族'的同义词。"② 因此，我们可以大致推论，在分封制和嫡长子世袭制的制度安排下，"君之子"的含义此后又引申为具有一定社会地位的"贵族男子"。

---

① 劳思光.新编中国哲学史：第一卷［M］.桂林：广西师范大学出版社，2005：55.
② 许倬云.中国古代社会史论：春秋战国时期的社会流动［M］.邹水杰，译.桂林：广西师范大学出版社，2006：189-190.

（二）"君子"概念考辨

"君子"作为一个特定的概念或者说一个明确的语词，何时出现？这仍是学界目前尚无定论之处。有学者从语言社会学的角度出发，认为"君子"一词的产生与"君"同步或稍晚，"君"字的产生又必然与国家和文字的产生同步或稍晚。进一步讲，夏朝如果已经有了国家、君王和文字，那么"君子"一词最迟也应当产生于夏代。① 这一论断虽注意到了语言文字和社会存在之间的关系，但有值得商榷之处。一方面，这一论点缺乏直接史料的有力支撑；另一方面，在逻辑上，只能得出"君子"一词的产生不早于夏代，而非"最迟产生于夏代"的结论。退一步讲，如果夏代就已经出现了"君子"这一概念，但在商代大量的文献中无所提及，于理不通。

从现有文献和考古发掘来看，作为一个特定的语词，"君子"并不见于甲骨文和青铜铭文，《尚书·商书》中也没有出现，以此来看，似乎在商代仍没有形成"君子"这一概念。我们需要特别说明的是，虽然《尚书·大禹谟》中有"蠢兹有苗，昏迷不恭，侮慢自贤，反道败德，君子在野，小人在位"一句，但《大禹谟》不见"今文尚书"，为《孔传古文尚书》，即所谓的"晚书"，此书早已被前人认定为伪书，关于此点，并无存疑。特别是 2008 年，学者对"清华简"的考证，更进一步证实，传世 2000 多年的"古文尚书"确系伪书。作为伪书，其虽然仍有宝贵的史料价值，但因其为"晚出"之书，其文字记载显然不宜作为"君子"一词产生的时间证据。据现有可靠文献来看，"君子"一词最早见于《尚书·周书》和《易经》（卦爻辞）之中，从书中反映的内容来看，此两书的成书时间约在西周初年。因此，比较可靠的观点是"君子"一词最早出现于西周初年，即在公元前 10 世纪左右。②

（三）西周文献中的"君子"含义

在西周文献典籍中，"君子"作为一个语词开始频繁出现。我们知道语词与称谓必然有所指，有所指才构成了范畴和意义产生的根源，那么作为一特定语词的"君子"，在文献中最初所指是什么？要回答这一问题，我们就要检索古代典籍中的具体表述。通过对文本的初步检索发现，"君子"一词在《尚书》中

① 池水涌，赵宗来. 孔子之前的"君子"内涵 [J]. 延边大学学报（哲学社会科学版），1999（1）：128-132.

② 吴正南. "君子"考源 [J]. 武汉教育学院学报，1998（5）：29-37.

出现7次、在《易经》（卦爻辞）中有19处记录，在《诗经》中则多达182处。

朱自清先生讲道："《尚书》的大部分其实也是'辞'。我们相信这些辞都是当时的'雅言'，就是当时的官话或普通话。"① 因此，《尚书》中君子的含义在很大程度上体现了官方通行的认识。比如，《酒诰》中说："庶士有正越庶伯君子，其尔典听朕教。"又比如，《无逸》篇："呜呼！君子所其无逸，先知稼穑之艰难；乃逸，则知小人之依。"从以上引文可以得知，"君子"一词在西周时既已常见，但又是就"位"而言，指称贵族。就《无逸》篇中的"君子"，孔颖达引郑玄注曰："君子，止谓在官长者。所，犹处也。君子处位为政，其无自逸豫也。"②《尚书》中将"君子"与"小人"对举，很显然也是从社会地位上对两者进行的身份划分，与从事生产劳作的"小人"不同，"君子"是具有一定社会地位的"在位者"。

《周易》一书成书时间较长，由《易经》和《易传》两部分组成。根据顾颉刚的考证，《易经》（卦爻辞）部分大致成书于西周初叶，这一结论被学界所遵信。《易传》作为对卦爻辞的解说和阐发，成书时间则晚得多，大多数学者认为《易传》成书于战国时期，两者相差五六百年，故而这里只言出现在《易经》卦爻辞里的"君子"一词。

《易经》作为卜筮之书，经文深奥简古，春秋时期的学者阅读起来已感到十分困难，所以才有了专门对其进行解释的《易传》。《易经》中关于"君子"的表述，多与预测吉凶的判词相关，于今人，要把握其确切的含义和具体所指有一定的难度。我们值得注意的是，在这些卜辞当中，亦有多处"君子"与"小人"对举的表述，如"童观，小人无咎，君子吝"（《观》初六），"好遁，君子吉，小人否"（《遁》九四），"小人用壮，君子用罔，贞厉"（《大壮》九三），"君子维有解，吉；有孚于小人"（《解》六五），等等。③ 按照上文逻辑，我们将君子释为贵族阶级应该大体不差，否则很难解释，如周振甫释《遁》九四爻为："贵族可以退隐，故吉。小民靠劳动生活，不能退隐，故否。"④ 我们又引李镜池《周易通义》释《解》六五爻为："贵族把战俘绑起来而又解开，战俘

---

① 朱自清．经典常谈［M］．北京：生活·读书·新知三联书店，1980：18．
② 李学勤．十三经注疏：尚书正义［M］．北京：北京大学出版社，1999：430．
③ 李学勤．十三经注疏：周易正义［M］．北京：北京大学出版社，1999：30-121．
④ 周振甫．周易译注［M］．北京：中华书局，1991：119．

愿意归顺，变为奴隶。"①

《诗经》收录了从西周初年到春秋中叶的各类诗歌 311 首，其中出现"君子"的诗歌共 60 首。《诗经》中的"君子"形象变得更为复杂，所指称的对象上至天子诸侯，下至平民百姓。对某些"君子"所关涉的身份背景，解诗者向来众说纷纭，并无统一定论，恰如董仲舒所说"诗无达诂"。关于《诗经》中"君子"的身份地位，台湾学者林叶连认为"君子"身份无争议的诗篇中有 13 首指天子，如"既醉以酒，既饱以德。君子万年，介尔景福"（《既醉》）等，有 8 首指诸侯，如"乐只君子，天子命之"（《采菽》）等，有 17 首指官吏，有 3 首指将士，如"君子之车……君子所依，小人所腓"（《采薇》）等，有 2 首指道德高尚者，有 3 首不特指某人。②

同时，《诗经》收录的诗歌中，《颂》是专为统治者歌功颂德的，有较为明显的官方印迹，此外另有一小部分是周代贵族文人的作品，其余大部分都属于民歌，来自民间。因此，与《尚书》"雅言"不同，《诗经》更多地展现了当时民间语言的样貌，也在很大程度上反映了当时的社会情态。在这里，"君子"由"官话"向民间用法的转变，预示了一种变化趋势，即"君子"由此前作为指代贵族统治阶级的专有名词开始转化为指代包括平民男子在内的普遍概念。"君子"含义的这些新变化主要有以下几种情形：一是指丈夫、情人，如"君子于役，不知其期。……君子于役，如之何勿思"（《君子于役》）；二是指一般青年男子，如"关关雎鸠，在河之洲。窈窕淑女，君子好逑"（《关雎》）；三是指有才德的男子，如"显允君子，莫不令德""岂弟君子，莫不令仪"（《湛露》）；四是特指父亲，如"君子信谗，如或酬之。君子不惠，不舒究之"（《小弁》）；五是特指诗作者，如"山有蕨薇，隰有杞桋。君子作歌，维以告哀"（《四月》）③。再者，在《诗经》中，"君子"在指称贵族时，除了有肯定、赞扬的意义，还出现了否定、贬斥的意义。比如，在《伐檀》中就有这样的表述："彼君子兮，不素餐兮！"这明显是在讽刺那些不劳而获的达官贵人。这说明在当时的认知体系中，"君子"尚未被赋予单一的价值向度，人们对"君子"可以加诸善或恶的不同评价。

---

① 周振甫.周易译注［M］.北京：中华书局，1991：141.
② 林叶连.《诗经》中的"君子"身份［J］.辅仁国文学报，2006（1）：66.
③ 程俊英.诗经译注［M］.上海：上海古籍出版社，2012：348.

除此之外，较《尚书》和《易经》而言，《诗经》中的"君子"除了所指的范围有所扩大外，其含义也出现了由"有位者"向"有德者"转化的苗头，其表现就是开始在"君子"之前加上一些表示某种品德的形容词，如"有匪君子"（《淇奥》）、"岂弟君子"、"显允君子"（《湛露》）、"淑人君子"（《鼓钟》）等，说明"君子"的含义正在向抽象化、德性化转变。正是由于这种由民间自下而上的德性化转变趋势的存在，在此之后，君子概念才有可能在以孔子为代表的先秦儒家的大力阐释后，由最初的贵族阶级的专有指称，演变为指代一切男子的普遍概念，最后转变为社会普遍认可的理想人格的特定称谓。

《尚书》、《易经》（卦爻辞）、《诗经》中关于"君子"的文例，也就是自西周初年至公元前 6 世纪春秋时期的五六百年时间里，"君子"的主要含义是天子、诸侯等贵族统治阶级的专号，并不具有明确的道德色彩。当然，在西周"以德配天"的神权政治学说之下，居于高位的统治者必须要有崇高的道德品质，"失德"就是"失位"的先兆，这样"君子"本身其实也隐含了一定的道德意蕴，如"君子所其无逸"中的"无逸"即是说君子不可贪图安逸，"谦谦君子"中的"谦谦"表明君子应该谦虚谨慎，凡此种种。周朝的贵族体制却在事实上形成了"君子"的贵族性与垄断性，更凸显的是其社会地位方面的意涵，而其品德方面的含义只能处于从属地位。概而言之，此一时期，"君子"的首要意义是"有位者"的代称，其隐含意是品德高尚之人。"隐含意义如果经常被使用，也会发展成一个新的词或义位。"① 此后，"君子"词义在先秦儒家手中的演变恰是上述观点的体现。

二、春秋孔子对君子概念的确立

《论语》中"君子"一词共出现 107 次，20 篇中均有出现，开篇第一章和末篇最后一章中都提到了"君子"，据此马一浮指出"君子"实乃《论语》一贯穿始终的概念。② 美国学者狄百瑞认为对君子的探讨是《论语》的中心："虽然《论语》作为一部语录和逸事的集子看起来缺乏系统的结构，叙述也颇为游离，但是它作为一个整体仍然具备自身的焦点——君子。从君子入手十分有利于我们更好地理解《论语》。《论语》的魅力之所以经久不衰，并不在于它阐释

---

① 蒋绍愚. 古汉语词汇纲要［M］. 北京：商务印书馆，2005：36.

② 马一浮. 泰和宜山会语［M］. 沈阳：辽宁教育出版社，1998：102.

了一套哲学或者思想体系，而是在于它通过孔子展现了一个动人的君子形象。"① 狄氏的分析虽然低估了《论语》的哲学和思想价值，但准确把握了《论语》对君子这一概念的重视。

（一）君子含义由"位"至"德"的衍变

据统计，《论语》提到"君子"的107处文例中，为孔子弟子提及的有13处，属于"问君子"的有3处，孔子直接提及的则为91处，事实上，孔子弟子对"君子"的用法和释义与孔子并无二致。那么，《论语》中所言及的"君子"具体所指是什么？杨伯峻认为："《论语》的'君子'有时指'有位之人'，有时指'有德之人'。"② 如前文所言，"君子"并非孔子首创，而是自西周以来就在各类文献典籍中多有提及。词义的变化或者新的词义的生成是一个长期的历史过程，因之，《论语》当中的一些表述孔子仍沿袭了"君子"作为"有位者"的含义。实际上，除了上面两种情形之外，在《论语》中，有些地方所言"君子"，同时兼指"位"和"德"。萧公权主张："孔子所言君子之第一义完全因袭《诗》《书》，其第二义殆出自创，其第三义则袭旧义而略变其旨。"③ 这一结论大体不差。

在《论语》中，孔子"自创"的"第二义"，也就是对"德"的强调使君子的概念发生了根本性的变化。自孔子始，"君子"的含义逐渐完成了由"位"向"德"的转变，仅在个别篇章中，尚使用了其纯粹指称身份地位的原义。对此，吴正南考证认为《论语》中使用"君子"原义的只有10处，这10处还包括了孔子弟子的言论及引用周公旦的话，如不考虑这部分内容，孔子所言"君子"典型用其原义的不过4处。④ 总体来看，孔子沿袭"君子"传统意义的用法在全书中所占比例不及十分之一，除此之外，"君子"已转化为对有道德的人的称谓。朱熹在《论语集注》中，对"人不知而不愠，不亦君子乎？"注曰："君子，成德之名"。他又将"君子之至于斯也，吾未尝不得见也"释曰："君子，谓当时贤者"。同样，他对"吾闻君子不党，君子亦党乎？"解曰："君子，才德出众之名"。⑤ 朱子的解释可谓精当。

---

① 狄百瑞. 儒家的困境 [M]. 黄水婴，译. 北京：北京大学出版社，2009：28.
② 杨伯峻. 论语译注 [M]. 北京：中华书局，1980：9.
③ 萧公权. 中国政治思想史 [M]. 沈阳：辽宁教育出版社，1998：65.
④ 吴正南. "君子"考源 [J]. 武汉教育学院学报，1998（5）：29-37.
⑤ 朱熹. 四书章句集注 [M]. 北京：中华书局，1983：47，61，93.

有学者指出："君子含义变化的轨迹可以这样简单地描述：贵族—有德的贵族—尊贵且有德的人—有德的人—有德但不尊贵的人。"① "位"和"德"的变化轨迹及其分离隐含了时人的两个重要观念，一是君子可以"有德而无位"，孔子说"君子固穷"（《论语·卫灵公》），有德的君子可以安守穷困不得志的境遇和状态。与之相对，小人则可以"有位而无德"，"小人难事而易说也。说之虽不以道，说也；及其使人也，求备焉"（《论语·子路》）。这段话中的"小人"显然是有一定身份地位的，但从德行方面看仍然是小人。对"一箪食，一瓢饮，在陋巷"终身未仕的颜回，孔子称赞他是"不违仁"的君子，而作为鲁国大夫的季康子，因"八佾舞于庭"的逾礼僭越以及"将有事于颛臾"的违背道德原则的行为，却被孔子所不齿和抨击。我们看到，在孔子那里区分"君子"和"小人"的标准，不再是基于宗法血缘世袭获得的贵族身份，而是在不断的自我修养中获得的道德情操，"君子"也不再是少数权贵阶层的专号，而开始向所有人开放。任何人只要具备了高尚的道德品质，就可能成为一个"君子"，反之，即便身在高位，如在道德修养上有所欠缺，这样的人也不能称为"君子"。经过孔子的转化和发展，"君子"含义完成了由"位"至"德"的衍化，以一个道德楷模的形象展示在世人面前，并成为人人可学而至的理想人格典范。

（二）君子含义演变的社会动因

《论语》中"君子"含义的演变有着深刻的社会动因。周公秉承夏商礼乐传统"制礼作乐"，使西周礼乐制度规模空前，孔子特别推崇西周的礼乐文明，曾钦慕地慨叹："周监于二代，郁郁乎文哉，吾从周。"（《论语·八佾》）西周礼乐脱胎于原始的宗教信仰，其中仍夹杂了对天地、山川、鬼神的崇拜，但相较于前代，有了更为浓厚的人文色彩。比如，周公提出"敬德保民"的思想，这是自夏商以来由敬鬼神到重民事的一大转变。同时，西周的礼乐制度是建立在宗法血缘和土地分封基础上的一套严格的等级制度，以尊尊、亲亲为原则，周天子以下，以血缘亲疏确定个人在社会中的身份地位。据此可以说，一方面，西周完成了对"人"的认识观念的第一次突破，将目光从夏商时期的天命鬼神转移到了现世的人；但另一方面，又将人置于宗法等级观念的束缚之下，给人以现实的羁绊。

---

① 张映伟.《论语》中君子含义的演变［J］. 海南大学学报（人文社会科学版），2009，27（2）：138-142.

西周末年，周天子丧失天下共主的地位，宗法等级制度遭到破坏，礼乐制度难以为继。平王东迁，春秋以降，王室衰微，诸侯争霸，天子权威丧失殆尽，诸侯僭越非礼的现象层出不穷。诸侯内部，更是多次出现臣弑君、子弑父的事件，政治权力不断下移。春秋中后期，"高岸为谷，深谷为陵"（《诗经·小雅·十月之交》）、"社稷无常奉，君臣无常位"（《左传·昭公三十二年》），这些社会常态，表明社会流动趋势不断加剧。及至孔子所处的时代，公室大夫、世袭贵族的统治地位进一步被打破，公卿大夫"降在皂隶"（《左传·昭公三年》），直至"陪臣执国命"（《论语·季氏》）。《史记》载："春秋之中，弑君三十六，亡国五十二，诸侯奔走不得保其社稷者不可胜数。"① 与之相伴的是，原先处于贵族最底层的"士"阶层不断发展壮大。一方面，随着世卿世禄制度遭到破坏，原先大批贵族失国失位，身份降为士以至庶人；另一方面，"学在官府"的贵族教育制度被打破，"天子失官，学在四夷"，庶人有机会通过接受教育从而进入士阶层。掌握了一定知识和技能的士逐渐从封建宗法制度的束缚中挣脱出来，"中国第一代知识分子从士阶层中蜕化出来"②，新兴士阶层的作用在诸侯争霸中也得到了充分的展示和证明。这一系列变化影响了人们对执政者的认识和期待：统治者不再是由世袭身份决定的，而必须有相应的才能和德行。反过来，只有具备较高才能和道德的人才有资格居于高位，成为传统意义上的"君子"，在这样的社会认识下，才德逐渐内化并凸显为"君子"概念的重要因素。

基于以上的社会背景和人们思想观念的变化，孔子明确了"君子"的道德意蕴，破除了宗法体系对人的遮蔽和压制，将评判人的价值的标准，由社会地位转移到道德才能。这一观念是在"人"的认识问题上的又一重要突破，是对西周初年人文精神萌芽的创造性发挥，并由此奠定了儒家的人文主义传统。

（三）孔子君子内涵的具体范畴

孔子不仅完成了君子含义由"位"至"德"的转变，还明确了君子道德内涵的具体范畴。我们择其要者，大致包括以下四方面：

一是君子的内在品质。孔子将"君子"视为有德之人，那么君子应该包括哪些道德品质呢？对此，孔子给出了成为君子最重要的内在德性的要求，那就

---

① 司马迁. 史记［M］. 北京：中华书局，1999：2492.

② 陈俊民. 中国哲学研究论集［M］. 台北：台湾商务印书馆，1994：76.

是"仁","君子去仁，恶乎成名？"（《论语·里仁》），并将"仁"作为君子人格的最核心要素。孔子又说："君子道者三，我无能焉：仁者不忧，知者不惑，勇者不惧。"（《论语·宪问》）明确指出了仁、智、勇是君子应当具备的三种主要品德。除此之外，孔子指出了君子应具备的具体德行，比如，重义轻利、坦荡敦厚、诚实忠信、谦虚勤奋等。

二是君子的外在规范。孔子所言的君子是以"仁"为核心的内在品质和以"礼"为核心的外在规范相结合的"文质彬彬"的统一，所以孔子才说"克己复礼为仁"（《论语·颜渊》）。在孔子看来，"礼"应始终贯穿于君子的言行之中，做到"非礼勿视，非礼勿听，非礼勿言，非礼勿动"（《论语·颜渊》）。孔子亦反复强调了"礼"对君子的重要性："君子博学于文，约之以礼，亦可以弗畔矣夫！"（《论语·雍也》）"礼"之所以重要，就是因为它可以彰显君子的内在德性，"恭而无礼则劳；慎而无礼则葸；勇而无礼则乱；直而无礼则绞"（《论语·泰伯》）。

三是君子的举止仪容。孔子将君子人格修养与举止仪容联系起来，并进行了深刻思考，开君子外在精神风貌之先河，不仅内容丰富，而且饱蕴哲理，既有理论阐释，又有规范建构。比如，"君子所贵乎道者三：动容貌，斯远暴慢矣；正颜色，斯近信矣；出辞气，斯远鄙倍矣"（《论语·泰伯》），"君子不以绀緅饰"（《论语·乡党》），"君子有三变：望之俨然，即之也温，听其言也厉"（《论语·子张》）。他又说君子应做到"泰而不骄""威而不猛"等。

四是君子的修养方法。孔子指出成为一个有德君子的具体途径。首先，是要立志。孔子说"三军可夺帅也，匹夫不可夺志也"（《论语·子罕》），言明了志向的重要性。子路问孔子有什么志向，孔子回答说："老者安之，朋友信之，少者怀之。"（《论语·公冶长》）这说明君子应该有远大的志向。立志和成为君子之间是什么关系呢？孔子以层层递进的方式给出了答案："修己以敬""修己以安人""修己以安百姓"（《论语·宪问》），这其实就是后人推崇的"内圣外王"的圣王人格形象。其次，要好学。学之所以在成就君子人格中十分重要，就在于孔子认为人"性相近也，习相远也"（《论语·阳货》），后天的学习是使人和人之间差距拉大的关键。所以，《论语》中才反复强调："博学而笃志，切问而近思，仁在其中矣。"（《论语·子张》）"百工居肆以成其事，君子学以致其道。"（《论语·子张》）这样就离成为一个"发愤忘食，乐以忘忧，不知老之将至"(《论语·述而》）的好学君子不远了。最后，要践履。人们要成为一个君子就要落实到日常的行动中，就要做到"无终食之间违仁"。子贡问老师怎样才能成为君子，孔子回答他说："先行其言而后从之。"（《论语·为政》）并且他告诫弟子应多做实事、少说空话，如"君子欲讷于言而敏于行"（《论语·里仁》）、"君子耻其言而过其行"（《论语·宪问》）。此外，孔子还以"三戒""三畏""九思"等具体的做事原则来框范君子行为。经过孔子的创造性发展，先秦儒家君子人格的生动形象被完整勾勒出来。

二、战国孟子、荀子对君子观念的发展

余英时说："虽然严格言之，每一时代都各有其特殊的'君子理想'，但其大体规模在先秦时代已经定型，后世儒者也并未能超出先秦的范围。"[①] 继孔子后，先秦儒家思想比较完备，可成大观的就是孟子和荀子。在对"君子"这一重要概念的认识问题上，孟子和荀子大致因循孔子的思路而来，将"君子"视为道德典范和理想人格的形象予以推进和阐述，但又因其所处的时代背景和面临的现实思考有所不同，二人又分别从不同的侧面对君子人格进行了论述。这些论述无论是在对君子形象广度的描述上，还是在哲学理论深度的构建上都有了较大的突破，从而使先秦儒家君子人格思想更加完备。

（一）战国时期君子观念发展的社会背景

孟子和荀子身处社会更加动荡的战国时期，诸侯之间征伐不断，传统贵族阶级的统治更是风雨飘摇、摇摇欲坠。《战国策》载："仲尼既没之后，田氏取齐，六卿分晋，道德大废，上下失序……故孟子、孙卿儒术之士，弃捐于世，而游说权谋之徒，见贵于俗。"[②]

战国时期既是一个战祸频发的乱世，也是一个人的思想、认识获得大解放、大发展的黄金时代。随着世袭贵族的加速没落，士阶层进一步从封建的附庸地位中解放出来。此一时期，士人不仅获得了身份的自由，作为士、农、工、商的"四民"之首，其社会地位和身份认同获得极大的提高，士阶层凭借自身具备的知识、才能和道德，掌握了相当的社会话语权，思想自由和精神自由的空间得到极大拓展。许多士人奔走于诸侯列国之间，并迸发出极大的社会影响力。

---

① 余英时．中国思想传统的现代诠释［M］．南京：江苏人民出版社，1998：115．
② 何建章．战国策注释［M］．北京：中华书局，1990：1356．

"圣王不作，诸侯放恣，处士横议，杨朱、墨翟之言盈天下。"（《孟子·滕文公下》）各国统治者也意识到了这一新兴阶层的巨大力量，礼士、揽士、养士之风盛行。如历史上先有魏文侯礼遇段干木，后有鲁缪公礼敬曾申、子思等贤士，再有齐威王重用孙膑、邹忌，建稷下学宫，一时人才济济，终成"百家争鸣"之学术圣地，养士之风一时无两。同时，战国时期士人众多，来源不一，其中自然不乏真才实学之士，但事实上"士"的质量也良莠不齐，因统治者求贤若渴，对士的才学难以逐次考辨，自然有很多滥竽充数之人，对此，钱穆说："公子养贤，以孟尝、平原、信陵、春申四人为著。惟四公子门下，贞士少，伪士多。只见游仕气焰之高涨，而不见他们的真贡献。"① 此外，在当时的社会风气下，士的庸俗化十分严重，除少数能固穷守道的贤士外，绝大部分士人为博取功名利禄而一味屈从权势，"利和则来，利尽则往"的现象时有发生。李斯在向老师荀子辞别入秦时就曾直白地说道："诟莫大于卑贱，而悲莫甚于穷困。"②

如果说，孔子挺立"君子"人格的初衷是想在"礼崩乐坏"的情况下恢复周文传统的话，那么孟子和荀子要回答的时代问题，就是如何用"君子"的道德形象来挽救"诈伪并起"的世道人心。

（二）孟子的君子人格思想

孟子毕生的志愿是向孔子学习，他自己说："乃所愿，则学孔子也。"（《孟子·公孙丑上》）但是在孟子所处的时代，孔子的学说受到了来自各方的攻讦和挑战，"杨朱、墨翟之言盈天下，天下之言，不归杨，则归墨"（《孟子·滕文公下》）。为了与不合于儒家的思想展开论战，孟子除了继承孔子的思想，还要根据变化了的社会状况和现实需要，对孔子的思想进行发展和完善。孟子对孔子君子学说的最大发展在于孟子阐明了君子的"为仁之方"。如果说孔子关注的重点在于君子之"仁"为何以及君子为何"行仁"的问题上，那么孟子则将对"仁"本身的关注自觉转移到了对"为仁之方"的探讨上，他提出"居仁由义"，并发展建立了自己的心性论学说。

孟子探索君子"为仁之方"的逻辑起点在于对君子本性的认识上。在孟子看来，君子的本性包括两方面，一是君子道德自觉的主体性，二是君子道德担当的社会性。在孟子看来，"人之所以异于禽兽者几希，庶民去之，君子存之。

---

① 钱穆．国史大纲［M］．北京：商务印书馆，1996：110.
② 司马迁．史记［M］．北京：中华书局，1999：1977.

舜明于庶物，察于人伦，由仁义行，非行仁义也"（《孟子·离娄下》）。"君子有终身之忧，无一朝之患也。乃若所忧则有之：舜，人也，我亦人也；舜为法于天下，可传于后世，我由未免为乡人也，是则可忧也。忧之如何？如舜而已矣。"（《孟子·离娄下》）

第一段话从"人禽之别"的角度说明了君子人之为人的主体性的道德自觉。张岱年认为："人之所同于禽兽者，不可谓为人之性；所谓人之性，乃专指人之所以为人者，实即是人之'特性'。"① 人与禽之间的"几希"之别就是人的"特性"，是人之所以为人的根本，构成了人的价值内涵。在孟子看来，这"几希"之别实则是由"仁义"所统摄的道德性，这种道德性是人与生俱来的。"仁义"虽天生具足，但并不意味着能被人当然地察觉并予以自觉地显现，道德本心又有待人凭借理性加以体察和确证。"庶民"缺少理性自觉的能力，而致使构成独立人格的道德属性逐渐丧失，仅仅在自然生物意义上称为人。君子则能通过自觉的道德意识，于社会人伦中，彰显道德自觉这一人的独特属性，一"去"一"存"之间，是君子对人之道德性的自觉体认，也是人之为之的应然方式，这是君子本性的第一层含义。

第二段话从"凡圣之分"的角度说明了君子在人我关系中作为道德担当的社会性。没有人天生是君子，君子是普通人后天不断自我塑造的结果。君子自我造就的起点在对自身道德性的自觉体认上，这种体认并非无所凭依的玄想，而是对"君子终身之忧"的不断反思与回答。君子所忧者何？"舜，人也，我亦人也。"人存身于社会之间，不得不考虑自己的社会价值，是要"传于后世"还是停留在"为乡下人"？这也恰是君子的忧思所在。那么如何化解这一忧思呢？孟子给出的答案就是"如舜而已矣"。从对自我德性欠缺出发，认识自己的不足，并在现实人生中不断提升自身境界，来承担自己的社会使命，这正是孟子所揭示的君子于社会应有的道德承担，也是君子本性的第二层含义。

在确定了君子的本性之后，孟子为君子人格构建了心性论的理论基础。"孟子道性善，言必称尧舜。"（《孟子·滕文公上》）"孟子生平之学，在道性善，称尧舜。"② 性善说是孟子立论的基础，徐复观认为："孟子不是从人身的一切本能而言性善，而只是从异于禽兽的几希处言性善。几希是生而即有的，所以

---

① 张岱年. 中国哲学大纲：下册［M］. 北京：昆仑出版社，2010：210.
② 焦循. 孟子正义［M］. 北京：中华书局，2016：315.

可称之为性；几希即是仁义之端，本来是善的，所以可称之为善。"① 孟子言"性"只在道德范畴讨论，是人之所以为人的道德本质，"性"的展开也就被赋予了主体的能动性，这是性善论的前提和基础。基于此，"尽其心者，知其性也。知其性，则知天矣"（《孟子·尽心上》），这段话是理解孟子性善说对构建君子人格重要意义的关键。孟子以"性善"沟通天人，"人是禀受天之性德以为其根本性德的"②，"天"是"性"的终极依据，性善是作为实然的事件存在，而不是应然的价值目标，"善"是"天"赋予"性"的完满状态。这样，君子通过道德修养达到天道至善的境界有了形而上学的理论依据。孟子所言性善具有先验的道德本体论的意味，类似于康德所说的"绝对命令"。

我们该如何去把握"性"呢？孟子给出了"以心言性"的解说思路。孟子说："所以谓人皆有不忍人之心者"（《孟子·公孙丑上》），孟子以"不忍人之心"为性善找到了一个人人可以体认的载体，从而人性善的先验道德本体便可以通过现实的心理情感被确认和证实，道德理性根植于人的感性而又超越感性，它既是先验本体又是经验现象。"恻隐之心，人皆有之；羞恶之心，人皆有之；恭敬之心，人皆有之；是非之心，人皆有之。恻隐之心，仁也；羞恶之心，义也；恭敬之心，礼也；是非之心，智也。仁义礼智，非由外铄我也，我固有之也，弗思耳矣。"（《孟子·告子上》）"仁义礼智"人人固有，构成了"性"的道德含义，它又由恻隐、羞恶、恭敬、是非等情感之"心"触发，经由外在的、自发的感性体验可以通达内在的、理性的道德自觉，孟子以心作为性的载体，言明了道德自我修养的理论依据。同时，"仁义礼智"之性既是人人固有，我"心之所同然"，那么在道德修养面前就人人平等，"圣人与我同类者"（《孟子·告子上》），由此必然导出"人皆可以为尧舜"的结论（《孟子·告子下》）。与孔子圣人"不得而见之矣"的圣人观相比，孟子为君子所能达到的道德境界赋予了无限的可能。

孟子在强调先验的"性善"的同时，还强调经验的实践。在孟子看来，虽然道德良心根植于人的本心，但离开了实践修养，天赋本善的道德良心也会被遮蔽，直至最后丧失，如"仁，人心也；义，人路也。舍其路而弗由，放其心而不知求，哀哉！"（《孟子·告子上》），同时，道德良心"我固有之"，那么，

---

① 徐复观. 中国人性论史：先秦篇［M］. 上海：上海三联书店，2001：143.
② 张岱年. 中国哲学史大纲［M］. 北京：昆仑出版社，2010：195.

扩充德性的方式就不再向外寻求，而是向内对自我心性的回归。"反身而诚，乐莫大焉"（《孟子·尽心下》），"反"是君子修养身心的核心，是对本性之善的不断反思、关照、体察和开掘。"身"不仅是生物学意义上的身体，还是君子外化的道德实践的具象载体。关于"诚"，孟子曰："诚者，天之道也；思诚者，人之道也。"（《孟子·离娄下》）孟子以"诚"沟通天人，"诚"是天之道，"即谓天之本质是善"①，是本然存在；"思诚"是人的应然状态，因为只有切身反思，才能通于天道，达到君子应有的仁善境界，并最终在道德领域实现"天人合一"。

　　至于道德实践中如何推行这种由心而发的仁德，孟子指出其发端是要"存心""养性"，如"君子所以异于人者，以其存心也"（《孟子·离娄下》）。"尽其心者，知其性也。知其性，则知天矣。存其心，养其性，所以事天也。"（《孟子·尽心上》）在孟子看来，保持本心、培养本性就是君子安身立命的根本方法。"存心""养性"的关键就是要做到"寡欲"，"养心莫善于寡欲"（《孟子·尽心下》）。"孟子对人性可借自我努力而达到完美境地的看法持绝对认真的态度，这是无可非议的。"②

　　总之，性善论向上发展，为君子道德内涵构建了形而上学的理论依据，回答了君子为什么承担道德的问题；向下延伸，在充分肯定君子道德人格主体性的基础上，为君子道德修养和道德实践找到了方法论依据，解决了道德的实现方式问题。可以说，在心性论基础之上，孟子进一步明确了扩充君子德性的内容以及君子人格的修养方式。"孟子通过人性论，建立了道德自律学说，确立了人的道德尊严，为人的内在自由指明了一条道路，同时也为人的幸福指明了方向。"③

　　（三）荀子的君子人格思想

　　荀子所处的战国时代，社会形势又有所不同。政治上，秦国经商鞅变法，通过奖励耕战、设置郡县等一系列措施，国力日盛，统一趋势已经不可避免；思想上，百家争鸣的局面进入尾声，各派理论观点进入总结阶段，适应大一统

---

①　张岱年. 中国哲学史大纲［M］. 北京：昆仑出版社，2010：6.

②　杜维明. 仁与修身［M］. 胡军，丁民雄，译. 北京：生活·读书·新知三联书店，2013：74.

③　蒙培元. 蒙培元讲孟子［M］. 北京：北京大学出版社，2006：173.

现实需求的思想学说呼之欲出。荀子是先秦儒家的最后一位大师,清人汪中指出了荀子在先秦儒家思想史的地位,"盖自七十子之徒既殁,汉诸儒未兴,中更战国、暴秦之乱,六艺之传赖以不绝者,荀卿也。自周公作之,孔子述之,荀卿子传之,其揆一也"①。冯友兰语:"孟子以后,儒者无杰出之士。至荀卿而儒家壁垒,始又一新。"② 汪中所言"荀卿子传之"说明了荀子对孔、孟以来儒家思想的继承,而冯氏所言"始又一新",则指出了荀子对前人学说的突破和发展。

就其突破和发展而言,学界习惯把荀子和孟子进行比较,与孟子更关注如何扩充人的内在德性不同,荀子更关心士人如何在社会规范下发挥自己的作用。从对孔子学说的继承性上来看,孟子发扬了孔子的"仁学"思想,从"性善"论出发,探讨内省,荀子则开掘了孔子的"礼学"思想,以"性恶论"为起点,完善治学之道。我们借用《中庸》中的"尊德性而道问学"来看孟、荀之别的话,无疑孟子偏重于"尊德性",荀子则取"道问学"。我们如果说孟子所阐明的君子形象是"仁义君子"的话,那么荀子所塑造的就是一个"礼义君子"。荀子立论尽管与孔、孟之间存在疏异,但其旨归亦是希望士人通过自身努力达到一个"备道全美"的道德至极境界,只不过其构建方式和侧重面有所不同罢了。

荀子秉持"性恶论"的人性假设,这点被研究者普遍接受,那么荀子为什么会得出人性恶的结论呢?笔者认为可能有以下两方面的原因:一是源于社会现实的经验观察。战国后期,战祸愈烈,物欲横流,贪念丛起,剧烈的社会动荡极大地暴露了人性丑恶的一面。二是"性善"的形而上学依据被逐渐消解。到了战国末期,为结束混乱局面,实现"大一统"的政治理想,人的价值越发凸显,人的主体性得到进一步张扬,因此,"天"的作用进一步被削弱。在荀子看来,天不过是与人相对的客观自然现象,"天行有常,不为尧存,不为桀亡"。"天不为人之恶寒也辍冬,地不为人之恶辽远也辍广"(《荀子·天论》)。天固有其自然属性,它的运行既不会受统治者的影响,也不会由于人的好恶而改变,即"天人相分"。

荀子明确提出"人之性恶,其善者伪也"的观点,直言人性本恶,善良不

---

① 汪中.荀卿子通论 [M] //王先谦.荀子集解.北京:中华书局,1988:22.
② 冯友兰.中国哲学史:上册 [M].上海:华东师范大学出版社,2011:163.

过是人为的结果。何为荀子所言之"性"，如"生之所以然者谓之性。性之和所生，精合感应，不事而自然谓之性"（《荀子·正名》）。"生之所以然者谓之性"是从生成义上讲人性就是自然生成的，与后天的习染等人为因素没有关系，而"不事而自然谓之性"是从表现意义上讲性，因为自然之性要想被人们所认识和把握，必须通过人与外界的接触体现出来，即诉诸"精合感应"的过程，但是这个表现的前提是"不事"，要排除人为因素的干扰，这样"性"表现出来的样子也就是它本来的样子。这种表现出来被人认识的自然之性的具体内容是什么呢？荀子认为有三方面：一是感官本能，即"目辨白黑美恶，耳辨音声清浊，口辨酸咸甘苦，鼻辨芬芳腥臊，骨体肤理辨寒暑疾养"（《荀子·荣辱》）；二是人的生理欲望，即"今人之性，饥而欲饱，寒而欲暖，劳而欲休，此人之情性也"（《荀子·性恶》）；三是人的自然情感，即"人之于其亲也，至死无穷"（《荀子·礼论》）。

上面是荀子所讲到的性的自然属性，除此之外，荀子区分了另一类"性"，即人的社会属性。荀子说："今人之性，生而离其朴，离其资，必失而丧之。"（《荀子·性恶》）这段话所说的"朴"和"资"显然指的是自然本性，那么离却自然本性的"今人之性"指的是什么？荀子解释说："今人之性，生而有好利焉，顺是，故争夺生而辞让亡焉；生而有疾恶焉，顺是，故残贼生而忠信亡焉；生而有耳目之欲，有好声色焉，顺是，故淫乱生而礼义文理亡焉。"（《荀子·性恶》）这段引文中所言的"今人之性"与"朴"且"资"的自然本性是有所区别的，就此，廖名春说："'好利'是必须弄明白什么是'利'才会去'好'，'疾恶'是必须了解什么是'恶'才会去'疾'，'好声色'必须先分辨出什么是美丑才会去'好'。这种'好'和'疾'，都是有待于学、有待于习的，并不是人的自然本能之所有。"① 换句话说，人一降生便要接触社会，经过社会熏染，人很容易将满足生存所需的自然本能的合理欲望扩大为好利、疾恶、奸声色的过度的贪欲，而这些过度的贪欲就是"性"的另一层面，是人在社会活动中表现出来的一种感性的心理倾向，即"性"的社会属性。

荀子认为，满足生存所需的自然之"性"或者说人的基本欲望不仅不恶，而且是人生存的必要条件，如"性者，天之就也；情者，性之质也；欲者，情之应也。""虽为守门，欲不可去，性之具也。虽为天子，欲不可尽。"（《荀

---

① 廖名春. 中国学术史新证［M］. 成都：四川大学出版社，2005：431.

子·正名》）人之有欲，自天子以至庶人，概莫能外。由此观之，荀子所言的"性恶"之性主要是在贪欲这个层面上讲的，"性恶"中"恶"的根由在人的贪欲不加节制而最终导致社会秩序失常这一动态的连锁反应。当然，无论是为了实现"群居合一"的理想社会还是达至道德完满的理想人格，贪欲都必须加以规范和引导，这是制礼义以养君子的必要性。

在社会生活中，除了感性的贪欲，荀子还分析了"性"之社会属性的另一层含义，即人的能知理性。荀子说："凡以知，人之性也。可以知，物之理也。"（《荀子·解蔽》）荀子认为人与生俱来就有认识事物的能力，这是人的能知之性，而万事万物也有可以被人认识把握的内在规律，所以人能够认识世界。"然而涂之人也，皆有可以知仁义法正之质，皆有可以能仁义法正之具，然则其可以为禹明矣。"（《荀子·性恶》）人既然有认知能力，当然也就具备了对"仁义法正"的道德认知和辨别能力。简而言之，人先天的认知能力为制礼义以养君子提供了可能性。

接下来，荀子在"性伪之分"的基础上，以"化性起伪"的观点对君子人格的修养问题做了进一步阐释。荀子说"不可学，不可事，而在人者，谓之性；可学而能，可事而成之在人者，谓之伪。是性伪之分也"（《荀子·性恶》）。此处言"性"就是指人先天的、纯粹的自然本性，是不学而能、天赋如此的，而"伪"则是指后天的"人为"，是必须经过人事的努力才能获取的东西。在对"性"与"伪"做了区别之后，荀子从"人之性恶，其善者伪也"及在上文对"性"之不同层面含义区分的基础上，提出了"化性起伪"的思想。"凡人之性者，尧、舜之与桀、跖，其性一也；君子之与小人，其性一也。"（《荀子·性恶》）君子和小人在自然之"性"上没有区别，但君子之所以为君子，小人之所以是小人，就在于君子能自觉地通过后天之"伪"来约束、节制先天之"性"。"性也者，吾所不能为也，然而可化也。"（《荀子·儒效》）"故圣人之所同于众、其不异于众者，性也；所异而过于众者，伪也。"（《荀子·性恶》）人性存在趋"恶"的倾向，但不能就此否定人的现实行为表现和由此引起的社会结果必然为恶，因为通过"化性起伪"可以积善成德、积德成圣，完成由"小人"至"君子"的人格修养过程。

荀子也认识到了，虽然从主体性而言，每个人都有成为君子乃至圣人的可能性，但事实上，并不是每个人都能达到这样的理想境界："故涂之人可以为禹，则然；涂之人能为禹，则未必然也。"（《荀子·性恶》）究其原因就在于，普通人缺少积善成德的内在动力，"圣可积而致，然而皆不可积"（《荀子·性恶》），"可积"是理想人格之所以成立的普遍的基础，而"不可积"则指出了在现实社会中造就理想人格可能面临的客观限制及人的主观"意志无力"的问题。

如何来化解上述问题呢？荀子为此开出了"化师法""积文学""道礼义"之君子修养路数，"今人之化师法，积文学，道礼义者为君子"（《荀子·性恶》）。荀子认为这正是普通人成为君子的必由之路，实质上也是"化性起伪"的过程。笔者认为，此三条路径，并不是修养方法的并行列举，而应是次第渐进的修养过程的逻辑展开。首先，应尊师重教，从师而学，这是修养的起点，即"化师法"；其次，"积文学"则是择良师之后学习的内容和过程；最后，"道礼义"是修养的落脚点，是君子之成的标准。

荀子循孔子"就有道而正焉"的思路，极大发挥了尊师重教在个人道德修养中的作用，认为从师而学是君子修养的起点。荀子说："人之生，固小人，无师、无法，则唯利之见耳。""人无师、无法，则其心正其口腹也。"（《荀子·修身》）因此，学习的关键就在找到良师益友，如"故君子隆师"（《荀子·儒效》），"求贤师而事之，择良友而友之"（《荀子·性恶》）。荀子又进一步指出，只有依靠老师的帮助才能对人性之恶加以匡正，如"今人之性恶，必将待师法然后正，得礼义然后治"（《荀子·性恶》）。不仅如此，荀子还从"礼"与"师"的关系，指出对"礼"的学习和遵行同样离不开"师"的教育引导，如"礼者，所以正身也；师者，所以正礼也"（《荀子·修身》）。无怪乎，徐复观曾说："师在荀子的教育思想中，居于中心地位。"[1]

君子从师的目的就落实在"学"上，也就是"积文学"。"学"体现了荀子对人的主观能动性的重视，在荀子看来，成就理想人格需要人的主观努力。"纵情性，而不足问学，则为小人。"（《荀子·儒效》）因此，善于学习是成为君子的必要条件，荀子说："端悫顺弟，则可谓善少者矣；加好学逊敏焉，则有钧无上，可以为君子者矣。"（《荀子·修身》）就学习要达到的效果或者要求来看，荀子说："少言则径而省，论而法，若佚之以绳，是士君子之知也；其言也诎，其行也悖，其举事多悔，是小人之知也。"（《荀子·性恶》）学习效果为

① 徐复观.中国人性论史：先秦篇［M］.北京：九州出版社，2014：228.

什么会有"君子之知"和"小人之知"的差别呢？荀子认为那是因为学习方式不同："君子之学也，入乎耳，箸乎心，布乎四体，形乎动静。端而言，蝡而动，一可以为法则。"君子学习过程是由耳入心并落实到行动上的，反观小人之学，则是"入乎耳，出乎口，口耳之间，则四寸耳，曷足以美七尺之躯哉？"（《荀子·劝学》）小人所学仅至于"口"，而未达心性，自然不能起到修养身心的作用。就学习的目的来看，荀子指出"古之学者为己，今之学者为人。君子之学也，以美其身；小人之学也，以为禽犊。"（《荀子·劝学》）君子学习的目的是追求道德人格的提升，小人学习则是为了在人前卖弄。荀子还开出了学习的具体内容，"始乎诵经，终乎读礼"（《荀子·劝学》）；还强调了学习经典应有的态度，"人之于文学也，犹玉之于琢磨也"（《荀子·大略》）。

荀子认为"化师法"和"积文学"的教与学的过程必须落实到行动，即"行其所学"上，才能构成君子人格修养的完整体系。"行"即实践的重要性，集中体现在荀子下面这段话的论述中，如"不闻不若闻之，闻之不若见之，见之不若知之，知之不若行之。学至于行之而止矣"（《荀子·儒效》）。

行动既然如此重要，那么君子当如何将所学所知落实到实践中？那就是"道礼义"。笔者认为荀子所言"道礼义"有两层含义：一是士人遵圣王所作礼义而行之，此"礼义"是外在规范解；二是士人积学行义，达到"礼义"昭彰的道德境界，此"礼义"是内在德性解。重视礼义是荀学的重要特征，是荀子"君子之学"的核心，蔡仁厚甚至说："荀子学术精神的矢向，可以用隆礼义而杀诗书这句话来代表。"① 荀子将礼义提高到了道德规范的极点，"礼者，人道之极也"（《荀子·礼论》）。关于君子和礼义的关系，荀子有许多阐述。"天地者，生之始也；礼义者，治之始也；君子者，礼义之始也。"（《荀子·王制》）"凡贵尧、禹、君子者，能化性，能起伪，伪起而生礼义。"（《荀子·性恶》）这两段话表明，君子是礼义的发端，是"礼义"的制定者和体现者。当然，君子更应该遵"礼义"而行，是"礼义"的遵行者和落实者，这也是君子与礼义关系的核心。对此，荀子在许多篇章中都有论述，比如，"故君子之于礼，敬而安之"（《荀子·君道》）、"君子审于礼"（《荀子·礼论》）、"积礼义而为君子"（《荀子·儒效》）。

总之，荀子的君子人格思想以"性恶论"为理论基础，以"化性起伪"为

---

① 蔡仁厚. 孔孟荀哲学 [M]. 台北：台湾学生书局，1984：362.

实践前提，并突出了"礼"的核心作用，通过以学达礼、以礼达仁的修养路径，为我们展示了儒家君子人格理想的另一种理论和现实意义。

第二节 本质特征

马克思说："理论只要能说服人，就能掌握群众；而理论只要彻底，就能说服人。"① 彻底，就是抓住事物的根本。"如果事物的表现形式和事物的本质会直接合二为一，一切科学就都成为多余的了。"② 不能弄清楚事物本质的必然的联系，我们就无法认识事物的本来面貌。对君子人格思想的认识同样如此，只有抓住君子人格思想的特征，才能更好地把握君子人格思想发展的规律，从而获得对君子人格全面的、客观的、本质的认识。笔者认为，君子人格思想具有人文性、实践性、普遍性和内在超越性的特征。

一、人文性

韦政通指出，中国文化的显著特征就是其人文性："在这里，人的尊严和人在世界的地位，获得充分的显现。"③ 唯其如此，"天行健，君子以自强不息"这一人生命题也才有了坚实的理论基础。

"人文"一词最早见于《周易·贲卦》："刚柔交错，天文也。文明以止，人文也。"可见，"人文"的原始意义与"天文"相对。[宋] 程颐《周易程氏传》云："天文，天之理也；人文，人之道也。""人文，人理之伦序，观人文以教化天下，天下成其礼俗。"④ 在传统的语境中，"人文"一词大致包括两种含义：一是广义上与自然之天相对应的人类文明和人类文化，二是狭义上与自然规律相对应的人事人理和人伦秩序。在西方，"人文"源自拉丁文"humanus"。另外，与"人文"一词密切相关的"人文主义"，其英文翻译是"humanism"。英

---

① 中共中央马克思恩格斯列宁斯大林著作编译局. 马克思恩格斯全集：第 1 卷 [M]. 北京：人民出版社，1956：460.
② 李达. 唯物辩证法大纲 [M]. 北京：人民出版社，2014：297.
③ 韦政通. 人文主义的力量 [M]. 北京：中华书局，2011：165.
④ 程颢，程颐. 二程集：下 [M]. 北京：中华书局，1981：808.

国学者阿伦·布洛克（Alan Bullock）认为，人文主义本质上是一种以人为中心的世界观，将人作为评判一切的价值尺度。① 彭国翔将"人文主义"的含义总结为四方面：一是承认人的视角和利益的中心地位，二是将理性和自律作为人类存在的基础；三是将理性、怀疑精神和科学方法作为探寻真理和构建人类社会的唯一恰当的工具；四是主张自律和道德平等是伦理和社会的基石。②

　　当然，中国文化中的"人文"与西方的人文主义传统有一致之处，但也有明显的区别。在这一点上，唐君毅指出，西方文化成就的是个人精神之荣耀、个体超人意志的自我满足以及自然界的人文化，而中国文化成就的是民族的历史文化生命，以及借此对个人自然生命和精神生命的滋养、提携和安顿。③ 西方人文主义标志着人对神的中心地位的取代，但是西方人文主义在追求个体的感性自觉的同时，有滑向自然主义、情欲主义或者宗教精神等极端个人主义的危险。站在儒家立场看中国传统的人文性，其核心就是对自觉的道德理性不懈追求，对人的内在道德价值不断挖掘。中国的人文精神较之西方的人文主义，其长处也恰在于此：高扬人的道德理性，充分体认道德本身的自足价值，为"人文"设定了成熟而完备的价值理念系统，从而避免了人文精神向偏狭的个人主义滑坡的风险。

　　关于中国文化"人文性"的形成，李泽厚在《说巫史传统》一书中提出了"巫史传统"这一分析概念，认为中国文化与哲学的人文特征来自原始巫术的"理性化"，这种"理性化"的核心就是"由巫到史""由巫到礼"的转化。④ 周公"制礼作乐"，对"德"与"礼"进行了重新发掘和确立，完成了"巫史传统"理性化。经周公"制礼作乐"，原始巫君所拥有的与神明沟通的内在神秘力量——德，变为现世天子内在的道德操守，"礼"则替代了巫术仪轨成为规范现实社会秩序之"不可易"的基本准则。另外，关于这一问题，陈来在其所著的《古代思想文化的世界：春秋时代的宗教、伦理与社会思想》一书中也有比较深刻的分析和概括：自西周以降，政治社会实践领域的中心已经由鬼神祭祀

---

① 布洛克. 西方人文主义传统 [M]. 董乐山, 译. 北京：生活·读书·新知三联书店, 1997：12.

② 彭国翔. 儒家传统：宗教与人文主义之间 [M]. 北京：北京大学出版社, 2007：3-4.

③ 唐君毅. 中国文化之精神价值 [M]. 南京：江苏教育出版社, 2006：3.

④ 陈明, 朱汉民. 原道：第十一辑 [M]. 北京：北京大学出版社, 2005：161.

转向人事的安排，"西周的礼乐文化在本质上已经不是神的他律，而是立足于人的组织结构的礼的他律"①。礼乐文化本身就具有了人文性的基础，与殷、周相比，其所代表的文化模式，神的色彩趋于淡化，人的色彩日渐浓厚。从西周开始萌芽，到春秋进一步发展的人文思潮，为先秦儒家思想沿着德性化、理性化的道路继续丰富和发展中国文化人文性的层面，做了充分的准备。

历史更进一步，到了先秦儒家那里，其思想观念及价值理念更是成为中国人文精神的经典表达。尽管在先秦儒家那里，"天人之际"仍是中国文化的根本性问题，人与外在之天的联系仍时隐时现，但人越来越成为文化的主题和关注的焦点，尤其是孔子以"仁"释人，成为人进一步觉醒的标志。孔子说："天何言哉，四时行焉，百物生焉，天何言哉?"（《论语·阳货》）很明显，在孔子那里，主宰赏善罚恶的人格的"天"已经收敛起其高高在上的面孔，开始以宽厚平和的姿态亲近人。劳思光言："孔子对文化之态度，简言之，即'人之主宰性之肯定'，此所以为'人文之学'。"② 如若从人文性的视角出发，先秦儒家的思想集中表现为一种"哲学的人学"，或者也可以说是一种"为人之学""君子之学"。据此可以说，先秦儒家思想自孔子始即已显示出深厚的人文性特征，这种人文性具体表现为人作为道德主体，而这一道德主体的理想典范就是"君子人格"。

总体来说，君子人格注重人的价值，推崇人的品格提升，倡导人的精神自由，追求人的全面发展，为人"安身立命"提供了深厚的人文滋养和人文关怀。关于"君子人格"的人文性特征，我们可以从君子人格的道德本体和君子人格的实现主体两个层面来加以理解。

就君子人格的道德本体来看，"仁"作为具有普遍意义的道德价值，是先秦儒家人格思想的道德本体。郭沫若在《十批判书》中言道："孔子的基本立场既是顺应着当时的社会变革的潮流的……一个'仁'字最被强调，这可以说是他的思想体系的核心。"③ "君子之学"作为一种"人生哲学"，与西方相比，它有

---

① 陈来. 古代思想文化的世界：春秋时代的宗教、伦理与社会思想［M］. 北京：生活·读书·新知三联书店，2009：87.

② 劳思光. 新编中国哲学史：第一卷［M］. 北京：生活·读书·新知三联书店，2015：102.

③ 郭沫若. 十批判书［M］. 北京：东方出版社，1996：87.

自己的认识方法。对世界和人生的看法，也就是世界观和人生观的问题，西方文化遵循由宇宙论进入自然科学，进而由自然科学进入人生哲学的理路。与上述进路不同，由于识得了"仁"这一道德本体，"我欲仁，斯仁至矣"，对最高德性的追求，先秦儒家可以直截了当地从现实的人与事着手。《论语·先进》有这样一段对话："季路问事鬼神。子曰：'未能事人，焉能事鬼?'曰：'敢问死……'曰：'未知生，焉知死?'"在孔子看来，"事人"绝对优先于"事鬼"，现实性问题绝对优先于超越性问题，这一价值秩序显然有深刻的人文性特征，即肯定了人是一切事物的价值主体。孔子又说："人而不仁，如礼何? 人而不仁，如乐何?"（《论语·八佾》）在这里，孔子肯定了人的价值标准和道德理想的优先性和根本性，进一步明确，"仁"即是儒家道德观的核心和最高层次，同时，也是人之为人的评判规尺和内在德性的要求，先秦儒家以仁为核心的道德本体是其君子人格思想的人文精髓所在。

就君子人格的实现主体来看，先秦儒家讲到"为仁由己""人皆可以为尧舜""涂之人可以为禹"，"成仁"之路的要义在于人的主体性的不断发挥。余英时认为，正是这种对主体内向超越的强调构成了儒家思想人文性的具体特色。①《论语·雍也》中强调"文质彬彬，然后君子"，儒家君子修养功夫的根本精神之所在就是将人"文"化或者以"文"化人。"文质彬彬"既是"成仁"的道德人格追求，也是普遍化的人文理想。总之，先秦儒家君子人格既蕴含了深刻的人文性的道德精神，又展现了丰富的人文性的实践价值。

二、实践性

从逻辑上来看，君子人格的人文性和实践性其实是一个硬币的两面：人文性是君子人格实践性的文化背景，而实践性是君子人格人文性的生成方式。接下来，笔者就君子人格的实践性做概括性描述。

李泽厚指出，中国传统文化的鲜明特色就是重视实用理性，先秦儒家为推动当时社会发展所进行的谋划，"没有走向闲暇从容的抽象思辨之路（如希腊），

---

① 余英时. 从价值系统看中国文化的现代意义 [M]. 台北：时报文化出版社，1987：33-34.

也没有沉入厌弃人世的追求解脱之途（如印度），而是执着人间世道的实用探求"①。同时，他还特别指出，当"实用理性"所指重点是伦理实践特别是有自觉意识的道德行为时，"实用理性"可以被"实践理性"一词所代替。无疑，先秦儒家最核心、最重要的就是其伦理道德思想，所以，从这方面来理解，实践理性是先秦儒学思想的重要特色之一。恩格斯也曾讲道："在一切实际事务中，中国人远胜过一切东方民族。"② 此一论述，从侧面佐证了中国人重实践、重行动的思想取向。赵汀阳认为，与"名词思维"相对应，中国哲学具有"动词思维"的倾向，"动词思维"关注的焦点是"做"，也就是"实践"，它所希冀解答的是"做什么"和"怎么做"的问题，而不是像名词思维那样追问"有什么"和"是什么"的问题。③ 子曰："敬鬼神而远之，可谓知矣。"（《论语·雍也》）这个"知"显然是实践理性的"知"，而并非思辨理性的"知"。先秦儒家塑造的君子人格的确立起于实践并终于实践，"君子耻其言而过其行"（《论语·宪问》），君子之成，重要的不是理论和思辨，也不是理念和价值，而是行动和实践本身。

君子人格的实践性首先体现在，君子人格的养成就是一系列的教化、学习、践履等实践活动。孔子提出了以"志""学""思""行"为基本进路的修养方法，君子首先要树立高远的志向。他又说："君子道者三，我无能焉：仁者不忧，知者不惑，勇者不惧。"（《论语·宪问》）此"仁、知、勇""三达德"是君子人格的志向所在，君子应时刻发奋用功，学以知道，学以成仁，学以怀德。孔子说："君子学道则爱人。"（《论语·阳货》）子夏言："博学而笃志，切问而近思，仁在其中矣。"（《论语·子张》）关于学的重要性，孔子又说："好仁不好学，其蔽也愚；好知不好学，其蔽也荡；好信不好学，其蔽也贼；好直不好学，其蔽也绞；好勇不好学，其蔽也乱；好刚不好学，其蔽也狂。"（《论语·子张》）"学而不思则罔，思而不学则殆"（《论语·子张》），思是前一阶段学的过程的延伸，又是下一个学习阶段的必要准备。所以，孔子主张："君子有九思：视思明，听思聪，色思温，貌思恭，言思忠，事思敬，疑思问，忿思难，

---

① 李泽厚. 中国古代思想史论［M］. 北京：人民出版社，1985：304.

② 中共中央马克思恩格斯列宁斯大林著作编译局. 马克思恩格斯全集：第12卷［M］. 北京：人民出版社，1962：190.

③ 赵汀阳. 一个或所有问题［M］. 南昌：江西教育出版社，1998：63.

见得思义。"(《论语·季氏》)最后，君子所学所思要落实到具体的行动中，"子曰：'君子欲讷于言而敏于行。'"(《论语·里仁》)。

君子人格的实践性还体现在，其价值目标必须通过实践活动才能得以实现。君子人格的价值目标有两个：对个人而言，是培养道德人格的"为己之学"；对社会而言，就是治国平天下的"经世之学"。这两方面，其实就是先秦儒家人格理想的精髓"内圣外王"。内圣，体现了儒家君子理想人格的内在修养境界；外王，体现了儒家君子人格知行合一的外在事功。内圣是外王的前提，外王是内圣的结果。

《大学》对先秦儒家内圣外王之道做了阶段性总结，将内在道德提升的修身思想与外在社会事功的治世思想进行了系统的阐述。《大学》开宗明义地指出："古之欲明明德于天下者，先治其国，欲治其国者，先齐其家；欲齐其家者，先修其身；欲修其身者，先正其心；欲正其心者，先诚其意；欲诚其意者，先致其知，致知在格物。"① 这也就是后世学者所总结的"三纲领""八条目"。"八条目"是"三纲领"的具体展开，层层推进，由"为己"之修身到"经世"之治平，绵密严整，在逻辑上厘清了从"内圣"到"外王"的实践路径。

从孔子的"修己以安人"到《大学》"修齐治平"之道，再到孟子的"穷则独善其身，达则兼济天下"，这种向内以个体道德修养为中心，向外以治平天下为目标的君子人格，包含了一个由己及人、由内向外的实践过程。君子人格在理论层面是人人皆可以具备的，在现实中能否成为君子，在很大程度上就取决于个体在成就和推行道德的活动中所能达到的实践水平。因而，个体成就仁德，就需要在人伦日用中发挥道德主体的主导作用，时刻保持内在的道德自觉和高尚的道德追求。正是因为实践活动，内圣和外王不仅是简单的条件与结果的形式上的关联，而且是动机和行为的逻辑建构。

总体来看，中国传统文化的基本特色之一就是其强烈的实践理性，而儒家理想人格是中国传统文化的精髓，君子人格的实践理性具有传统文化的背景和基因。君子人格的实践性集中体现在"内圣"的修身之学和"外王"治世之学两方面。"内圣"就是先秦儒家所讲的修身之学，具体在孔子那里就是"克己""修己"等思想，在《大学》中即是诚意、正心和修身，在孟子看来，其是

---

① 朱熹. 四书集注 [M]. 长沙：岳麓书社，1985：3.

"存心养性""集义养气"的功夫，荀子主张应通过"治气养心"来达到修身的目的，凡此都属于内在品德修养的实践问题。"外王"则是治世之学，孔子将其落实到"安人"与"安百姓"上，孟子"外王"实践的核心就是要践行仁政王道，荀子从"隆礼重法"的视角出发，实践的内容就是施行礼治王道。以上构成了君子人格外在事功的实践方面。

三、普遍性

先秦儒家君子人格的普遍性有两重含义：从君子人格修养的起点来看，君子人格摆脱了血缘关系和社会地位的限制，是全体社会成员经过不断努力，人人可就、人人可得的理想人格，君子人格指向的对象具有普遍性；从君子人格修养的过程来看，君子人格所蕴含的道德原则，是对所有社会成员提出的，并没有将任何特定的人群排除在外，君子人格体现的道德要求具有普遍性。

冯友兰在《新理学》一书中说："一社会之分子，有君子小人之分。君子即是依照一社会所依照之理所规定之基本规律以行动者，其行动是道德的。小人即不依照此基本规律以行动者，其行动是不道德的。"[①] 冯先生这一阐述说明，一个人在社会中最终能成为君子还是小人，这是道德修养的结果，这一结果的差别在于人们是否能够按照无差别的"社会所依照之理所规定之基本规律"采取行动。冯先生所言也表明了，君子作为普遍性人格理想之所以成立的两个重要根基：其一是君子人格的社会必然性，其二是君子人格的道德平等性。

就其社会必然性来看，"人天生就是社会的生物"[②]，对理想人格的追求必然被打上社会属性的烙印。因此，理想人格，就是人们在社会生活中，出于现实的需要，对人们应该成为什么样的人、实现什么样的人生等问题的思考和回答。理想人格之确立，必须符合社会发展需要，获得社会成员的一致认同，能集中体现社会大众对人们人格发展目标的一致性期许，并为人们提供可资借鉴的人格形象和现实标准。同时，为了构建理想化的社会，理想人格又必然要求

---

① 冯友兰. 新理学［M］. 南京：江苏文艺出版社，2010：103.
② 中共中央马克思恩格斯列宁斯大林著作编译局. 马克思恩格斯全集：第2卷［M］. 北京：人民出版社，1957：167.

社会大众都能够自觉践行，为道德社会的形成提供最大成员基数。就是说，理想人格在应然状态上是社会成员普遍化的理想追求，在实然状态上是对社会大众一致性的目标要求。在这一层意义上，对社会成员来说，理想人格本身就具有普遍性的意义。

春秋战国时期，先秦儒家君子人格思想的萌生、发展有其当时具体的社会经济、政治和文化背景，君子人格思想的产生根植于社会整体的发展状况。同时，君子人格思想为构建良性的、普遍化的社会秩序提供可能，其形成之后，又发挥了重要的社会规约功能。

就其形成的社会基础来看，首先，在经济上，以农业为主的社会经济获得了空前发展。在农业生产中，铁制农具的使用和农业生产技术的发展大大提高了劳动生产效率，在"井田"之外，一些贵族开始大量开垦荒地为私田。土地规模在获得飞速发展的同时，周天子也逐渐丧失了对土地的控制权。农业生产力的提高，使一部分人从农业生产中解放出来，社会分工进一步细致，商业和手工业获得飞速发展。管子说"万乘之国必有万金之贾，千乘之国必有千金之贾者"①。齐国人编纂的《考工记》则为我们展示了官营手工业的发达程度。社会阶级的分化为君子的成员构成提供了多元化民众基础。其次，在政治上，血缘宗法制度遭到严重破坏并日趋瓦解，伴随着"井田"制的解体以及社会阶级的加剧分化，原有建立在宗法制基础上的森严的社会等级制度逐步解体，周天子丧失了"天下共主"的地位。"礼乐征伐自天子出"的政治格局被打破，"挟天子以令诸侯"的现象时有发生。王室衰微，诸侯林立，各诸侯国为了生存和壮大，广泛招揽治国人才，择才标准由原来的看重出身偏向才能，"处士横议"，政治环境空前宽松开明。人才评价标准的变化为全体社会成员养成君子人格提供了多样化的可能。最后，在文化上，人们的思想观念获得了空前解放。由于社会经济的发展和政治格局的剧变，"天子失官""学在官府"演变为"学在四夷"，周天子丧失了对文化的垄断权，社会的思想文化和人们的认识观念空前活跃。不同学派陆续登上思想舞台，著书立说，传道授业。虽然诸子百家各执一言，但难得的是，各家都从各自的立论对君子这一人格形象进行了阐述和给予了肯定。儒家自不必言，其余如道家言"君子淡以亲"、墨家讲"君

---

① 马非百. 管子轻重篇新诠［M］. 北京：中华书局，1979：31.

子自难而易彼"、法家说"君子不蔽人之美,不言人之恶",等等。不同思想的交锋对话和诸学派对君子的共同推崇,为君子人格思想的发展提供了一致性的文化认同。

就君子人格的社会规约功能来看,其集中体现在君子人格与"礼"的关系以及"礼"的社会功能上。先秦儒家提出的一系列思想学说,其出发点就是为了变"天下无道"的动荡社会为"天下有道"的安定社会,变"礼崩乐坏"的失序政治为"礼乐交融"的有序政治。如何解决这一现实问题,在当时的历史条件下,先秦儒家开出的治世良方就是要从匡正世道人心入手。匡正世道人心的承担者就是"有道"之君子,而君子之成则是在普遍的社会生活中推行"践仁履礼"的道德行为。仁礼兼备方能构成完美的君子人格形象,如果说"仁"是君子人格的内在特质,那么"礼"则是君子人格的外在限定。

"礼"是先秦儒家思想的重要内容,丁鼎指出:"中国传统文化的整体特征就是儒家所倡导的'礼'。"[1] "礼,履也,所以事神致福也"(《说文·示部》),这说明礼源于古代的宗教祭祀仪式。伴随着西周人文精神的萌动,周公"制礼作乐",对"礼"的宗教性进行了祛魅,使礼进一步伦理化和政治化。但是,此一时期,"礼不下庶人","礼"被贵族阶级垄断,还没有在全社会普及。孔子倾慕周礼,并以恢复周礼为毕生所愿,并对"礼"进行了创造性的发展。孔子提出"齐之以礼",用"礼"教化百姓,把"礼"作为自天子以至于庶人都应当遵守的外在社会规范,还说"克己复礼以为仁","礼"亦应当成为所有人达到"仁"的道德境界的行动准则。这样,经过孔子的改造,"礼"成为全体社会成员都可以享受的文明成果。

在先秦儒家看来,"礼"发挥着两方面的重要功能:一是安顿人的内在精神世界,二是厘定外在的社会秩序。

从第一方面来看,礼既是成就道德的方式,又是实践道德的过程,还是评价道德的依据。子曰:"人而不仁,如礼何?"(《论语·八佾》)这句话指出"仁"是"礼"的基础,"礼"具有道德的属性,《郭店楚简》也讲"德生礼",实属同义。孔子还说:"不学礼,无以立。"(《论语·季氏》)这表明"礼"能

---

① 浙江大学古籍研究所. 礼学与中国传统文化:庆祝沈文倬先生九十华诞国际学术研讨会论文集 [C]. 北京:中华书局,2006:1.

促使人的美德的形成，所以修身成德的君子必"立于礼"（《论语·泰伯》）。
孟子同样指出"礼"是"仁义礼智"之"四端"或曰"四德"的重要内容之
一，将"礼"看作人的内在道德属性。荀子表述得更为直接透彻："故学至乎礼
而止矣，夫是之谓道德之极。"（《荀子·劝学》）因此，先秦儒家认为实践
"礼"的原则和精神，就能不断提升个体的道德修养，进而实现人的内在精神世
界的和谐。

　　从第二方面来看，"礼"是无所不包的社会秩序，是社会控制和社会整合的
重要方式。具体来看，"礼"是自然法则在人类社会的投射，"夫礼者，先王以
承天之道，以治人之情"（《礼记·礼运》）。在先秦儒家看来，"礼"的依据是
天道，是天道在人类社会的体现和运用，这是"礼"的形上意义和合法性基础。
天道既然无穷，由天道所生化的人，对"礼"的遵循和恪守就是理所当然的。
"礼"是框定人类一切社会事物的基本准则，"礼也者，物之致也"（《礼记·礼
器》）。先秦儒家认为，人们的行为必须要有一外在约束，做到"依礼而行"。
"礼"以规劝、训导、教化以及社会道德评价为约束力，实现人们对普遍的社会
规范的遵守，因而，"礼"具有一定的公共性和强制性。"礼"是维系人伦道德
的准绳，孔子说："生，事之以礼；死，葬之以礼，祭之以礼。"（《论语·为
政》）荀子也说："礼也者，贵者敬焉，老者孝焉，长者弟焉，幼者慈焉，贱者
惠焉。"（《荀子·大略》）人们只有尊礼而行，才能构建父慈子孝、长幼有序、
夫妇和睦的伦理秩序。"礼"是规范人际交往的准则，规定了人际交往中人们的
行为方式。先秦儒家认为，在人际交往中，人的行为举止要合乎"礼"的要求，
"不窥密，不旁狎，不道旧故，不戏色"（《礼记·少仪》），在不同的场合与不
同的人交往时，"礼"对人的容貌颜色有不同的要求："凡行容惕惕，庙中齐齐，
朝庭济济翔翔。君子之容舒迟，见所尊者齐遫。"（《礼记·玉藻》）"礼"是治
理国家的典章制度，是国家权力的仪式化。作为制度的"礼"，涉及国家政治生
活的方方面面，上至天子下至士人，在政治活动中，其行为都要体现"礼"的
准则和要求，因此"礼"也是国家政治制度的重要内容，是治理国家的依据。
荀子对此多有论述："礼者，法之大分，类之纲纪也"（《荀子·劝学》），"礼
义者，治之始也"（《荀子·王制》），"国无礼则不正"（《荀子·王霸》）。

　　总之，"礼"的普遍性既指"礼"之对象的普遍性，又指"礼"之适用事

项的普遍性。"礼"既是规范个人行为的原则，也是调节社会秩序的准绳，还是维持国家治理的依据，恰如荀子云："故人无礼则不生，事无礼则不成，国家无礼则不宁。"（《荀子·修身》）

君子人格的道德、平等性集中体现在君子的道德核心"仁"之中。

冯氏所言君子的"行动是道德的"，意思是说，道德是人格考察的核心，因为谈到人格就离不开对道德的认识和分析。唐凯麟认为道德"是人的一种特殊的社会规定性""是社会调节的一种特殊手段"[①]。可见，"道德"本身含有"社会规范"之意，表明道德具有整体性和普遍性的特征。君子人格首先就是一种道德人格，道德性是君子人格的内在特征，因此，道德的普遍性，也就为君子人格的普遍性提供了佐证。

如前文所论，先秦儒家将有无道德看作人与禽兽相区别的重要标志，认为人是道德性的存在，并将这一道德性的具体内涵概括为"仁"。"仁"在儒家那里被看作"全德之名"，是君子人格的道德本体。冯友兰就说："孔子一贯之道为忠恕，亦即孔子一贯之道为仁也……唯仁亦为全德之名，故孔子常以之统摄诸德。"[②] 我们说过，真实的人性与天同源，它具有本体的地位。同时，天道的普遍性和必然性原则，可以转变为人的内在道德原则，"居仁行义"既是人之为人的价值标尺，又是人的天职所在。这样，"仁"作为"天道"在人身上的投射，从心理学的意义来看，每个人都有体现"仁"的可能性；就形而上学的意义而言，"仁"的精神与宇宙的精神本质相同，道德具有超越层面的普遍意义。

君子人格实践"仁"，在结构上也具有普遍性的特征。孟子说："凡同类者，举相似也。"（《孟子·告子上》）他认为人类有相同的生理结构、相同的嗜好以及相同的追求，所以有相同的情感，而相同的情感构成了道德建构的统一性的基础。约翰·罗尔斯（John Ranls）同样认为人类具有共同的情感预设[③]，休谟、叔本华等在讨论情感和伦理道德的关系时，也一致认为情感是伦理的基础。先秦儒家明确了君子行"仁"的出发点是"爱人"。那么，"爱人"从何处发

---

① 唐凯麟. 伦理学教程［M］. 长沙：湖南师范大学出版社，1992：46.
② 冯友兰. 中国哲学史：上册［M］. 上海：华东师范大学出版社，2011：61-62.
③ 约翰·罗尔斯. 正义论［M］. 何怀宏，何包钢，廖申白，译. 北京：中国社会科学出版社，1988：57.

端？在先秦儒家看来，"立爱自亲始"，孟子说："事孰为大，事亲为大……事亲，事之本也。"他又说"仁之实，事亲是也"（《孟子·离娄上》），这意味着"仁"的起点是以自然情感为基础的亲情之爱。人对父母的血缘亲情之爱是人类最基本、最普遍的情感，是人类共有的最真实的情感，这是人的道德情感的共同基础。王弼说："自然亲爱为孝，推爱及物为仁。"① 亲情之爱只是"仁"的发端之处，将爱亲之情推广扩充出去，就能在更普遍的层面上施行"仁"的行为，获得"仁"的品德，即"泛爱众，而亲仁"（《论语·学而》）、"博施于民而能济众"（《论语·雍也》）。孟子将此扩展的路数总结为"亲亲而仁民，仁民而爱物"，亲亲、仁民、爱物其实质都是"仁爱"之情的不同表现，是对人类、对自然生命以及对无生命之物的普遍的爱。郑玄将"仁"解释为"爱人及物"，韩愈训"仁"为"博爱"，正是抓住了儒家"仁爱"的普遍性的品格。总之，人们从人类情感的共同性出发，才能将心比心，设身处地为他人着想，行"忠恕之道"。"仁者爱人"的观念，指向无所不包的道德生活。正如牟宗三所说，"仁"可以在我们眼前真实的生命里头得以具体呈现。②

就君子人格的普遍性，钱穆总结儒家理想人格的特征时说："圣人只是一个共通范畴，一个共通典型，只是理想中的普通人格在特殊人格之实践与表现。圣人人格即是最富共通性的人格。……理想上最高人格，即是最普通的人格。圣人只是人人皆可企及的一个最普通的人。"③

四、内在超越性

在中国文化的语境中原并不存在"超越"这一概念，它是西方哲学以及西方宗教的舶来品。中国文化究竟有没有"超越"的精神追求，关于这一问题至今仍是歧见丛生、见仁见智。美国人郝大维和安乐哲认为，严格意义上的超越是指有一个独立不改的独立项和一个由之而产生的依附项，前者就是对后者的超越。从这一"超越"概念出发，得出中国文化不具备"超越"层面的追求的结论似乎是显而易见的，"中国智识文化最明显的特征就是，在其精神、道德和

---

① 王弼. 王弼集校释：上册［M］. 北京：中华书局，1980：621.
② 牟宗三. 中国哲学十九讲［M］. 长春：吉林出版集团有限公司，2010：31.
③ 姜义华，吴根梁，马学新. 港台及海外学者论中国文化：下［M］. 上海：上海人民出版社，1988：446.

政治的感悟方式的表达中，缺少对超越性的真正充分的意识"①。如果按照这一认识，中国文化特别是儒学思想，就只能是一些经验层面的零散知识的总结或者是道德生活的训令，这无疑极大地贬低了中国文化的真正价值，可谓大失公允。作为传承几千年并能在不同历史条件下不断自我发展、自我更新的中国文化，特别是儒家思想，其不可能不涉及"终极关怀"的问题，不可能不关注人"安身立命"之本的问题，只是我们认识、辨析"超越性"的问题，与西方文化的进路不同而已。因此，人们简单地用西方关于"超越"理念的钥匙不可能打开中国文化这扇门。

西方哲学的传统是典型的二元论或者二分法，这种思维方式在认识世界的过程中，将事物区分为严格对立的两个范畴，比如，物质与意识、现象与本质、主体与客体等。这一思维模式在宗教领域，则表现为此岸与彼岸、俗世与天国的对立。透过"二元论"的思维模式，在哲学领域，我们要想获得真理性的认识，只能向外在于现实世界的"理念世界"去探求；在宗教领域，我们要想获得真正的完满与解脱，只能向外在于人类尘世的神圣天国去寻索。换言之，终极意义只能是在现实的生存之外去寻找，即在人之外的世界去追寻宇宙的最高真理和人类的终极关怀，这就是西方典型的"外在超越"的理念。

中国文化及儒学传统没有这种"外在超越"，但并不意味着其没有"超越"的精神理念。与西方"外在超越"相区别，现代新儒家认为"内在超越"是儒学独有的超越意识和超越方式。现代新儒家关于儒学"内在超越"性的认识，有一个逐步展开的过程。一开始，"内在"和"超越"这两个范畴在新儒家的理论视野中并没有统一在一起，但有学者开始更加自觉地从东西方文化的不同特质入手，以比较的视野将东西方文化置于一个平等对话的平台，审视两者的生成机制。钱穆在《文化学大义》中将东西方文化分别划归为内倾文化和外倾文化两种类别，并指出，在认识世界的过程中，外倾文化热衷于探求世界的本原，并形成了对上帝的信仰；而内倾文化则注重现实的道德生活，将生命的意义落实在当下。② 沿着东西文化发展分殊的思路出发，唐君毅找到了中国思想关

---

① 郝大维，安乐哲. 汉哲学思维的文化探源 [M]. 施忠连，译. 南京：江苏人民出版社，1999：193.

② 钱穆. 中国历史精神 [M]. 北京：九州出版社，2016：148.

于超越性的精神实体，即"天"。他明确地指出，在天人关系中，"天一方不失其超越性，在人与万物之上，一方亦内在人与万物之中"①。真正打通中国文化"超越"和"内在"的联系关节，使"内在超越"的观点更加明晰，并使之在立论和逻辑上浑然一体的是牟宗三。牟先生分析指出："天道高高在上，有超越的意义。天道贯注于人身之时，又内在于人而为人的性，这时天道又是内在的。"天道既超越而又内在。②牟先生的观点，清楚地说明了中国哲学所具有的"内在超越"的特质。杜维明同样认为儒家"不是超越而外在，而是超越而内在"③。这样，经过新儒家不断地凝练和打磨，中国哲学特别是儒家思想具有"内在超越"性的特质，日益成为学界的普遍共识。

君子人格，作为儒家现实政治社会生活中的理想人格，其"内在超越"的形而上学意义，亦可以从先秦儒家关于"天人关系"的认识中得到系统诠释。

夏商时期，在人们的观念系统中，"天"是一个具有人格意义的至上神，因其如此，"天"外在于人并支配着宇宙间的万事万物、社会活动和人的命运。《尚书·汤誓》有云："有夏多罪，天命殛之。"自西周始，有鉴于殷周政权的更迭，统治者认识到了"天命靡常"的社会现象，总结出了"皇天无亲，惟德是辅。民心无常，惟惠之怀"（《尚书·蔡仲之命》）的历史经验。与西周人文精神萌发相伴生，以周公为代表的政治思想家进一步提出了"以德配天""以德辅天"的主张，赋予了天以道德性的内涵，"道德之天"与统治者的具体德行发生联系。天被道德化之后，与人的本性为同质，由此确定了中国传统文化中"天人合一"的总体框架。此一时的"天"与现实的人发生联系，仅仅局限于王权君主，而与普通百姓无涉。到了周王朝统治后期，政治黑暗，民生艰难，《诗经》中出现了许多"怨天骂天"的诗歌，进一步瓦解了"天"的神秘性，人们对"天"的认识再次转向，"天"开始逐步与普通个体发生关联，使天所确立的道德的普遍化成为可能。及至春秋战国，"天道"与"人道"的贯通，在先秦儒家那里得以实现，并为先秦儒家思想"内在超越"的特质奠定了理论依据。

---

① 唐君毅. 中国文化之精神价值 [M]. 南京：江苏教育出版社，2006：53.
② 牟宗三. 中国哲学的特质 [M]. 上海：上海古籍出版社，2008：29.
③ 杜维明. 儒学第三期发展的前景问题 [M]. 北京：生活·读书·新知三联书店，2013：61.

虽说"夫子之言性与天道，不可得而闻也"（《论语·公冶长》），孔子言及天和"天命"之处并不是很多，事实上，天却是孔子思索中最深沉和紧要的方面。因为所处时代的局限，天在孔子的认识中表现出一定的矛盾性和过渡性。一方面，在孔子看来，天仍有主宰之意味，这是孔子承袭"三代"关于天及天命观念的结果。比如，颜渊死后，孔子喟叹："噫！天丧予！天丧予！"（《论语·先进》）这里的天，无疑是作为人间的最高主宰。另一方面，在孔子的言说中，天又被赋予了更加自觉和哲学的内涵，"天何言哉？四时行焉，百物生焉，天何言哉？"（《论语·阳货》）显然，这一"天"已经摆脱了人格化的宗教天命观，而肯定了天的自然意义和客观必然性。孔子所认识的天，除了对自然和人事的规制之外，对人另有一种道德性赋予，而正是这种道德性赋予，使人可以体认道德生命的自觉，并在现实中承担道德责任，为人主观能动性的发挥留了充分的余地。人发挥主观能动性的过程和结果就是"知命"。"知命"，就是不能消极等待天命的左右与安排，体现了君子理性的道德自觉。孔子说"不知命，无以为君子"（《论语·尧曰》），又从自己的生命体验出发，说自己"五十而知天命"（《论语·为政》），"知命"是对君子的基本要求。

《中庸》进一步深化了孔子关于天人关系的认识，其开篇即说"天命之谓性"，明确将天落实为人性，使天命与人性成为一对可以相互规定、相互诠释的范畴，为儒家思想的"内在超越"奠定了坚实的立论基础。《郭店楚简·性自命出》篇，将天命与人性的关系明确表述为"性自命出，命自天降"，这一说法不但与《中庸》相互印证，同时为人性提供了生成论的依据。人性即源于超越的天，又在现实的人生当中具有普遍的统一性。孟子更加自觉地推进了天与人的对接，更加深入地挖掘了天性与人性的内在统一性，并通过"性善论"为天与人的统一做了合理的注解。仁义礼智的"四端"之善正是人性之善，构成了人之为人的根本，这样，超越性的"天"具体收摄为人之内在性的"四端"。

先秦儒家从"究天人之际"出发，将超越性的天、天命落实到现实的人性上，从而实现了儒家哲学的"内在超越"。其具体展开大致包括下面两个步骤：第一步，"天命下贯而为性"。在先秦儒家看来，"天地之大德曰生"（《易传·系辞下》），"天"是一个生生不息的生命整体，不外在于人，仅仅是人的理性把握的自然实在，它是生化流行、可堪造就、与人融为一体的生命形态。人与天不是对立隔绝的，而是直接置于其流行衍化之中。"天"之衍化流行，依赖自然而又必然的法则，从哲学上讲就是"道"，这一必然的法则一旦融于人之生命，则被赋予了社会伦理性的意义，实际上就是一种追求至善的道德理想。因"天道"与"人道"性相一也，天内化于人，即可植入人的心性之中，圆通无碍，完成"天命下贯"的步骤。第二步通过以心证天来达成天、性、心三者一体。"天命下贯"在人性中注入了天的道德创造性，但它尚未完全探入人心而不能自觉地显现。天要彻底内在化，还需心的切身体证。先秦儒家以"仁"提点人心，打开了人的精神生活的一个新的面貌，一个广袤的人的主体性的领域。"仁"是人之为人的价值所在，在人的自然生命中具有内在的根基。"成仁"之路或者说对理想的君子人格的塑造，就是在实践道德原则的基础上，对天的必然性法则加以不断体认。经此两个环节，先秦儒家将道德性和主体性落实在君子人格的内部，进而实现了天的内在化。

天道为德，天在人之内；天赋人性，天又在人之外。天对人来说不是异质的存在，而是同质的更高层级的存在，是人的理想状态。《中庸》中说："惟天下至诚，为能尽其性；能尽其性，则能尽人之性；能尽人之性，则能尽物之性；能尽物之性，则可以赞天地之化育；可以赞天地之化育，则可以与天地参矣。"人的道德实践过程，或者说成就君子理想人格的过程，在本质上与天的创造性转化过程具有统一性，由"尽心""知性"而"知天"，最后可"与天地参"。这也就是孟子所言的："反身而诚，乐莫大焉。"（《孟子·尽心上》）在这个意义上说，欲求超越，无须向外，"反身而诚"即可"明心见性"，先秦儒家君子人格理想的内在性和超越性在天道人心的贯通中得以统一和完满。

总之，就君子人格的人文性而言，先秦儒家肯定了人在道德发展领域的主体性地位，对君子在道德选择、道德涵养以及道德实践等方面，作为主体的自主性一直保持充足的信心；就其实践性来看，先秦儒家指出了道德与实践的必然联系，君子人格之生成离不开具体的道德修养，君子人格价值目标的实现离不开推行相应的道德行为；就其普遍性来说，先秦儒家指出了道德对人之存在的本质意义，将君子人格作为人可实现的理想人格，为人们修身立德、成就君子奠定了广泛的社会基础；就其内在超越性来讲，先秦儒家阐明了道德赖以生成的哲学基础，君子人格之完满德性是"天道"在人性中的自然展开，为人之安身立命找到了形而上学的意义。

更为重要的是，君子人格的这些特征，是君子之德传承发展、延绵不息的内在动力和根本保障。同时，这些本质特征，既是我们对君子人格思想进行"创造性转化和创新性发展"的着力点，又是君子人格思想融入大学生道德教育的榫接点。

第三章

先秦儒家君子人格思想融入大学生
道德教育的必要性和可能性

以儒家学说为根基的中国传统文化，是一种有别于西方"智性文化"的"德性文化"，它在自身的形成、发展和成熟的漫长历史过程中，建构了成熟而完备的道德价值体系，形成了翔实而系统的道德规范原则，并相应地确立了一套丰富而深广的道德教育理论。儒家传统道德教育理论不仅历史悠久，而且体系完善，其中许多内容在历史发展中，演化为文化中的积极因素，并通过各种方式传继至今，与我们的现实生活发生着密切的联系。

贺麟言："只要能对儒家思想加以善意同情的理解，得其真精神与真意义所在，许多现代生活上、政治上、文化上的重要问题，均不难得到合理、合情、合时的解答。"① 我们以儒家思想的"真精神"与"真意义"对现代问题予以解答，也就是习近平讲到的，要"深入挖掘中华优秀传统文化蕴含的思想观念、人文精神、道德规范，结合时代要求继承创新，让中华文化展现出永久魅力和时代风采"②。

第一节　融入的必要性

恩格斯说："文化上的每一个进步，都是迈向自由的一步。"③ 这表明，文化活动具有一定的道德指向。党的十八大以来，"文化育人"在高校育人体系中

①　庞朴，马勇，刘贻群. 先秦儒家研究 [M]. 武汉：湖北教育出版社，2003：246.
②　中国共产党第十九次全国代表大会文件汇编 [M]. 北京：人民出版社，2017：34.
③　中共中央马克思恩格斯列宁斯大林著作编译局. 马克思恩格斯全集：第 20 卷 [M]. 北京：人民出版社，1971：126.

的重要地位日益凸显。习近平多次强调"要更加注重以文化人以文育人"①，"育新人，就是要坚持立德树人、以文化人"②，"坚持以美育人、以文化人"③，文化育人成为推动高等教育内涵式发展、推动高校道德教育工作高质量发展的重要一环。君子人格彰显了"文化化人""文化育德"的优良传统，有鉴别地对待、有扬弃地继承、有选择地汲取君子文化中蕴含的教育资源，对落实高校"立德树人"的根本任务，破解当前大学生面临的道德困境，坚定大学生的"文化自信"和"价值观自信"，推动高校道德教育自身发展创新都具有重要意义。

一、有助于落实高校"立德树人"根本任务

(一)"立德树人"对高校道德教育的新要求

党的十八大报告提出："把立德树人作为教育的根本任务，培养德智体美全面发展的社会主义建设者和接班人。"④ 此后，习近平又多次对"立德树人"的重要地位和作用进行了阐述和强调，对"立德树人"的内涵、精神实质等做了深刻的分析和阐释。习近平以"立德树人"为核心的关于教育的系列重要论述，系统回答了高校"培养什么人、如何培养人以及为谁培养人"这个根本性问题，是习近平新时代中国特色社会主义思想的重要组成部分，为高校人才培养提供了根本遵循。

"立德树人"作为教育的根本任务，是我们党站在新时代的战略高度对教育事业，特别是对高等教育事业做出的科学论断，这也凸显了道德教育在整个高等教育事业中的价值和地位，同时，深刻理解"立德树人"这一新时代教育理念，亦有助于把握当前大学生道德教育的精神实质。

一是"立德树人"体现了对"立德"和"树人"关系的本质认识。"立德"和"树人"都蕴含了对教育内涵的深刻关注，这点毋庸置疑。那么，两者之间是一种什么样的关系，或者说究竟什么才能被称为"立德树人"？在对这一问题

---

① 习近平：把思想政治工作贯穿教育教学全过程 [EB/OL]. 人民网，2016-12-08.
② 习近平：举旗帜聚民心育新人兴文化展形象 更好完成新形势下宣传思想工作使命任务 [EB/OL]. 新华网，2018-08-22.
③ 习近平：坚持中国特色社会主义教育发展道路 培养德智体美劳全面发展的社会主义建设者和接班人 [EB/OL]. 人民网，2018-09-11.
④ 胡锦涛. 坚定不移沿着中国特色社会主义道路前进 为全面建成小康社会而奋斗——在中国共产党第十八次全国代表大会上的报告 [N]. 人民日报，2012-11-18 (1).

的认识上，人们较为普遍的看法是，将"立德"看作"树人"的前提和手段，将"树人"看作"立德"的目的和归宿。这样，"立德树人"在构词上就是一种偏正结构，"立德"是对"树人"这一中心语的修饰。这种认识具有其合理性，因为这在很大程度上直接体现了教育的人学立场。但是，这种认识在无形中消解了教育的历史文化意义，也就是说忽视了教育具有的历史过程性的特征和文化传承性的功能，因为教育活动本身也是人类精神再生成的极为重要的途径。

美国教育思想家威廉·巴格莱（William Bagley）认为"教育是传递人类知识的过程"①，也就是说，教育最直接的目的就是要确保人类已积累的思想精华能够传承和延续下去，这些思想精华当然包括那些被人类称道的崇高的道德观念。法国教育学家皮埃尔·布尔迪约（Pierre Bourdieu）将这一思想的传承和延续过程称为"文化资本再生产"，他说："作为保证历史连续性的基本的工具，教育被视为在时间中进行的再生产过程。"② 教育的过程即是树人的过程，树人的过程也就是人类精神再生产的过程，是人类思想精华和道德观念不断存续和发展完善的过程。如果从动态的历史文化意义上来看，"树人"又是"立德"的途径和手段。因此，"立德树人"在构词上就应当被看作并列结构，一方面，立德是树人的手段，树人是立德的归宿；另一方面，树人是立德的前提，立德是树人的目的。总之，立德和树人是辩证统一关系，"立德树人"是完整的、统一的范畴，既包含了"立德"对教育的根本性要求，又体现了"树人"之于教育的全面性要求。"立德树人"实质上体现的即是"立育人之德"和"树有德之人"的有机统一。

二是"立德树人"体现了道德教育在高等教育中新的历史定位。与中国教育传统相似，西方教育思想史上，同样推崇道德的价值。比如，捷克教育学家夸美纽斯认为教育的目的就是培养人的德行，英国哲学家洛克指出教育的根本任务是培养有良好德行的绅士，法国思想家卢梭则指出教育的目的是以自然的方式培养有德之人，德国教育理论家赫尔巴特更是直言道德是教育的最高目的，美国当代教育家马修·桑格（Mathen Senger）也认为教育的根本目标是培养有

---

① 巴格莱. 教育与新人［M］. 袁桂林，译. 北京：人民教育出版社，1996：48.

② 布尔迪约，帕斯隆. 再生产：一种教育系统理论的要点［M］. 邢克超，译. 北京：商务印书馆，2002：95.

道德的人。道德教育之所以在整个教育传统中具有举足轻重的地位，是因为人的存在除了是一种生命的"生存"状态，还是一种"有意义"的存在状态，而意义的生成离不开道德，"立德树人"体现了人对道德的本质需要。

"立德树人"作为高等教育的根本任务，一方面是对大学生作为"人"的根本利益的保障和维护。高尚的品德以及美好的心灵，是一个人建立良好人际关系、追求幸福生活的前提和基础。社会实践一再表明，品德能弥补能力的不足，甚至良好的品德能激励人不断去发展和完善自己的才能，但能力不能弥补品德的缺失。不断提升学生的道德品质，是实现学生"成人"的必修课，促进学生德性成长，也就是对学生根本利益的保障。另一方面是对高校教师角色的定位和社会使命的重新唤醒和复归。古人讲"师者，所以传道授业解惑也"，居于首位的是"传道"。王国维说："教育所不可缺之资格，成人也。即须以身、心成熟，而于社会尚处独立之地位者为之。"① 陶行知亦讲过"学高为师，身正为范"，就是说教师应该集专业知识和良好德行于一身，不可偏废。卡尔·雅斯贝尔斯（Karl Jaspers）说教育就是"一个灵魂唤醒另一个灵魂"，这是对苏联教育家所说的"教师是人类灵魂的工程师"的最好注解。但是，在现实中，我们的高校教师重视科学研究，轻视以身示范；重视知识传授，轻视道德教育；重视理论灌输，轻视心灵滋养。"立德树人"既是对教师自身应做到德才兼备、言行一致的内心唤醒，也是对教师应担负起大学生道德教育主体责任的角色复归。

"立德树人"是对当前社会人才培养目标的深刻把握。"道德"作为人才重要的构成要素，是当前社会的普遍共识，道德教育在引导学生成长成才过程中的重要作用，越来越引起世界各国的重视。自 20 世纪 80 年代以来，道德教育日益成为西方国家教育改革发展规划中的中心内容。1988 年，时任美国联邦教育部部长威廉·内贝特（William Bennett）在其《关于美国教育改革的报告》中就指出，美国教育发展和改革必须遵循的基本原则之一就是"讲授基本道德准则，建立纪律和规章制度以及鼓励学生养成努力学习的习惯"②。与此同时，日本政府在 1990 年颁布实施的《终身学习振兴法》中强调："更加重视教育在发

---

① 王国维. 教育学［M］. 长春：吉林人民出版社，2013：14.
② 吕达，周满生. 当代外国教育改革著名文献：美国卷：第一册［M］. 丁枫，等译. 北京：人民教育出版社，2004：359.

展精神和品格培养方面的作用。"① 英国 1992 年发布的教育白皮书同样指出："一所学校在道德教育方面必须不断地进行检查和更新……"② 21 世纪以来，西方国家对道德教育和价值观教育重视程度有增无减，新西兰于 2007 年开始实施的新课程标准中提出，必须把价值观教育融入学校课程教学当中。2011 年，新加坡提出要发展"学生中心、价值观导向的教育"，将价值观教育融入学校教育之中。

回到我国教育实际，改革开放以来，为了在市场经济条件下发展社会主义精神文明，党和国家对学校道德教育的重视程度与日俱增，从改革开放初的"五爱"教育，到社会主义荣辱观教育，从社会主义核心价值观教育，再到《纲要》施行。高校将"立德树人"作为教育的根本任务，是对 40 余年来高校人才培养目标的继承和创新。以"立德树人"为指引，高校就不应当仅仅是培养专业技术人才，因为一旦将"掌握生产技术成为受教育的全部目的"，"人愈是受教育，他就愈被技术和专业所束缚，愈失去作为一个完整人的精神属性"。③ 高等教育的目标应是培养德才兼备、全面发展的完整的人，恰如爱因斯坦所说："学校的目标始终应当是青年人在离开学校时，是作为一个和谐的人，而不是作为一个专家。"④ "立德树人"正是在准确认识国内外人才培养发展大势的基础上，对"德才兼备""以德为先"这一符合时代要求的大学生培养目标的把握。

（二）君子人格蕴含了"立德树人"的丰富内容

党的十八届三中全会通过的《中共中央关于全面深化改革若干重大问题的决定》明确指出："全面贯彻党的教育方针，坚持立德树人，加强社会主义核心价值体系教育，完善中华优秀传统文化教育。"⑤ 这一要求，说明了"立德"所立之德的两方面的内容：一是要坚持社会主义道德的核心内容，二是要吸收中华优秀传统文化中的道德教育资源。

"立德树人"这一概念具有深厚的传统文化背景，与先秦儒家君子人格的道

---

① 吕达，周满生. 当代外国教育改革著名文献：日本·澳大利亚卷 [M]. 林佐平，等译. 北京：人民教育出版社，2004：334.

② 吕达，周满生. 当代外国教育改革著名文献：英国卷：第二册 [M]. 王承绪，等译. 北京：人民教育出版社，2004：176.

③ 王坤庆. 当代西方精神教育研究述评 [J]. 教育研究，2002 (9)：89-96.

④ 赵中立，许良英. 纪念爱因斯坦译文集 [M]. 上海：上海科学技术出版社，1979：75.

⑤ 中共中央关于全面深化改革若干重大问题的决定 [M]. 北京：人民出版社，2013：52.

德教育传统有着紧密的联系。因为，"立德"与"树人"这种提法本身就直接来自中国传统文化和道德教育思想。

"立德"语出《左传·襄公二十四年》中"三不朽"之论，"太上有立德，其次有立功，其次有立言，虽久不废，此之谓不朽"①。从顺序上看，"立德"在"立功"和"立言"之前，充分说明了"立德"的重要性。就《左传》所言的"立德"，孔颖达疏解曰："立德，谓创制垂法，博施济众，圣德立于上代，惠泽被于无穷。"（《左传·正义》）"立德"就是要以德垂范，开一代之风气，传千古之化育。三国时，李康在《运命论》中说："若夫立德必须贵乎，则幽、厉之为天子，不如仲尼之为陪臣也。"明末清初的钱谦益在《户科给事中孔吉授徵仕郎》中写道："夫给事中在帝左右，古多用履素立德者为之。"在传统文化中，"立德"被看作修身之本、为人之基，也就是说，人只有不断提升自己的道德品质，具有高尚的道德修养，才能成为后代追寻的榜样，达到人格上的不朽。

"树人"语出春秋《管子·权修》："一年之计，莫如树谷；十年之计，莫如树木；终身之计，莫如树人。"② 这说明古人很早就意识到了培养人才的价值和意义。接下来，管仲接着说："一树一获者，谷也；一树十获者，木也；一树百获者，人也。"③ 这进一步强调了人才对社会发展的重要作用。尹知章注《管子》"树人"："树人，谓济而成立之。"这也是培养和造就人才的意思。清人黄遵宪在《罢美国留学生感赋》中有"欲为树人计，所当师四夷"之说。就此可见，"树人"也是中国传统文化中的重要概念，且在历史进程中，其基本的释义没有发生过多的变化，都意指对人才的培养与造就。

"立德树人"与先秦儒家君子人格的德育传统联系密切。罗素曾说中国文化的长处在于蕴含了合理的人生观，这一认识深刻而精当。传统文化是中国古圣先贤人生经验和思想智慧的结晶，其核心就是道德教育。追求崇高的思想品德、涵养美好的道德情操、塑造理想的道德人格，是中国传统文化的一种主导思想，而理想人格非君子人格莫属。因此，先秦儒家或者说中国传统文化"立德树人"所立之德就是君子之德，所树之人就是君子之人。

"立德树人"与君子人格的联系是多方面的，笔者从君子"学以为己"的

---

① 左丘明. 左传［M］. 郭丹，译. 北京：中华书局，2014：121.
② 孙中原. 管子解读［M］. 北京：中国人民大学出版社，2015：165.
③ 孙中原. 管子解读［M］. 北京：中国人民大学出版社，2015：165.

道德教育传统做管中窥豹式的展示。

我们知道，面临"礼崩乐坏"的社会大变革的现实，孔子一生都致力于对"周文"传统的恢复，孔子认为恢复的关键就在于对道德人心的救赎。所以，孔子慨叹："古之学者为己，今之学者为人。"（《论语·宪问》）它的意思就是说古代的人学习是为了提高自身的道德修养，而今天的人学习则是为了装饰自己。在孔子看来，"为己"之学的现实落脚点就是对高尚精神境界的追求和对理想人格的塑造。循孔子而来，荀子对此解释："君子之学也，以美其身；小人之学也，以为禽犊。"（《荀子·劝学》）君子学习的目的是实现内在道德的完善，而不是满足外在功利的欲求。后世学者对此观点也极为推崇，《后汉·桓荣传》有言："为人者凭誉以显扬，为己者因心以会道。"《颜氏家训·勉学篇》讲到："古之学者为己，以补不足也；今之学者为人，但能说之也。"这两段话同样是说，君子学习是为了提升自己的道德水平，来完成道德人格，而当下有些人学习或是为了讨人欢心，或是为了显摆自己，以求得一些奖励和报酬罢了。

因此，"学以为己"的德育目标是中国传统道德教育的一个基本理念。当然，君子"学以为己"不仅仅停留在个体的道德人格完善上，君子"立德"还具有内在的公共性，也就是济世安民的社会责任。梅贻琦在《大学一解》一文中对君子"学以为己"的"立德"思想有过清晰的论述，他说"孔子于《论语·宪问》曰，古之学者为己。而病今之学者舍己以从人"。"舍己以从人"就是说学习不是为了加强自身的品德修养，而是以迎合他人的方式达到功利性的目的。梅先生接着讲："曰安人、安百姓者，则又明示修己为始阶。"他进一步分析道：修己"本身不为目的，其归宿、其最大之效用，为众人与社会之福利"。梅先生所言同样是在说君子"立德"是个人性和社会性的统一，并且君子承担社会责任的起点是自身的道德修养。

2014年，习近平在同北京大学师生座谈时明确要求广大学子要加强道德修养，注重道德实践，这与君子人格"为己之学"的观念认识不谋而合。他指出："一个人只有明大德、守公德、严私德，其才方能用得其所。"① 新时代推进高校立德树人工作，就是要教育和引导广大青年学子明大德、守公德、严私德。这三方面的要求，实际上与君子人格提升个人道德境界来肩负社会责任的"立德"目标有内在契合性。

---

① 习近平. 习近平谈治国理政 [M]. 北京：外文出版社，2014：173.

二、有助于化解当前大学生道德教育面临的突出问题

当前，大学生道德教育面临的突出问题表现为两方面：一方面，从内部来看是大学生群体自身面临普遍的道德信仰危机；另一方面，从外部来看是社会道德失范对大学生道德教育的侵蚀。

阿拉斯代尔·麦金泰尔（Alasdair Chalmers MacIntyre）认为，工业革命在促进社会物质进步的同时，也导致了人类道德生活的贫乏。[①] 弗朗西斯·福山（Francis Fukuyama）指出，后工业社会和信息时代进一步造成了"物质进步"与"道德沉沦"的"大分裂"。[②] 这一"大分裂"带来的道德信仰危机在当代大学生群体中亦普遍存在，主要表现在以下几方面：部分大学生缺乏明确的道德理想目标，对道德观念和道德规范缺乏敬畏，甚至心存质疑，道德认同感下降，道德行为与道德规范疏离；大学生群体道德情感冷漠现象普遍，表现为不再崇尚和渴求高尚的道德品质，对合乎美德的行为不能心生赞美，对败坏道德的现象亦无动于衷、置之不理，甚而唯恐避之不及，道德情感麻木；相当部分大学生道德意志薄弱，自我约束能力差，对抗困难、挫折的能力和抵制现实利益诱惑的能力低，不能从道德理性的角度对事实进行判断、对行为进行选择，社会责任感或道德义务更是无从谈起；部分大学生道德行为失范严重，社会公德意识缺失，违反社会公德的行为时有发生；部分大学生诚信意识淡薄，屡屡产生不诚信行为；有的大学生的道德价值观扭曲，实用主义、功利主义、拜金主义、享乐主义等价值观念大行其道，价值取向庸俗化，"一切向钱看"的逻辑甚至成了部分大学生的价值正当观，价值判断错位，是非观念模糊。此外，由于网络的虚拟性和匿名性，大学生的网络欺骗、网络侵权及利用网络散布谣言、传播非法有害信息等网络道德失范行为日趋严重。

德国教育家赫尔巴特讲过："教育的唯一工作与全部工作可以总结在这一概念之中——道德。道德普遍地被认为是人类的最高目的，因此也是教育的最高目的。任何人否认这一点，他对道德是什么，肯定不可能有真正的认识。"[③] 当

---

① 麦金泰尔. 德性之后［M］. 龚群，戴扬毅，等译. 北京：中国社会科学出版社，1995：30.

② 福山. 大分裂［M］. 刘榜离，王胜利，译. 北京：中国社会科学出版社，2002：103.

③ 张焕庭. 西方资产阶级教育论著选［M］. 北京：人民教育出版社，1964：260.

前暴露出来的大学生道德信仰危机与大学生学校道德教育的缺位、失位、错位有直接的关系。从深层次上说，高校对道德教育在教育工作中的地位重视程度不够，对道德教育规律和人的道德形成规律的认识程度不够，以及对道德教育具体方式的科学性的把握不够。

对君子人格的现代阐释无疑有助于应对社会转型时期，经济全球化、文化多元化以及信息网络化等带来的新的问题与挑战，无疑有助于应对大学生道德教育面临的复杂的国际、国内环境以及学校、社会观念领域里的新变化。一方面，从内部来看，将君子人格思想彰显的道德教育内容和方法融入大学生道德教育中，有助于高校和大学生重新审视道德之于人才培养和自身成才的重要意义，才能以更加自觉的姿态去寻找化解道德教育问题和道德信仰危机的有效途径和方式，并真正将"立德树人"和"立德修身"落到实处；另一方面，从外部而言，深入挖掘君子人格思想的当代价值并予以时代阐述，是传承和弘扬中华优秀传统文化的重要组成部分，是在多元文化激烈交锋的现代社会，保持文化定力、坚定文化自信的重要举措。保持文化定力，才能让大学生形成对本民族文化的价值认同，才能让大学生经受住各种文化思潮冲击的考验。

第二节　融入的可能性

先秦儒家君子人格思想融入大学生道德教育不仅是必要的而且是可能的。这种可能性既根植于人类社会基本的道德教育目标与君子人格思想之间的内在相通性上，又有君子人格彰显的道德教育理念与提升高校道德教育实效性之间的契合性，同时，先秦儒家君子人格的当代意义，与当前培育和弘扬社会主义核心价值观、实现中华民族伟大复兴的中国梦等存在价值关联。总之，先秦儒家君子人格关于道德教育的育人目标、教育模式与价值导向等诸多方面，与当前高校道德教育理论深化与实践创新的要求都存在不同程度的契合性，这为两者的融合奠定了坚实的基础。

一、君子人格思想与大学生道德教育的基本目标相连通

钱穆指出："中国文化精神应称道德精神。中国历史乃由道德精神所形成，

中国文化亦然。这一道德精神乃是中国人内心追求的一种做人的标准，乃是中国人所向前积极争取到达的一种理想人格。"① 先秦儒家君子人格思想是这一"道德精神"的典型代表，它对中国文化发展、对中国人的基本价值观形成、对中华民族的民族精神的产生都有着深刻的影响，时至今日，都是国人辨是非、论善恶的基本依据，是判断人品德高下的基本标准。先秦儒家汲汲于"君子小人"之辨，目的在于扬善抑恶，塑造仁德的理想人格，这些认识对我们当前加强道德建设、优化大学生道德教育同样有着重要的启发意义。君子人格对道德与人的生命关系的思考，为解决当下大学生安身立命问题提供了思想资源；君子人格对人的内在德性的强调，为大学生道德教育的根本使命在促进人的精神性的自我生成方面做了最好注解；君子人格蕴含了"全面纯粹之为美"的成人目标追求，为在道德教育中实现大学生的全面发展提供了致思取向。

（一）道德是生命存在的基本形态

思考人的存在方式以及探索人自我完善的途径，是一个古老而又常新的哲学话题。从古代中国和西方的古希腊开始，所有思想认识都离不开对这一命题的探讨，并由此建立自身的哲学体系。在先秦儒家的立论中，孔子曰："仁者，人也"（《中庸》），古希腊德尔菲神庙上的名言"认识你自己"等，这些命题的主旨都是对人何以作为一个"人"的追问与求索，也正是在对此问题的不断探问中，人才建构了自身生命的意义世界，并使人最终成了"人"。

唯物主义认为，人的生命首先是自然存在物，是与所有动物一致的、物种共同生命形态的呈现，此种意义上的生命即为"种生命"。人毕竟不只是一种自然存在物，人与动物的区别就在于"人不仅仅是自然存在物，而且是人的自然存在物，也就是说，是为自身而存在着的存在物，因而是类存在物"②。马克思以"类存在物"这一发现，揭示了人具有超越动物"种生命"的更高级的生命形态，即"类生命"。换言之，对动物来说，由自然条件所限定的"种生命"是其全部的生命形态，因此，它只能被自然控制；但就人来看，人摆脱了自然的绝对控制和主宰，摆脱了对"种生命"的完全依赖，"使自己的生命活动本身

---

① 冯天瑜，何晓明，周积明. 中华文化史［M］. 上海：上海人民出版社，1990：232.
② 中共中央马克思恩格斯列宁斯大林著作编译局. 马克思恩格斯全集：第 42 卷［M］. 北京：人民出版社，1979：169.

变成自己的意志和意识的对象"①，生命由此成为"自我规定"的、自为的、自主的存在，"人的类特性恰恰就是自由的自觉的活动"②，这样，人的生命活动充满了创造性和无限可能性。因此，人的"类生命"构成了人的根本属性。

如果说"种生命"指向的是生命的自然属性和动物属性，那么，"类生命"指向的则是生命的社会属性和精神属性。人不仅是一种客观存在，还作为一种精神性的意义存在。因为，"意义的向度是做人所固有的……它是人存在的必然性"③。因此，雅斯贝尔斯才说："人是精神，人之所以为人的状况乃是一种精神状况。"④ 人的成长本质上是人的精神的成长，而人的内在精神又赋予人生价值和意义。人的精神成长具体表现为人可以为自身描绘"理想"的生活图景，总是能向着潜在的"可能性"做出努力并不断前进，而不是像动物那样，只能被动地接受直接给予的"事实"，无法超越"现实性"的设定。

通过以上讨论，我们可以将人的存在方式归结为两种：一种是从属于自然属性的动物性存在，另一种是超越动物属性的精神性存在。除此之外，张康之认为，人还有第三种存在形式——道德存在。张康之从马克思关于"人的本质是社会关系的总和"的论断出发，指出道德存在是人的最深层次的、最本质的存在，并进一步分析指出，人的道德存在并非形而上的哲学概念或者思辨话语，而是经过社会交往经验和人类历史证明了的现实的、具体的存在，是确保人的完整性的重要存在形式，"人的道德存在不仅是一个客观事实，而且也是通过理论追问所必须承认的客观事实"⑤。张氏的分析对我们审视人的生命存在形式具有极大的启发意义，从哲学意义上讲，将人看作物质存在、精神存在和道德存在的"三位一体"，在对人的认识和把握上，有助于避免走向唯心主义和庸俗唯物主义的极端，从而摆脱陷入经典的"物质—精神"二元结构的理论窠臼。持此论者还有杨国荣，他亦是从"人本质上是一种关系中的存在"出发，指出道德是人存在的方式，是对人在生活实践过程中的本体论规定。⑥

---

① 中共中央马克思恩格斯列宁斯大林著作编译局. 马克思恩格斯全集：第42卷［M］. 北京：人民出版社，1979：96.
② 中共中央马克思恩格斯列宁斯大林著作编译局. 马克思恩格斯全集：第42卷［M］. 北京：人民出版社，1979：96.
③ 赫舍尔. 人是谁［M］. 隗仁莲，译. 贵阳：贵州人民出版社，1995：46-47.
④ 雅斯贝尔斯. 时代的精神状况［M］. 王德峰，译. 上海：上海译文出版社，2003：4.
⑤ 张康之. 道德存在：把握完整的人的必要维度［J］. 社会科学研究，2006（3）：1-6.
⑥ 杨国荣. 道德与人的存在［J］. 中州学刊，2001（04）：88-93.

中国的哲学传统在表现形态上是伦理本位的，多数情况下，中国传统哲学语境中"伦理"和"道德"其含义相差不大。因此，中国哲学对人的发现与确证、探寻人完善与提升的途径以及发现人生命的目的和价值，始终深深根植于对道德问题的不断发问与求解之中。关于人的道德属性，在先秦儒家最集中的讨论是以"人禽之辨"的命题出现的。

早在周代，统治阶层就开始意识到人禽之别的重要性。《国语·周语中》载："夫戎、狄，冒没轻儳，贪而不让。其血气不治，若禽兽焉。"《管子·八观》言："倍人伦而禽兽行。"《晏子春秋·外篇第七》又说："夫麋鹿维无礼，故父子同麀，人之所以贵于禽兽者，以有礼也。"这些表述，实际上表明，周人已经注意到诸如谦让、人伦、礼仪等具有道德内涵的社会属性，是人与动物的根本区别。

因循这一认识思路，先秦儒家对这一命题亦有深入的思考。孔子说："鸟兽不可与同群，吾非斯人之徒与而谁与？"（《论语·微子》）孔子此论包含了明确的人禽之别的认识，人之所以不能离开他人与鸟兽同群一样，就在于人是以人伦生活为根本规定性的道德性的存在，而鸟兽仅仅是自然的动物性的存在。因为，"作为文明时代的主体，人不能倒退到自然状态，而只能在人化的基础上，彼此结成一种社会的联系"①。孟子同样重视人禽之辨，并将其作为确立人的道德主体性和道德普遍性的基础。"人之所以异于禽兽者几希，庶民去之，君子存之。"（《孟子·离娄下》）孟子的这段话，首先说明人与禽兽都具有动物性的欲求，但人"饱食、暖衣、逸居而无教，则近于禽兽"，真正将人从动物中剥离出来的是人与禽兽之间的"几希"之别，这"几希"之别在孟子看来就是人伦道德。除此之外，孟子通过"类"观念来确证了人的道德性。孟子指出："指不若人，则知恶之；心不若人，则不知恶，此之谓不知类也。"（《孟子·告子上》）"知类"就是认识到"人心"所具有的道德规定性，"善性良知是天赋予人的，是先于经验的，是人区别于他物的类特性、类本质，在人之类的范围内是具有普遍性的"②。孟子将"善性良知"作为普遍人性的依据，也即肯认道德乃是构成人"类生命"的内在规定性。与孟子更重视人伦中所体现的内在于人心的道德意识和价值判断不同，荀子更强调人伦中所体现的人的道德认知和

---

① 杨国荣. 善的历程：儒家价值体系研究 [M]. 上海：华东师范大学出版社，2009：14.

② 郭齐勇. 中国儒学之精神 [M]. 上海：复旦大学出版社，2013：197.

礼的行为规范。荀子对人禽之辨及人的道德属性的认识与《礼记》的言论有许多相通之处，两者都主张应从"礼"的角度来分辨人与禽兽。"鹦鹉能言，不离飞鸟；猩猩能言，不离禽兽。今人而无礼，虽能言，不亦禽兽之心乎?"(《礼记·曲礼上》) 人和禽兽的本质区别不在于"能言"与否，而在于是否有"礼"。"礼"是属于人伦道德，在荀子看来，人之所以能成为人，在于人具有道德认知能力，"人之所以为人者，非特以二足而无毛也，以其有辨也"(《荀子·非相》)。

因此，在先秦儒家看来，人的特性不在于其自然的生物性，而在于其人伦道德的社会性。道德为人之所是，即人之为人的内在规定性，无论是作为个体的人，还是作为类的人，能够被称以人，其核心就在于有道德这样一种存在形态。道德使人以人的方式而不是动物的方式存在着，或者说，道德是使人得以克服与超越动物性的手段与目的的统一。这也是中国道德哲学得以展开的理论基础。我们说，人的生命得以确证的重要方面就在于人可以超越现实的屏障，向理想和可能的自我不断迈进。其中，道德构成了人生命超越的价值向度，康德说："人作为自在目的是德性的，他的德性力量使他超越一切相对价值的限制，成就自身的人格。"① 因此，在很大程度上，人是凭借道德而成为人的。

(二) 道德教育的使命在于促进人的德性完满

道德是人之所以成为人的基本属性，这是道德必要性的最好证明。当然，道德之于人不仅是必要的，而且是可能的，同时这种可能是一种即成性的可能，就是说在现实社会和具体的个体身上，通过经验观察，我们既能发现已存在的社会道德的事实，也能看到个体的道德品性。对已经客观存在着的"道德"现实作"何以可能"的解答，即对道德"以何"成立的根据进行探讨，这并不是一个多余的话题。因为人们只有理解了"道德"得以成立的前提，才能更好地把握道德教育的真正使命。

毋庸讳言，只有人类才有真正的道德和道德生活，因此，人类道德根植于人的本质属性中。马克思在《1844 年经济学哲学手稿》中对人的本质进行了深刻的论述，指出："生产生活就是类生活，这是产生生命的生活。一个种的整体特性、种的类特性就在于生命活动的性质，而自由的有意识的活动恰恰就是人

---

① 康德. 道德形而上学原理 [M]. 苗力田，译. 上海：上海人民出版社，1986：88.

的类特性。"① 人的类特性即人的类本质，显然，在马克思看来，人类通过"自由自觉的实践活动"将人与其他动物彻底区别开来。人"以一种全面的方式，就是说，作为一个总体的人，占有自己的全面的本质"②。马克思以高度抽象、概括的方式揭示了人的真正本质：人的本质蕴含于人的"自由自觉的实践活动"之中，体现了人的能动性和创造性。人应当尽可能地发挥自身的创造性和能动性，不断发展、完善自己的生命形态，并最终成为一个完整的人。

从人的主体性出发，德国哲学家鲁道夫·奥依肯（Rudolf Eucken）主张人还是精神性的存在，"人是精神的存在，他在精神界的成员资格给了他一种独一无二的地位"③。"人是精神性的存在"可以从以下四方面来理解：首先，人不仅仅满足于物质生活，同时创造和享受着精神生活；其次，人的精神意味着知、情、意的协调以及对真、善、美等价值的追求；再次，从根本意义上说，人的活动都是精神支配下的活动；最后，人类通过精神性活动体现生存的意义，通过精神性反思彰显生活的价值。人的精神需求直接或者间接关涉人在主观意愿和现实行动上展现出来的某种倾向，即趋善倾向和完善自身的企图，正是这种倾向和企图使人的道德意识和道德行为成为可能，从而使道德生活成为人生活的一部分。

正是因为精神的存在，人才最终成为人。汉斯·格奥尔格·伽达默尔（Hans-Georg Gadamer）说："精神的存在只是从他物出发向自己本身的返回。"④ 正是源于对精神生活的追求，人才能在不断提高生命境界和完善生命样式的同时，不断超越自己的有限性、动物性。人的精神成长与超越的无限可能，既为道德教育的存在提供了理由和可能，又限定了道德教育的根据和使命。从教育和精神的关系来看，对精神境界的追求是教育的立足之本。雅斯贝尔斯说："教育依存于某种既超越它而又不是它的源泉的东西，即依存于精神世界的生活。"⑤ 从道德教育在教育中的位置来看，赫尔巴特指出："教育的唯一工作和

①　马克思.1844年经济学哲学手稿［M］.中共中央马克思恩格斯列宁斯大林著作编译局，译.北京：人民出版社，2000：57.

②　马克思.1844年经济学哲学手稿［M］.中共中央马克思恩格斯列宁斯大林著作编译局，译.北京：人民出版社，2000：85.

③　奥伊肯.生活的意义与价值［M］.万以，译.上海：上海译文出版社，2005：56-57.

④　伽达默尔.真理与方法：哲学诠释学的基本特征：上［M］.洪汉鼎，译.上海：上海译文出版社，1999：17.

⑤　雅斯贝尔斯.时代的精神状况［M］.王德峰，译.上海：上海译文出版社，1997：103.

全部工作可以总结在这一个概念之中——道德。道德普遍地被认为是人类的最高目的，因此也是教育的最高目的。"① 正是在此意义上，道德教育无疑是教育的核心与灵魂。

道德教育对人的精神关照，其核心和重点在于促进人的德性提升和完满。作为道德的一种存在方式，德性是个体精神境界、人格素养和道德品质的有机融合。道德主体从道德实践中获得的往往不是物质的回报，而是精神的满足，这种精神上的获得感，促使道德以德性的方式化为人的内在人格，并在生命之中得到延续。因此，德性其实就是道德内化的精神结晶，并为人确立起牢固的、向善的内在价值尺度，从而敦促人从偶然的道德行为走向应然的道德自觉。② 因此，忽视了对内在德性的培养，道德教育就无法掌握人的精神生活，道德也就无法转化为人的内在需要，无法成为生命价值的一部分。此外，道德能够以德性的方式存在于人的精神之中，离不开人的主体性的显现。人的主体性既是人的本质的体现，也为抽象的精神转化为具体的行动提供了必要的人格担保。从人的主体性而言，道德在本质上是一个高度自主自觉的领域，恰如马克思所说："道德的基础是人类精神的自律，而宗教的基础则是人类精神的他律。"③

先秦儒家对君子人格的培养，其旨趣就是对人进行德性的培养与教育，进而提升人的精神境界。有学者指出儒家的理想人格是"中国人精神的最核心组成部分之一"④。君子之德性体现了人对高尚的精神生活和高尚的精神境界的不懈追求，"孔子认为，人生最重要的事情是培养精神生活，提高精神境界，在日常生活中实行'仁'德，使自己的生活行为符合'仁'的准则"⑤。有了崇高的精神追求，君子就能做到"饭疏食饮水，曲肱而枕之，乐亦在其中矣"（《论语·述而》），君子之乐不在物质上的享受，而在精神上的满足。所以，"君子固穷"（《论证·卫灵公》），"一箪食，一瓢饮，在陋巷，人不堪其忧，回也不改其乐"（《论语·雍也》）。颜回这种"居贫且乐"的情操就是宋明理学家所

---

① 赫尔巴特. 普通教育学：教育学讲授纲要 [M]. 李其龙，译. 北京：人民教育出版社，1989：260.
② 麦金泰尔. 德性之后 [M]. 龚群，戴扬毅，等译. 北京：中国社会科学出版社，1995：67.
③ 中共中央马克思恩格斯列宁斯大林著作编译局. 马克思恩格斯全集：第1卷 [M]. 北京：人民出版社，1956：15.
④ 王国兴. 中国古代人格观念初探 [J]. 云南社会科学，1996（3）：72-78.
⑤ 张岱年. 张岱年全集 [M]. 石家庄：河北人民出版社，1996：227，396.

言的"孔颜乐处","孔颜乐处"就是君子人格安贫乐道、达观自信的精神追求和道德情操,这种"乐"展现的就是内在德性的中和与饱满的情态。孟子论为士之道时,同样推崇"穷不失义"的精神品格,因为只有具备了这种精神境界,才能成为"富贵不能淫,贫贱不能移,威武不能屈"(《孟子·滕文公下》)的大丈夫。正是具备了这一精神信念,君子在面临困厄挫折时,才能树立"民胞物与"的至善至美的道德追求,才能获得"成己成物"的自足动力与支点,才能坚守"穷且益坚"的严格的道德自律。

鲁洁强调"道德教育的主旨在于导人以善,使人在对善的、道德的追寻中建构起更为完美和充实的意义世界"①。高校道德教育的根本使命就是要教育引导大学生不断超越自然之我,促进大学生心灵的完善和精神生命的成长,也就是要培养大学生的内在德性。道德教育正是也应当通过对人良好德性的塑造来建构人格,促进人格的完善,展现人格的美好与高贵。因此,守护大学生的精神家园、保持大学生的精神自由、促进大学生的精神生成,应是高校道德教育的基本使命。

(三)健全的道德人格是人全面发展的重要内容

习近平在全国教育大会上明确提出要将"完善人格"作为教育工作的重要目标之一,对理想人格的塑造成为当前和今后教育工作的应有之义。人格的重要性毋庸讳言,正如美国著名学者玛格丽特·米德(Margaret Mead)在概括鲁思·本尼迪克特(Ruth Benedict)的思想时所说,"她认为,人类文化是'人格的无限扩展'"②,这固然有夸大的成分,但道出了人格塑造对人的重要意义。不同学科对人格下过不同的定义,但一个公认的事实就是,谈人格就必须要讲到道德,因为道德是人的一种特殊的社会规定性,是人实现自身统一与精神完善的特殊方式。

著名教育家蔡元培曾精辟指出"德育实为完全人格之本"③。因此,从一定意义上说,道德人格在人格的各种范围中居于核心地位。关于何为道德人格,罗国杰认为:"道德人格就是具体个人的人格的道德性规定,是个人的脾气习性

---

① 鲁洁. 回归本真的教育 [J]. 新教师,2017(4):1.

② 冯友兰. 三松堂全集:第十一卷 [M] 郑州:河南人民出版社,2001:588.

③ 袁本新,王丽荣. 人本德育论:大学生思想政治教育的人文关怀与人才资源开发研究 [M]. 北京:人民出版社,2007:113.

与后天道德实践活动所形成的道德品质和情操的统一。"① 应当说，道德人格从整体上勾勒了一个人的道德品质和道德面貌，是个体在实践道德生活的基础上，意识到了自己的道德责任，确立人生的价值和意义，从而自觉选择自己做人的范式。那么，理想的道德人格得以生成或者实现的前提是什么呢？

2018 年 8 月，第二十四届世界哲学大会在北京召开，这是拥有百余年历史的全球最大规模的哲学会议，值得注意的是，本届哲学大会的主题是"学以成人"。那么何谓"学以成人"，先秦儒家对此曾有过明确的解答，孔子说："古之学者为己，今之学者为人。"（《论语·宪问》）荀子对此解释说："君子之学也，以美其身；小人之学也，以为禽犊。"（《荀子·劝学》）即是说，前人学习的目的是提升自身，成就自我，但今天的人学习则是为了在人前卖弄，博取名利。"为己之学"实际上也就是为了"学以成人"。冯友兰在"人生境界"的意义上谈论中国哲学的贡献，他说："哲学的功用是训练人成为完人，完人的最高成就，是与宇宙合一。"② "完人"也就是孔子所谓的"成人"。

从"抽象的人"到"生成的人"，是西方由近代哲学向现代哲学转变的一个标志，近代哲学将人看作抽象的人或者理性的人，而现代哲学则试图将人理解为生成的人。这种认识转向的前提是哲学世界观的转变，近代哲学世界观是科学世界观，科学世界观展现的是本质主义的思维模式，而现代哲学世界观是生活世界观，生活世界观诉诸的是生成性思维模式。马克思说："整个所谓世界历史不外是人通过人的劳动而诞生的过程，是自然界对人来说的生成过程。"③ 人的生成既是过程，又是目的，生成的核心即对人的创造。道德教育也应该是以"成人"为旨趣的教育。道德教育不仅应体现人的在场，即彰显人的存在性，而且应该关照人的"成人"，即体现人的生成性。

人的生成性根植于人的可能性的基础上。事实上，人始终处于一种变化之中。马丁·海德格尔（Martin Heidegger）说："人自身的存在就是由各种可能事物现实化之后组合而成的，每一个现实的人就是由可能事物所形成的一个最丰

---

① 罗国杰．中国伦理学百科全书：伦理学原理卷［M］．长春：吉林人民出版社，1993：89.

② 冯友兰．三松堂全集：第十一卷［M］．郑州：河南人民出版社，2001：580.

③ 马克思．1844 年经济学哲学手稿［M］．中共中央马克思恩格斯列宁斯大林著作编译局，译．北京：人民出版社，2000：92.

富的组合并在此组合之上寻找进一步的可能发展。"① 人的"可能发展"意味着人始终是一个未完成的待造物，是一个指向未来的变化体。在易连云看来，人的可能性主要指人所具有的潜在的、尚需实现的各种特性，它是对现实的未来准备，但比现实更丰富②，人的可能性存在是人存在的基本形式之一。教育的前提和基础就是人的可能性，而其目标和价值也是为了实现这种可能性，未来的可能性构成了教育的逻辑起点，对可能性的实现则是教育的最终归宿。

同样的，在人的道德教育领域，首先应该明确的也是人的道德发展的无限可能性。我们看到，在先秦儒家那里，这种可能性同样被赋予了实实在在的意义。这种可能性的前提是先秦儒家同一性的人性假说。孔子主张"性相近"，孟子认为人性皆善，"仁义礼智，非由外铄我也，我固有之也"（《孟子·告子上》）。《中庸》中说"天命之谓性"。既然"性"源自具有超越意义的天命、天道，那么人之"性"在本源上就具有了同质性的基础。《中庸》又说"率性之谓道"，按此理解，人进行道德修养的基础就是具有同质性的天赋之"性"，这样，作为一个"类"范畴，人经由道德教育所能成就的高度，就具有了机会均等的可能性。所以在教育过程中，孔子坚持"有教无类"，认为人人都有"成仁"的可能性，"成仁"意即"成人"，不管是孟子的"人皆可以为尧舜"（《孟子·告子下》），还是荀子的"涂之人可以为禹"（《荀子·性恶》），都是说，在理论层面，人人都具备获得道德发展的可能性，也就具备了获得理想道德人格的可能性。"成仁"之路也是一个不断生成自我道德的过程，"我欲仁，斯仁至矣"（《论语·述而》）。

道德教育即是"成人"的教育，也是促进人的道德人格生成的教育，而人的道德人格与人的全面发展有着重要的联系。在西方，关于人的全面发展的理论由来已久，2000多年前的柏拉图就在《理想国》中提出了德智体美全面发展的设想；及至文艺复兴时期，一大批人文主义者设计了促进人身心和谐发展的具体路径；到了启蒙时期，康德以"善良意志"推动人的全面发展，黑格尔则把劳动看作实现人的全面发展的重要手段。这些思想先驱的探索虽有一定的片面性，但为马克思主义人的全面发展的理论提供了思想的萌芽。"全面发展"是

---

① 海德格尔. 存在与时间 [M]. 陈嘉映，王庆节，译. 北京：生活·读书·新知三联书店，2006：63-64.

② 易连云. 重建学校精神家园 [M]. 北京：教学科学出版社，2003：162.

马克思主义关于人的发展理论的最本质、最核心的内容，是马克思主义人学理论的重要组成部分，是对人的本质的丰富性和完整性的生动展现。马克思主义指出，"代替那存在着阶级和阶级对立的资产阶级旧社会的，将是这样一个联合体，在那里，每个人的自由发展是一切人的自由发展的条件"①。全面发展的人意味着人"以一种全面的方式——作为一个完整的人，占有自己的全面本质"②。

道德人格与人的全面发展的关系体现在以下几方面。首先，道德人格在人的全面发展理论中居于核心地位。苏霍姆林斯基说："人的所有各方面的特征与和谐，都是由某种主导的首要的东西所决定的，在这个和谐里起决定作用的，主导的成分是道德。"③ 道德人格的完善，是人其他方面和谐发展的关键。其次，道德人格为人的全面发展设定了目标。理想的道德人格是人在道德层面达到的真、善、美的统一，是人精神上"成人"和行为上趋善的标志，是对生命意义和生活价值的领悟，是对现实之我的自我超越以及对理想之我的自我实现，这些也是人的全面发展的目标。再次，道德人格构成了人的全面发展的内在动力。道德人格的塑造是知、情、意、行的统一，人对外在道德规范的认知，经由道德情感和道德意志内化为个体的内在德性，并最终落实到具体的道德行为之中。这实际上存在两个过程，即道德规范由外而内的内化过程，以及人的德性由内而外的转化过程，这两个过程的良性互动使人获得了不断提升自我的内隐驱动和外显价值，从而为实现人的自由全面发展提供精神动力。最后，道德人格为人的全面发展提供调节机制。道德本身就具有价值判断的功能，它所确立的道德原则及追求的价值目标，能够监督并保障主体在发展完善自我的过程中始终处于正确的方向。同时，人在成就自我的过程中，不可避免地会遇到外界或内心的阻碍，导致成就动机下降，强烈的道德情感和顽强的道德意志，可以对人的负面行为进行修正，对正面行为进行强化，从而实现动机和行为的统一。

君子人格同样体现了先秦儒家朴素的谋求人的全面发展的观念。孔子在

---

① 中共中央马克思恩格斯列宁斯大林著作编译局. 马克思恩格斯选集：第 1 卷 ［M］. 北京：人民出版社，1972：273.

② 中共中央马克思恩格斯列宁斯大林著作编译局. 马克思恩格斯全集：第 42 卷 ［M］. 北京：人民出版社，1979：123.

③ 南京师范大学教育系. 教育学 ［M］. 北京：人民教育出版社，1984：234.

《论语·为政》里说"君子不器"，那么何为"器"？杨伯峻在《论语译注》中说："君子不像器皿一般，只有一定的用途。"由此观之，"君子不器"意指作为道德完善的君子，不能沦为功能单一的器皿，囿于一才一艺，而应超越专门的才艺，做到通才达道。李泽厚则结合马克思主义关于人的全面发展的认识，对此赋予了新的意蕴："这句话今天可以读作人非 robot（机器人），即人不要被异化，不要成为某种特定的工具和机械。"① 人应使自己的潜在才能、个性获得全面发展和实现。"君子不器"的现代内涵就是要实现人的自由而全面的发展。

二、君子人格思想与大学生道德教育的育人理念相契合

君子人格观作为一项丰富的道德资源，本身蕴含的道德教育原则和道德教育的理念，是中华民族"最深层次的精神追求"和"独特的精神标识"的典型代表之一。君子人格不仅是中国古代仁人志士的人生理想，而且在当今社会同样具有重要的时代价值。君子人格这一宝贵的传统文化资源，为推动新时代大学生道德教育的理念优化提供了传统文化的坐标。

（一）君子人格的人文传统与大学生道德教育的人学立场

前文分析指出，人文性是君子人格的一个基本面，君子人格对人的价值实现、品格提升、精神自由以及全面发展等关涉人的生命存在状态的基本问题，都有着深入而全面的思考。这些思考，为人之"安身立命"提供了深厚的人文滋养和人文关怀，同时，君子人格的人文特征反过来又进一步强化了人在道德教育领域的主体性地位。

道德教育从本质上讲就是"指向人的德性培养的教育"②。道德教育体现的是人与人之间的社会关系，整个道德教育活动也是一种人对人的活动。它的主要研究对象是道德教育活动的实践规律及人的道德品质形成的发展规律，主要内容是研究如何提高人的道德觉悟和道德认知，影响和转变人的行为并使之符合道德要求，进而促进道德人格的形成和人自身的完善。毫无疑问，道德教育是培养人、塑造人的精神实践活动。

关于道德教育是一种属人的活动，马克思主义人学理论为其提供了坚实的

---

① 李泽厚. 论语今读 [M]. 天津：天津社会科学院出版社，2007：44.
② 杜威. 杜威教育论著选 [M]. 赵祥麟，王承绪，编译. 上海：华东师范大学出版社，1981：51.

哲学基础。马克思反复强调"历史不是别的，正是人追求自身目标的活动"①"全部人类历史的第一个前提无疑是有生命的个人的存在"②"社会本身，即处于社会关系中的人本身"③，人既是社会历史的基本前提，也是社会发展的最终目的。在思想道德教育领域，马克思对道德教育主客体的理解是从"现实的"具体的人出发的，而不是"虚幻的"抽象的人出发，这构成了马克思主义人学理论的逻辑起点。从"现实的人"出发，马克思构建了人的"需要理论"，并为道德教育的主体生成提供了理论基础。在马克思看来，人的精神性需要和发展性需要构成了人的道德教育的必要性和可能性的前提，"人的自由而全面的发展"正是道德教育的价值目标。无怪乎，有学者指出："人学是 21 世纪的新兴学科，是马克思主义理论新的重要的生长点。"④

然而，事实上，在很长一段时间内，我们进行道德教育的首要目的是实现其社会功能，道德教育功利化、工具化、知识化倾向明显，忽视了道德教育关于满足人自身发展、成长需要的真正意义。这种道德教育方式的片面性，扭曲了道德教育的本质，导致只见"社会"不见"人"的"无人"化道德教育现象普遍发生，结果造成道德教育与人的精神和现实需求严重疏离，道德教育的效果长期低迷，最终，道德教育的社会功能也得不到真正体现。可以说，道德教育的"人学空场"，使"本来应当是充满了人性魅力的德育，变成了毫无主体能动性、没有道德意义、枯燥无味、令人厌烦的灌输和说教"⑤。

道德教育的"人本回归"或者说"人学转向"，自 20 世纪 90 年代以来已经初见端倪，并日渐成为学界的价值共识，但遗憾的是，在实际的道德教育过程中，受到之前关于道德教育认识和道德教育方式的惯性影响，理性设定的道德教育的范式很难成为切实有效的实践活动。党的十八大以来，"立德树人"成为教育的根本任务，"立德树人"是对"无人"道德教育的根本性颠覆，为道德

---

① B. M. 梅茹耶夫. 我理解的马克思 [M]. 林艳梅，张静，译. 北京：人民出版社，2013：54.

② 中共中央马克思恩格斯列宁斯大林著作编译局. 马克思恩格斯选集：第 1 卷 [M]. 北京：人民出版社，1995：67.

③ 中共中央马克思恩格斯列宁斯大林著作编译局. 马克思恩格斯文集：第 8 卷 [M]. 北京：人民出版社，2009：204.

④ 陈志尚. 人学原理 [M]. 北京：北京出版社，2005：1.

⑤ 鲁洁. 人对人的理解：道德教育的基础——道德教育当代转型的思考 [J]. 教育研究，2000（7）：3-10，54.

和道德教育向人复归提供了理论导向和价值自觉。按照"立德树人"这一教育根本任务的要求，从人出发，从树人、成人的目的认识道德教育，建构有"人"的道德教育，是新时代道德教育的选择。

孔子君子人格体现的人文主义传统，为当前道德教育的人学转向提供了重要的启示。人文主义之于道德教育，就是在理解人、尊重人、依靠人、关怀人、为了人的基础上，完善人的道德情操，丰富人的精神世界，彰显人的生命价值。君子人格从"为仁由己"的道德主体性出发，力求对人进行深刻的人格塑造，使人获得持久性的精神食粮，形塑人的崇高道德品质和完美精神境界，并最终实现有价值和有意义的人生。由此观之，孔子的君子人格无疑为当前大学生道德教育的人学转向，特别是为新时代"立德树人"工作提供了传统文化的道德基因。

（二）君子人格的践履特征与大学生道德教育的实践要求

道德教育的原则要发挥作用，道德教育的价值要真正实现，个体的道德境界要得到提升，这些都离不开现实的道德实践活动。

笔者已经分析过，实践性是君子人格的又一鲜明特征，君子人格生成于主体对道德的自觉践履中。孔子说："君子无终食之间违仁，造次必于是，颠沛必于是。"（《论语·里仁》）"不违仁"也就是要行仁，"仁"作为君子始终秉持的内在道德品格，其落实有赖于君子须臾不可违仁的道德行为，意味着君子的成仁之路是达到目的的手段，它本身也是"实体"，是目的。《礼记》中有一段关于君子人格的描述："君子恭俭以求役仁，信让以求役礼，不自尚其事，不自尊其身，俭于位而寡于欲，让于贤，卑己而尊人，小心而畏义，求以事君，得之自是，不得自是，以听天命。"这实际上明确指出了君子人格的实现是践仁、履礼以及知天命的实践过程，其中每一个环节都是实践性的活动或者与之密不可分。因此，君子总是抽离实践，君子人格也就只能是形上意义的镜花水月、空中楼阁，也就成了无源之水、无本之木。君子人格所凸显的，不是理论和思辨，而是实践的价值和原则。

实践观是马克思主义世界观与历史观的基础和立足点，从认识论的角度出发，马克思主义科学揭示了实践的本质及特征，创立了主体和客体相统一的科学的实践观，同时揭示了实践是认识的起点和源泉："人应该在实践中证明自己思维的真理性，即自己思维的现实性和力量，亦即自己思维的此岸性。"① 从马克思主义实践观来看，实践是人的存在方式，而且是人特有的存在方式，只有通过实践，人才能成为人，才能成就和发展自身。因此，道德作为人类实践活动的产物之一，其真谛和意义绝不在于抽象的概念、空洞的说教，以及系统的道德及其道德教育的理论，而主要在于实践和行动，甚至可以说，道德实践对道德教育具有本体论的意义。道德教育的目的在于塑造人的崇高的道德品质，人的道德品质则是由道德认知、道德情感、道德意志和道德行为四方面构成。要想获得对道德的真正的认知和理解，离不开道德实践，毛泽东同志就此指出："如果要直接地认识某种或某些事物……只有在亲身参加变革现实的实践的斗争中，才能暴露那种或那些事物的本质而理解它们。"② 道德情感的培养和道德意志的锻炼离不开现实的体验，而体验亦来自实践。当然，道德行为本身就是一系列的实践活动。习近平也曾讲到，提升道德境界的"最好的途径就是加强学习，读书修德，并知行合一，付诸实践"③。

当前，道德教育实效性不高的重要原因之一，就是人们忽视了道德教育的实践性特征，将道德教育过程等同于知识教育过程，套用知识教育的模式和规律进行道德教育，把道德教育过程简化为道德知识规范的传授与学习的过程，其结果是只能培养出熟悉道德规范和道德知识的"理论家"。孔子的君子人格将道德实践看作道德修养的基本进路，说"力行近乎仁"（《礼记·中庸》），只有通过道德实践活动才能成就"仁"之德性。孔子又说评价一个人的道德修养，应当"听其言而观其行"（《论语·公冶长》）。关于这一点，朱熹对其的阐述是"为学之实，固在践履，苟徒知而不行，诚与不学无异"（《答曹元可书》）。

概而言之，君子人格推重的道德修养的践履特征，为解决今天道德教育的现实困惑提供了有价值的思考方向。新时代，要提高大学生道德教育的实效性，就应当积极挖掘传统道德教育对道德实践的经验认识，并自觉地在道德教育的目标设定、道德教育的实施途径以及道德教育的效果评价等方面凸显实践性的要求和意向。

---

① 中共中央马克思恩格斯列宁斯大林著作编译局. 马克思恩格斯全集：第 3 卷 [M]. 北京：人民出版社，1960：3.

② 毛泽东选集：第一卷 [M]. 北京：人民出版社，1991：287.

③ 习近平. 之江新语 [M]. 杭州：浙江人民出版社，2007：175.

（三）君子人格的日用原则与大学生道德教育的生活化意味

习近平指出："一种价值观要真正发挥作用，必须融入社会生活，让人们在实践中感知它、领悟它。要注意把我们所提倡的与人们日常生活紧密联系起来，在落细、落小、落实上下功夫。"① 君子人格作为儒家现实生活中最为推重的道德理想人格，其实现和发挥，恰恰根植于最普遍的人伦日用的现实生活中。朱熹在《论语集注》中说道："道，则人伦日用之间所当行者是也。"儒家所说的"道"不是道家自然化的"天道"，其着眼点在社会性的"人道"，具体地说就是人的个体道德修养和人的社会理想追求。人伦日用即人之日用常行的生活世界，因此，儒家之道不离人伦日用，甚至可以说道就在人伦日用之中。人伦日用落实处就是百姓之用、大众之用。这种落实不是外在的规范约束，而是内在的自觉服膺；不是生硬的道德律令的规制，而是日用而不自觉的自然的生活状态。这种落实的结果就是，道德是生活化的道德，生活是道德化的生活。

在儒家看来，"仁"这一君子最高德性的修养亦离不开日用常行的生活情态，君子"爱人"首先是基于现实的人伦关系的自然表达。"仁者人也，亲亲为大"（《礼记·中庸》），"爱人"坚实的道德情感的基础就在于从孝悌之情出发的"爱亲"，"爱亲"是本之于人的日常生活的必然结果，这样道德的最高追求根植于日常生活中。就如何在生活细节中成就君子，孔子亦有较多阐述，如关于君子如何服丧："夫君子之居丧，食旨不甘，闻乐不乐，居处不安。"（《论语·阳货》）关于君子的社交礼仪："君子无所争。必也射乎！揖让而升，下而饮。其争也君子。"（《论语·八佾》）此外，我们看到，在《论语·乡党》篇中，大量记述了孔子的举止言行、衣食住行等日常生活细节，比如，在衣着服饰上，"君子不以绀緅饰，红紫不以为亵服"；在饮食坐卧上，"食不语，寝不言""食不厌精，脍不厌细""席不正，不坐"；在言谈举止上，"朝，与下大夫言，侃侃如也；与上大夫言，誾誾如也。君在，踧踖如也，与与如也"；在上车乘车时，"升车，必正立，执绥。车中，不内顾，不疾言，不亲指"等。这些记述既是对孔子生活的素描，又展示了生活化场景中君子的精神样貌和生动情形。

与动物不同，生活是人存在的基本形式，也是人之自我生成的活动。关于

---

① 习近平. 习近平谈治国理政［M］. 北京：外文出版社，2014：165.

这一点，马克思深刻地指出，"个人怎样表现自己的生活，他们自己也就怎样"①，"人们的存在就是他们的实际生活过程"②。这说明，在主体上，生活是属人的，只有人才有生活，离开了生活便没有人，离开了人也就无所谓生活。关于教育与生活的关系，裴斯泰洛齐最早提出了"生活具有教育的作用"的观点。继承裴氏的观点，杜威提出"教育即生活"的理念，作为杜威的学生陶行知，则从另一方面说"生活即教育"，"是生活就是教育，是好生活就是好教育，是坏生活就是坏教育"③。这些主张，虽内涵不同，但他们都意在强调教育与生活之间密不可分的内在联系。现象学创始人胡塞尔，于 1936 年在其著作《欧洲科学危机与先验现象学》一书中，首次提出了"生活世界"这一概念。此后，海德格尔、伽达默尔、哈贝马斯等人从不同视角出发，进一步阐释和发展了生活世界理论。"生活世界"概念的提出和发展，也引发了对"教育回归生活世界"这一命题的重新思考和认识，为教育理论研究和实践带来了新的思路，也为道德教育指引了方向。

关于道德教育与生活的关系，首先，道德教育源于生活，并且存在于生活之中。涂尔干指出："只有生活本身才能为自己制定法则，在生活之上或之外，不可能再有什么了。"④ 道德的发生、发展是生活的产物，道德教育的存在及价值的实现也离不开生活，因此，离开生活的道德教育在本质上是不存在的。其次，道德教育是为了生活。洛克在《教育漫话》中说：如果没有道德，我觉得他在今生来世都得不到幸福。道德的存在最终是为了生活，是为了帮助我们寻求更美好的生活并以此获得人生的幸福，这是道德之于人类生存与发展的真正价值。道德使人的生活更完整、更美好并最终赋予生活可能的意义。最后，个人道德的完善根植于生活。与一般知识的学习不同，人对道德的服膺以及个人良好德性的养成，只能源于真实的生活体验，并在生活过程中加以确证。鲁洁指出，人德性的完善"只在人现实地改变自身的生活方式——生活活动、生活

---

① 中共中央马克思恩格斯列宁斯大林著作编译局. 马克思恩格斯全集：第 3 卷 [M]. 北京：人民出版社，1960：24.

② 中共中央马克思恩格斯列宁斯大林著作编译局. 马克思恩格斯全集：第 3 卷 [M]. 北京：人民出版社，1960：29.

③ 陶行知. 中国教育改造 [M]. 北京：东方出版社，1996：143.

④ 涂尔干. 道德教育 [M]. 陈光金，沈杰，朱谐汉，译. 上海：上海人民出版社，2001：38.

关系的过程中才得以实现"①。

生活既是道德教育的原点，也是道德教育的终点，"不应该把道德看成目的本身，而应看成通向美好生活的一种手段"②。梁漱溟认为孔子的学问就在自家生命和生活上，而不是其他。王阳明对弟子言："古人言语，俱是自家经历过来，所以说得亲切，遗之后世，曲当人情；若非自家经过，如何得他许多苦心处。"③ 君子人格将道德教育置于丰富多彩的日常生活世界之中，通过对日常生活方式的把握和对生活境遇的体验，使道德内化、德性提升，这种寓于"人伦日用"的道德教育理念和德性修养方式，为引导高校道德教育向生活复归、建立道德与生活的血肉联系、彰显道德教育的生活价值，具有重要的借鉴意义。

三、君子人格思想蕴含了可资借鉴转化的时代价值

习近平在诸多重要公开场合就中华优秀传统文化这一主题发表了一系列重要讲话，这些重要讲话构成了内涵丰富、逻辑严密的传统文化观，是习近平文化思想的重要组成部分。中华优秀传统文化蕴含着丰富的伦理道德观念和精神价值追求，可以为现今道德建设提供有益启发。

在与西方思想中的宗教、哲学和科学这三大"真理"的来源做比较的基础上，钱穆指出："中国思想，有与西方态度极相异处，乃在其不离开人生界而向外觅理，而认真理即内在于人生界之本身。"④ 更重要的是，内在于人的普遍的共同真理，通过不断地向外扩散，亦可以与自然之理相融相通，即"天人合一""天人合德"。可见，中国思想的一大功用是探讨人生真理，而这人生真理的重要方面就是要厘清人之为人的理想境界，这理想境界在中国思想传统看来就是要发掘合乎宇宙自然、社会人生的理想人格，这也是中国独有的人生哲学所最为关切的命题。对人生真理的探求，自然离不开对人的社会价值的思索和追问，对人的社会价值的挖掘赋予了优秀传统文化以跨越时空的永恒魅力。植根于此，

---

① 鲁洁. 道德教育的根本作为：引导生活的建构 [J]. 教育研究，2010，31（6）：3-8，29.

② 贝克. 学会过美好生活：人的价值世界 [M]. 詹万生，等译. 北京：中央编译出版社，1997：7.

③ 王守仁. 王阳明全集 [M]. 吴光，钱明，姚延福，编校. 上海：上海古籍出版社，2011：128.

④ 钱穆. 中国思想史 [M]. 北京：九州出版社，2012：4.

君子人格思想融入大学生道德教育中，获得了重要的价值依据。

（一）君子人格思想是涵养社会主义核心价值观的重要源泉

党的十八大提出，从国家、社会和个人三个层面积极培育和践行社会主义核心价值观。社会主义核心价值观既是当前时代背景下中国特色社会主义价值理想的高度凝练，又是对中国传统价值理念精髓的深刻总结；既是社会主义奋斗目标的现实需要，又是中国传统道德追求的历史传承。因此，培育和弘扬社会主义核心价值观，既要坚定社会主义的理想信念，又离不开对中国优秀传统文化资源的挖掘、梳理和借鉴。"培育和弘扬社会主义核心价值观必须立足中华优秀传统文化"，要"使中华优秀传统文化成为涵养社会主义核心价值观的重要源泉"。[1]

"国无德不兴，人无德不立。"社会主义核心价值观，其实也是一种道德观，这种道德观既是个体的道德追求，也是国家和社会的公共道德标尺。习近平指出必须加强全社会思想道德建设，"引导人们向往和追求讲道德、尊道德、守道德的生活"[2]。对道德的追求，同样是君子人格最鲜明的特征，子曰："君子哉若人，尚德哉若人。"（《论语·宪问》）孔子在对南宫适的评价中，明确地将"君子"和"尚德"联系起来，"君子无所不用其极"，对完善的道德人格的追求是君子人格的本质所在，因此，社会主义核心价值观和君子人格内在统一于对道德境界的不断完善和追求中。君子人格思想构建了完善的道德修养体系和价值认同方法，为引导大学生培育和践行社会主义核心价值观提供了丰富的传统文化的思想资源。一是君子人格思想为大学生社会主义核心价值观的培育和践行提供了直接的、可资传承和吸收的道德内容，二是君子人格修养途径为大学生社会主义核心价值观的培育和践行提供了可资借鉴和转化的德育方法。

君子人格在大学生国家层面的社会主义核心价值观的涵养过程中，能够发挥积极的激励作用，这一作用集中体现在君子人格所包含的家国情怀和由此催生的爱国主义精神中。作为一种充满积极入世情怀的人生价值，君子之"至善"在于勇于承担"安百姓"的家国重任，在于以天下兴亡为己任的理想追求，在

---

① 习近平：把培育和弘扬社会主义核心价值观作为凝魂聚气强基固本的基础工程［EB/OL］. 新华网，2014-02-25.

② 习近平：汇聚起全面深化改革的强大正能量［EB/OL］. 新华网，2013-11-28.

于"为天地立心、为生民立命、为往圣继绝学、为万世开太平"的历史使命。"修身齐家治国平天下"的君子人格在根本上促进了中华民族基于家国情怀的爱国主义精神的形成和发展。在当下，君子人格的这种精神和情怀，能够引导大学生将个体的人生价值和理想追求与国家富强和民族复兴结合起来，引导大学生牢固树立爱国主义的理想信念。

君子人格在大学生社会层面的社会主义核心价值观的培育过程中，具有积极的引导作用。"自由、平等、公正、法治"的价值观归根结底是对和谐、良善的社会秩序和社会关系的追求，这一价值的实现，离不开人们对道德规则和法律规范的践行和遵守，离不开人们对彼此权利与义务的理解和尊重。君子道德实践的核心是"仁"，从主体性来看，"仁"是君子个体道德修养的原则和目标，从社会性来看，"仁"也是普遍的社会道德规范。"仁"的德性原则是"爱人"，在处理社会关系上，君子由"仁爱"出发，得以构建和谐的人际关系。在人与人的交往过程中，"仁"对君子提出的具体的行为标准是"忠恕"之道，"忠恕"就是君子待人的基本原则。君子行"忠恕"之道的前提是，对不同个体平等关系的理解和尊重，因为只有充分认识到不同个体之间的差异性，并做到不以自己的价值选择来要求他者，才符合"仁"的要求。所以，"忠恕"之道不仅仅是行仁的具体方法，在深层次上更是对社会主体价值平等的体认。关于"正义"，先秦儒家最直接的体现是在"义利之辩"中对"义"的张扬和肯定。先秦儒家的正义观，也是对有道德的社会秩序和良好的群体关系的自觉追求，在这种追求中，君子的人格形象得以实现，君子的意义和价值得以彰显。总之，君子以"仁"为核心的社会伦理规范为构建良性的社会关系提供了有益的德性基础，君子的"忠恕之道"体现了对他者的关怀和尊重，而君子的"义利观"能够协调利益关系，化解利益冲突。因此，君子人格所肯认的道德标准和追慕的价值原则，能够引导大学生对规范的社会秩序和良好的群体关系进行自觉的追求。

先秦儒家君子人格对个人层面的社会主义核心价值观具有积极的实践推动作用，为当前大学生个人层面的价值观培育提供了具体的价值准绳和道德准则。上文论及君子人格很重要的一方面就是以爱国主义为精神内涵的家国情怀，正是因为具备了这一精神情怀，所以才有了君子"杀身成仁，舍生取义"的崇高气节，才有了"国家兴亡，匹夫有责"的精神境界。孟子说"吾善养吾浩然之气"，这浩然之气最终所指就是胸怀天下的理想和信念。关于敬业，先秦儒家在论及做事态度时，首先提倡一个"敬"字，孔子把"居处恭，执事敬，与人忠"（《论语·子路》）视为"仁"的基本要求，在处理具体事务时，认为"君子有九思"，其中重要的一思就是"事思敬"（《论语·季世》），意思就是说做事情务必要认真负责，切不可松懒懈怠。荀子也指出唯有敬业勤事才能够取得成功，"百事之成也，必在敬之；其败也，必在慢之"（《荀子·议兵》），一"敬"一"慢"是事业成败的关键。"空谈误国，实干兴邦"，可以说，君子的敬业思想与当前时代呼吁的爱岗敬业、"工匠精神"等不谋而合。关于诚信，"诚"和"信"作为君子重要的道德标准，最初是分开使用的，"诚者，天之道也，诚之者，人之道也"（《中庸》）。"诚"即"诚心"，强调的是君子的内在道德修养，"信"即"信人"，侧重的则是君子的外在行为规范。先秦儒家围绕诚信问题亦有较多的阐述。孔子认为"人而无信，不知其可也"（《论语·为政》），如果一个人缺乏诚信就丧失了做人的资格，并难以在社会上立足，即"民无信不立"（《论语·颜渊》）。当然，诚信更是君子的重要品格。君子应言行一致、言出必践，"夫子之说君子也，驷不及舌"（《论语·颜渊》），做到"君子一言，驷马难追"。君子应按照诚信的要求处理人际关系，以诚信的原则对待所有人，以使"朋友信之"（《论语·公冶长》）。为此，曾子经常反思自己"与朋友交而不信乎？"（《论语·学而》）孟子着重发展了"诚"的内涵，认为"诚"是自然的规律，"思诚"是君子为人处世的信条。荀子则指出诚信既是君子务求恪守的本然之道，也是君子参与政事的根本之策，"夫诚者，君子之所守也，而政事之本也"（《荀子·不苟》）。最后，在"友善"这一问题上，先秦儒家倡导君子应做到与人为善，人与人之间和谐相处，就能做到"君子敬而无失，与人恭而有礼，四海之内，皆兄弟也"（《论语·颜渊》）。孟子同样将"友善"作为君子的最高德行，"君子莫大乎与人为善"（《孟子·公孙丑上》），君子要符合与人为善的德行，就需要在"仁"的基础上不断地实践择善、向善的行动。"仁者爱人，有礼者敬人。爱人者，人恒爱之；敬人者，人恒敬之。"（《孟子·离娄下》）关爱他人、以礼待人、尊敬别人等这一系列的行为要求都集中体现了君子人格中对"友善"价值观的阐述和重视。总体来看，先秦儒家君子人格为大学生个人层面的社会主义核心价值观提供了丰富的思想内容，这些思想内容在当前仍然是加强公民道德建设的重要方面，也是符合时代要求的价值准则。

(二) 君子人格思想为实现伟大"中国梦"提供文化动力

2012 年，习近平在参观《复兴之路》展览时第一次阐述了中国梦：实现中华民族伟大复兴，是中华民族近代以来最伟大的梦想，是每一个中华儿女的共同期盼。① 在十二届全国人大一次会议上，习近平再次提到中国梦："实现中华民族伟大复兴的中国梦，就是要实现国家富强、民族振兴、人民幸福。"② 在中共中央政治局第十二次集体学习时，习近平又进一步强调：中国梦是中国人民和中华民族的价值体认和价值追求，意味着每一个人都能在为中国梦的奋斗中实现自己的梦想，意味着中华民族团结奋斗的最大公约数。③ 习近平的一系列表述，指出了中国梦的内涵和本质：中国梦是国家梦、民族梦和个人梦的内在的逻辑统一；强调了实现中国梦的现实途径：依赖每一个公民的不懈奋斗和奋发有为；揭示了实现中国梦的价值指向：为人民谋幸福、谋发展。

中国梦是现实的、是未来的也是历史的。我们说中国梦是历史的，并不是说中国梦早在几千年前的历史时期既已形成，而是说中国梦具有悠久的历史渊源，这一渊源的具体形态就是中华优秀传统文化蕴含着的实现中华民族伟大复兴的精神养料。恰如习近平指出的，凝聚亿万中华儿女的，是在历史传承中"我们共同培育的民族精神"④，笔者认为，君子人格思想也是培育我们共同坚守的"民族精神"的思想基础之一。

任何个人都是社会中的个人，都必然与他人、与社会发生关系，"鸟兽不可与同群，吾非斯人之徒与而谁与?"(《论语·微子》)"力不若牛，走不若马，而牛马为用，何也? 曰：人能群，彼不能群也。"(《荀子·王制》)因此，如何理解和处理个体与群体的关系就成了我们不得不思考的一个重要问题，先秦儒家关于这一问题的思考肇始于孔子，对这一问题的认识是以"群己之辩"的命题展开的。在"群己之辩"的讨论中，第一就是要对"群"与"己"做出区分，并为个体的存在寻找合理的价值；第二就是协调群己关系，促进群与己状

态的优化。

先秦儒家首先从道德修养的角度出发，肯定了个体的主体性价值，"古之学者为己，今之学者为人"（《论语·宪问》），因为"为己"是从主体性的角度出发对自身不断完善的积极行为，"为人"则是以迎合他人为出发点的消极行为。同时，就自我的完善过程看，孔子认为主体起着主导性的作用，个体对完善自我的目标追求及其努力程度完全取决于自身的选择，也就是"君子求诸己，小人求诸人"（《论语·卫灵公》）。我们如果说"为己"是从道德修养的目的上肯定了主体的价值，那么"求诸己"则从道德修养的途径上肯定了主体的价值。

先秦儒家对主体价值的肯定，并没有使他们滑向类似西方的"个人中心主义"的陷阱中。这是因为，先秦儒家对"群己"的讨论还建立在对人的"类本质"的认识基础上。这一本质就是以"人性"为基础的道德规定性，诸如，孔子说的"性相近"、孟子的"性善"以及荀子的"性一"等，只有在"类"所限定的社会关系中，个体的道德才得以生成并具有实际意义。因此，"为己"，即个体的道德完善必然要在与他人的联系中得以实现，个体的自我实现建构于普遍的群体原则之上，进而对个体价值的肯定也就不能孤立于同他人的关系之外。从更积极的方面来说，人既然具有普遍的"人性"，个体在完善自我的同时，也应尊重并帮助他人实现自我价值，也就是君子应践行的"己欲立而立人，己欲达而达人"（《论语·雍也》）。立人的前提是立己，要想立人首先要充分承认个体价值，在成就他人的同时，促进自我的进一步完善。立己更高层次的价值在立人，从立己到立人，个体价值的完善得以超越自身而被赋予了群体认同的意味。"立人"再进一步发展，就是君子处理"群己"关系的最终落脚处，即"安人""安百姓"。这样，从对主体价值尊重开始的"修己"，与实现社会安定发展的群体价值得到了有效的统一。

为什么君子能够实现"群己"关系的和谐统一？在于"君子矜而不争，群而不党"（《论语·卫灵公》），"君子周而不比"（《论语·为政》）。"党"和"比"是对"群"的否定和破坏，"党"是将人与人之间的关系囿于小团体的内部，破坏了"群"的内涵的整体性；"比"则是使人与人的交往越出了群体规则的范围，破坏了"群"的关系的正当性。因而，"周"和"比"在本质上是自我中心主义的扩展，君子的"不周"和"不比"则是对这种扩展了的自我中心的超越。在"群己"关系中，先秦儒家一方面肯定了作为"己"的个体价值，又突出了"群"的群体价值。对群体价值的强调并不意味着对个体价值的削弱，君子个体价值在群体中得以彰显的要害就在于君子能够做到"和而不同"。总之，在"群己之辩"中，先秦儒家君子人格体现了个体价值和群体价值的和谐统一。

如果将中国梦的"国家梦""民族梦"作为群体价值的话，那么"个人梦"则是个体价值，先秦儒家关于"群己"关系的认识，贯通了个人与国家、个人与民族，同时也贯通了个人梦与国家梦、个人梦与民族梦。中国梦的实现首先意味着对个体价值的尊重，是每一个人的幸福梦和成功梦，同时也意味着群体价值的实现，是国家的富强梦和民族的复兴梦。先秦儒家君子人格关于"群己"关系的认识，有助于加深大学生对实现伟大复兴"中国梦"的认识，激励广大青年学子为实现个体的人生梦想和群体的共同梦想而努力奋斗。

《易传》云："天行健，君子以自强不息。"刚健有为、自强不息的君子人格，构成了我们民族精神的重要方面，成了中华民族绵延不息的思想基础和永不枯竭的精神动力。孔子说："发愤忘食，乐以忘忧，不知老之将至云尔。"（《论语·述而》）孟子言："夫天未欲平治天下也，如欲平治天下，当今之世，舍我其谁也？"（《孟子·公孙丑下》）这都是在强调这种锐意进取、孜孜不倦的自强不息的奋斗精神。中国近代百年的历史，既是中华民族阅尽苦难、受尽屈辱的历史，也是中国人民不屈不挠、抗争崛起、励精图治的历史。在自强不息的伟大奋斗精神感召下，中华民族实现了民族解放和国家独立，中国共产党把一个半殖民地半封建的旧中国变成一个社会主义的新中国。新中国成立后，特别是改革开放以来，中华民族自力更生、艰苦奋斗，中国共产党更是把一个经济文化落后的国家建设成了一个社会主义现代化国家。新的时代条件下，大力弘扬刚健有为、自强不息的君子人格，能够激发大学生担当时代责任的历史使命感，能够锤炼大学生勇于砥砺奋斗的内在精神品格，从而更好地激励大学生努力为建成社会主义现代化强国、为实现第二个百年奋斗目标不懈努力。

此外，实现中国梦与促进人的自由全面发展也是辩证统一的，在建设中国特色的社会主义的今天，实现中国梦为人的自由全面发展提供了经济基础和制度保障。反过来，人的自由全面发展又为实现中国梦提供了精神动力和人才支撑。子曰"君子不器"，借鉴君子人格这方面的思想内涵，能够为大学生的个人发展提供丰富的内容和清晰的目标，能够为高校培养德智体美劳全面发展的社会主义建设者和接班人提供丰厚的文化滋养。

第四章

先秦儒家君子人格思想融入
大学生道德教育内容

先秦儒家君子人格思想是中国传统文化对塑造理想人格的最具代表性的理论，是几千年来国人的精神图腾和文化象征，指引着社会大众努力向成为一个有德君子的理想目标不断迈进。胡适言："孔子指出一种理想的模范，作为个人及社会的标准，使人'拟之而后言，仪之而后动'。他平日所说'君子'便是人生品行的标准。"① 君子人格内涵丰富，包括多重道德意蕴。先秦儒家君子人格思想中包含的道德条目的精华，经现代诠释，可以为丰富和拓展大学生道德教育的内容做出积极贡献。

第一节　君子人格思想蕴含的道德内容

总体而言，君子人格思想蕴含的道德内容十分庞大，彭彦华将君子人格的内涵概括为"仁、义、礼、智、忠信、勇、中庸、和而不同、文质彬彬与自强"② 十方面。上述概括虽较为全面地展示了君子人格所统摄的道德内容，但忽视了君子人格不同的目的层次性。有鉴于此，笔者认为可以从考察君子人格不同道德内容的道德功能出发，从个体、社会和国家三个层面对其众多的道德内容进行区分。君子人格是个体修养身心的道德目标，是构建理想社会关系的价值标尺，是涵养家国情怀的精神源泉，同时，这三个层面又是相互联系、相互贯通的整体。君子人格蕴含的这些道德内涵，在现代社会，仍然具有提升个人道德修养、完善社会价值体系以及激发爱国为民情怀等重要的作用。

---

① 胡适. 中国哲学史大纲［M］. 北京：东方出版社，1996：86.
② 彭彦华. 君子人格的诠释及共现实价值［J］. 孔子研究，2019（3）：53-65.

一、杀身成仁、舍生取义的个体道德

孔子赞赏周代所创立的礼乐制度，"周监于二代，郁郁乎文哉！吾从周"（《论语·八佾》），但孔子却生活在一个"礼崩乐坏"的时代，当时的社会现实是"天下无道""礼乐征伐自诸侯出"，周天子丧失了天下共主的地位，周代所创立的文化制度与周礼所施行的"仁政"逐渐失去效力。孔子愤慨于诸侯的僭越行为："八佾舞于庭，是可忍也，孰不可忍也。"（《论语·八佾》）并认真思索了周礼不行的原因，其根源在于"名不正，则言不顺。言不顺，则事不成。事不成，则礼乐不兴"（《论语·子路》）。为此，要想达成"名正言顺"的"有道"社会，孔子认为就是要实现"君君、臣臣、父父、子子"这一无所不包的社会关系的有序安排和良性运转。社会关系的核心是参与社会活动的个体，因此"正名"的落脚点就在"正人"。关于如何"正人"，孔子说："其身正，不令而行；其身不正，虽令不从"（《论语·子路》），在"正人"这一问题上，孔子认为其关键或者说是发轫之始就在"正己"。因此，在孔子那里，个人道德修养的提升和个人道德品性的锤炼成了解决社会问题和政治问题的根本途径。

孔子开创了儒家学说关于人的道德品格何以无限升华的讨论方向，恰如张岱年指出的：孔子首创了关于人生最高准则的理论——人生理想论，而"人生理想论，实是中国哲学之核心部分"①。梁启超也认为"儒学一切学问专以'研究人之所以为人者'为其范围，儒家舍人生哲学外无学问，舍人格主义外无人生哲学"②。先秦儒家对个体道德理想的探讨奠定了中国传统伦理思想发展的方向，亦成为陶铸中华民族精神的重要思想源头。

君子含义的历史演进，我们知道，孔子使君子内涵由对"有位者"的特称真正转向了对"有德者"的统称，并确立了先秦儒家人格思想的新形象、新典范。当然，孔子所论及的人格包含了小人、士、善人、君子以及圣人等不同的层次，不同的层次又对应不同的道德要求。但在孔子看来，圣人终究是一种距离现实的人伦日用相去甚远的完美的道德境界，不可能作为一种普遍性的道德人格被社会大众接受和达到，孔子说："圣人，吾不得而见之矣，得见君子者，斯可矣"（《论语·述而》）。在先秦儒家诸子看来，君子人格能成为世人安身

---

① 张岱年．中国哲学大纲［M］．北京：商务印书馆，2015：133.
② 梁启超．梁启超论清学史二种［M］．上海：复旦大学出版社，1985：69.

立命的根本追求，能成为个体道德修养的现实参照，之所以如此，就在于君子人格所涵括的重要内涵被赋予了现实的可能性。

君子人格作为个体道德修养的第一层合理内涵就是它发掘和强调了"仁"这一普遍性的人性心理原则，赋予了"仁"作为君子人格最本质的规定。"仁"之所以能成为一种普遍性的心理原则，就在于"仁"是天赋的特性，是道德主体的内在属性。"'仁'既是人类共有心情之自然流露""所以仁不仅仅是一条人人应有之道，而且是一件人人可能之事"。① 孔子说："仁远乎哉，我欲仁，斯仁至矣"（《论语·述而》），"为仁由己，而由人乎哉？"（《论语·颜渊》）仁之能行，既不依赖"天"与"神明"等外部条件，也不需要他人施加被动的影响，而完全在于主体对自身固有之"仁"的体认和发挥。这样，"仁"作为普遍性的概念，使人作为道德主体成为可能，人的道德价值在于对"仁"的不断追求。另外，"仁"又是一种具体的、个体的道德实践。"仁"不是一种纯粹思辨的形而上的理论体系，更不是一种神秘化的宗教学说，其本质上是对君子人格道德行为的实践要求，"君子无终食之间违仁"（《论语·里仁》），这是要求君子在人伦日用中坚持对"仁"的恪守。"无求生以害仁，有杀身以成仁"（《论语·卫灵公》），则是在面临生与死这种重大关口时，对"仁"的实践性提出的最高要求。在结构上，"仁"既是普遍的又是具体的，之所以如此，就在于"仁"既是君子所共同追求的理想的精神状态，同时，它又是道德个体达成君子人格的具体的行为要求，当具体的个体行为符合抽象的普遍理想时，"仁"才得以真正实现。就主体而言，"仁"实现的过程，客观上完成了道德认知和道德行为的内在统一。

那么，"仁"如何落实呢？关于这个问题，我们可以从先秦儒家关于"仁"的最直观的阐发来寻找答案。"樊迟问仁，子曰：'爱人'。"（《论语·樊迟仲弓问仁》）孟了说"仁者爱人"，又说"仁之实，事亲是也"（《孟子·离娄上》）；荀子则说"仁，爱也，故亲"（《荀子·大略》）。先秦儒家关于"仁"的最重要的内涵无疑是"爱人"，而君子"爱人"不是建立在空中楼阁上的主观生发，它首先是基于现实的血缘关系的自然表达。"爱人"坚实的道德情感的基础就在于"爱亲"，而"爱亲"是本之于人的社会属性的必然结果，所以孔子才说"君子务本，本立而道生。孝弟也者，其为仁之本与"（《论语·学而》）。同

---

① 钱穆. 中国思想史［M］. 北京：九州出版社，2017：13.

时，人的社会关系并不局限于血缘亲属，"爱人"也自然由"爱亲"扩展到"爱他人"，"夫仁者，己欲立而立人，己欲达而达人。能近取譬，可谓仁之方也已"（《论语·雍也》）。

当然，这种由血缘关系的"爱亲"向非血缘关系的"爱他人"的推衍，实际上爱的程度是由近及远逐渐减弱的，这与墨家所主张的"兼相爱"的均等的、同质化的、普遍的爱是有着根本的区别的。然而，这种有等差的人与人之间的爱，却恰恰满足了人性的现实需要，具有践履的可能和实践的基础，从而才能在现实生活中发挥作用，进而更合理、更有效地促进了日常生活中人们对君子人格的不断追求，为个体德性的扩充提供了坚实的基础。

君子人格作为个体道德修养的第二层合理内涵，它确立并推动了"义"这一根本性的为人的价值原则。朱熹曾经说过"义利之说，乃儒者第一义"（《与延平李先生书》），可见义利之辨在儒家学说中的重要地位。在先秦儒家看来，义，即"宜"，是合宜的道德行为，是君子行动的必然选择，而利之所指更多的是那种从功利性出发的个人的私欲、私利。在具体处理"义"与"利"的关系上，《论语·里仁》里说"君子喻于义，小人喻于利"。对义利关系的处理和取舍是划分"君子"和"小人"的重要标尺，这一尺度也从根本上规定了人们的价值取向。同样，孔子还说"君子义以为质"（《论语·卫灵公十五》）、"君子义以为上"（《论语·阳货》），更进一步明确，君子在本质上就是要遵循"义"的道德要求，把"义"看作最高的行动准则，从而在道德实践中做到"君子谋道不谋食""君子忧道不忧贫"（《论语·卫灵公》）；在道德信念上坚守"不义而富且贵，于我如浮云"（《论语·述而》）。

此后，孟子继续向着"重义轻利"的方向发展，梁惠王问孟子："叟！不远千里而来，亦将有以利吾国乎？"孟子答曰："王何必曰利？亦有仁义而已矣。"（《孟子·梁惠王上》）孟子还说"生，亦我所欲也；义，亦我所欲也。二者不可得兼，舍生而取义者也"（《孟子·告子上》）。孟子在其"心性论"的基础上，回答了"义"之所出"羞恶之心，义也"（《孟子·告子上》），又说"君子所性，仁义礼智根于心"（《孟子·尽心上》）。在孟子看来，"义"作为正确处理道德和利益关系的最高准则，既是一种外在的应然标准，又是内在于道德主体的本然属性。荀子同样将对"义""利"关系的处理作为划分君子与小人的价值标准，在"义"与"利"的取舍面前，肯定"君子之求利也略"（《荀子·修身》）的价值取向，实践中做到"唯仁之为守，唯义之为行"（《荀子·不苟》），最终达到"畏患而不避义死"的境界，并以小人之例与之形成鲜明对比："惟利所在，无所不倾。"（《荀子·不苟》）

当然，先秦儒家并没有拒斥人们对合理的利益的追求，并且，"义"与"利"也并非截然相对的、不可调和的矛盾。孔子说"富与贵，是人之所欲也""贫与贱，是人之所恶也"（《论语·里仁》）；孟子指出"民非水火不生活"（《孟子·尽心》）；同样，荀子也认为"好利恶害，是君子、小人之所同也"（《荀子·荣辱》）。在这些表述中，先秦儒家肯定了"利"对人的重要意义：对"利"的追求不仅是人趋乐避苦的本能反应，而且物质需求对人的生存来说也是必要的而且是合理的，正如马克思说的"人们的奋斗所争取的一切，都同他们的利益有关"[1]。但是，君子所谋之"利"，是对合理利益的诉求，而不是对不合理的额外利益的觊觎，所以对"利"的诉求的合理限度仍然是基于"义"的道德规定性，也就是孔子说的"见利思义""义然后取"以及"以其道得之"等。

二、和而不同、立己达人的社会关系

君子人格对"义利关系"的认识同时构成了调节社会关系的重要内容和基本原则。从本质上说，"义""利"关系就是被规范着的人与人之间的社会关系。"儒学有一个显明的特征，就是让道义论保持着对功利论的优越地位，这是由孔子奠定的。"[2] "道义论"作为一种保证个人利益实现、维护社会秩序运行的理论体系，其存在的实践价值就是要为人与社会的发展提供价值导向，其核心目的是协调社会关系，来实现人与社会的和谐存在。

那么，人对义利关系的处理又是如何合理地规范着人与人的社会关系的呢？毋庸讳言，人是自然属性和社会属性的集合。关于人的自然属性，恩格斯指出："人来源于动物界这一事实已经决定人永远不能完全摆脱兽性，所以问题永远只能在于摆脱得多些或少些。"[3] 关于人的社会属性，马克思说："人是最名副其

---

① 中共中央马克思恩格斯列宁斯大林著作编译局. 马克思恩格斯全集：第1卷 [M]. 北京：人民出版社，1956：82.

② 朱义禄. 儒家理想人格与中国文化 [M]. 上海：复旦大学出版社，2006：42.

③ 中共中央马克思恩格斯列宁斯大林著作编译局. 马克思恩格斯全集：第20卷 [M]. 北京：人民出版社，1971：110.

实的……不仅是一种合群的动物，而且是只有在社会中才能独立的动物。"① 从
人的自然属性出发，为了维持个体的生存和发展，就必然需要对个人利益加以
肯定，对个人利益的肯定也就体现了对个体道德权利的认可；从人的社会属性
来看，个体利益的扩展必有其适当的边界，这个边界就在于个体利益的获得不
能侵害他人的正当利益，从而维持社会秩序的稳定。同时，在人的本质问题上，
马克思一针见血地指出：人的本质"是一切社会关系的总和"②。因此，人的自
然属性从属人的社会属性，个人利益的实现离不开被道德规范着的社会关系的
有序发展。这样，在社会总原则下，"重义轻利"道德价值的实践可能性根植于
人的自然属性，其现实的必要性则源于人的社会属性。因此，先秦儒家对义利
关系的认识，很重要的一方面就在于强调人的实践行为不仅要符合自己的利益
需求，还要符合社会的道德原则，从而保障个体实践行为的有效实现和社会秩
序的良性运转。

先秦儒家代表人对义利关系的处理体现了先秦儒家君子人格在协调社会关
系时的自觉的道德体认，这种认识在本质上仍具有内向的、消极的意味，因为
君子对义利关系的取舍离不开对"义"这一道德秩序的遵守。那么，先秦儒家
君子人格又是如何更积极地扩展自己的道德行为、更主动地构建良性的社会关
系的呢？笔者认为，构成先秦儒家君子人格处理社会关系的另一重要层面就在
于对"和"这一概念的认识和挖掘。

"和"的概念也不是肇端于孔子，早在甲骨文和金文中，就已经出现了对
"和"的阐发和使用，"和"在最初使用时还多指音律上的调和音韵、音声相和
等。比如，《尚书·舜典》云："诗言志，歌永言，声依永，律和声，八音克谐，
无相夺伦，神人以和。"在其使用过程中，慢慢出现了向协调人与人的关系以及
实现事物之间包容和谐的解释方向发展的趋势，如《国语·郑语》说："夫和实
生物，同则不继，以他平他谓之和，故能丰长而物归之。"孔子及其先秦儒家继
承并进一步发展了"和"的这一内涵，使之成为君子人格处理社会关系的一条
积极准则。

---

① 中共中央马克思恩格斯列宁斯大林著作编译局. 马克思恩格斯全集：第 12 卷 [M]. 北
京：人民出版社，1962：734.

② 中共中央马克思恩格斯列宁斯大林著作编译局. 马克思恩格斯全集：第 3 卷 [M]. 北
京：人民出版社，1960：5.

孔子非常重视"和"这一概念,"礼之用,和为贵。先王之道,斯为美"(《论语·学而》),充分肯定了"和"在厘定社会秩序、政治秩序等方面的现实功用和价值。他又进一步说"君子和而不同,小人同而不和"(《论语·子路》)。在孔子看来,君子和小人的又一个重要区别就在于"和"与"同"的不同人际行为模式。"和而不同"是在承认事物之间的差异性、多样化,在尊重个体之间的独立性、多元化的基础上,来把握事物之间、人与人之间的平衡和协调关系。"和而不同"是对人与人之间客观存在的差异性的理解和尊重,是对事物之间既相互联系又相互区别的客观规律的积极体认,是对普遍存在的矛盾的对立统一关系的朴素认识。人们承认不以人的意志为转移的"不同"是追求"和"的前提,离开了"不同"的个体差异性,"和"则失去了凭依的基础。人们对"和"的追求,是差异化的个体实现自身价值的必然结果,因此,君子正是通过对不同个体之间关系的适度把握来获得社会关系的和谐融洽。孟子同样尚"和",他说"天时不如地利,地利不如人和"(《孟子·公孙丑下》),并在"人和"的总体原则下,构建良性的社会关系。

正是在"和"的观念下,在"和而不同"的认识基础上,先秦儒家发展了一系列关于君子如何积极地处理人际关系的具体原则和方法。比如,孔子指出人与人之间应讲求诚信,"与朋友交,言而有信。虽曰未学,吾必谓之学矣"(《论语·学而》),对待他人,要宽厚、恭敬,"君子不施其亲,不使大臣怨乎不以。故旧无大故,则不弃也。无求备于一人"(《论语·微子》),"君子敬而无失,与人恭而有礼"(《论语·颜渊》)。子贡说孔子"温、良、恭、俭、让"(《论语·学而》),也从一个侧面说明了君子人格修养中应具备的几个重要方面。此外,孟子也讲到,与人交往时应以诚相待:"诚者,天之道也;思诚者,人之道也。"(《孟子·离娄上》)在可能的条件下,要积极地给人以劝勉引导:"责善,朋友之道也。"(《孟子·离娄下》)同样,荀子也说君子应该严于律己、宽以待人,"君子之度己则以绳,接人则用曳";要宽忍包容,"君子贤而能容罢,知而能容愚,博而能容浅,粹而能容杂"(《荀子·非相》)。因此,在先秦儒家看来,君子在处理人与人的关系中,从"和而不同"的理念出发,遵从以上具体的原则,并积极地在社会实践中有所践行,就能形成和谐的社会关系。

孔子以"仁"来概括人的本质特征,但"仁"不能孤立存在,它是"人"

的内在完满德性的总括，离开了人，仁就丧失了实体性。此外，"仁"也不能自发地显现出来，它必须存在于人与人之间的各种关系之中，离开了人在社会关系中的行为表现，仁就无法施展开来。先秦儒家认为，"仁"的内核是"爱人"，而"爱人"自然也是调节人际关系的重要方面。那么，何以"爱人"，或者说何以在社会关系中体现"仁"之要求？《论语·里仁》里有这样一段记载："子曰：'参乎！吾道一以贯之。'曾子曰：'唯。'子出，门人问曰：'何谓也？'曾子曰：'夫子之道，忠恕而已矣。'"曾子以"忠恕"作为贯通孔子学说的主线，并将其看作对"仁"的具体运用。冯友兰说："忠恕之道同时就是仁道，所以，行忠恕就是行仁。"①"忠恕之道"就是行仁之方，也是君子处理人际关系的重要途径和具体方法。

何为"忠恕之道"？朱熹说："尽己之谓忠，推己之谓恕。"（《论语集注》）钱穆认为"尽己之心待人谓之忠，推己之心以及人谓之恕"②。"尽己"就是要做到尽心尽力为他人谋事和成事，"推己"就是要能推己及人地理解别人的处境和感受。简单来说，忠恕之道就是尽己推己、将心比心。朱熹又言："忠因恕见，恕由忠出。"（《性理大全书》）"忠"与"恕"相互关联，共同构成了"仁"的实践内容。如果没有"忠"，人不能尽心尽力为人谋事，"恕"便缺少实践的支撑，就不能得到真正的落实；如果没有"恕"，人无法理解他人的切实感受，"忠"便没有了共情的前提，就无法获得预期的效果。因此，"忠必恕，恕必忠，阙一不可"③，所谓"忠恕"，便是在"共情"的基础上，能够设身处地地为他人着想，并尽心尽力成就他人的道德实践行动。冯友兰更进一步说，"'因己之欲，推以知人之欲'，即'己欲立而立人，己欲达而达人'，即所谓忠也；'因己之不欲，推以知人之不欲'，即'己所不欲，勿施于人'，即所谓恕也。实行忠恕即实行仁"。④杨伯峻同样指出，"孔子自己曾给'恕'下了定义：'己所不欲，勿施于人。'这是'仁'的消极面。另一面是积极面：'己欲立而立人，己欲达而达'"。⑤

"忠恕之道"既是君子实现内在完满德性的重要途径，是君子处理人己关系

①　冯友兰. 中国哲学简史［M］. 北京：北京大学出版社，2000：39.
②　钱穆. 论语新解［M］. 北京：生活·读书·新知三联书店，2002：98.
③　程树德. 论语集释［M］. 北京：中华书局，1990：265.
④　冯友兰. 中国哲学史：上册［M］. 上海：华东师范大学出版社，2011：47.
⑤　杨伯峻. 论语译注［M］. 北京：中华书局，2009：16.

的基本道德原则，也是实现和谐社会关系的重要方式，因此，"忠恕之道"在根本上也是一套社会关系准则。首先，"忠恕之道"肯定了交往主体的平等地位，平等是和谐的前提和基础。人如果奉行"忠恕之道"，就要将他人视为人格平等的共同主体，在人际交往中要承认、尊重并维护他者的正当利益，因此，"恕道的本质就在于对他人主体性的尊重"①。其次，"忠恕之道"体现了交往过程中"我"对他者的自觉的责任感，这种责任感可以在一切社会关系中发挥效力。这一责任感的低层次的要求就是，君子不能以损害他人正当利益的方式来增进自己的福祉，也就是君子能够从"己所不欲"来推知他人之不欲。其高层次的表现就是，君子在自我实现的同时应肩负起对别人乃至整个社会良性成长的责任和义务，即是说君子能够从"己欲立""己欲达"扩展至"立人达人"。最后，"忠恕之道"追求的是互利共赢的人际关系模式，这一模式可以有效化解人际冲突和对抗。"人是一种生成的存在、一种共在，是在共在中生成。"② 忠恕之道将我与他人及至整个社会，看作休戚相关的命运共同体，跳出了零和博弈、非此即彼的狭隘认识，将促进自己与他人的同生共长，作为处理社会关系的思维原则和行为准则，从而建构和谐的人际关系。

三、治平天下、仁民爱民的家国情怀

子路请教孔子如何来认识君子，孔子回答说"修己以敬""修己以安人""修己以安百姓"（《论语·宪问》）。刘宝楠就此解释说，"'修己'者，修身也"，"'安人'者，齐家也"，"'安百姓'，则治国平天下也"③，这其实就是《大学》中所言的"修身齐家治国平天下"的要旨所在。同样，王阳明在解说《大学》与孔子"修己以安百姓"的思想联系时说："孔子言'修己以安百姓'，'修己'便是'明明德'，'安百姓'便是'亲民'。"他进一步指出："'明德亲民'一也。古之人明明德以亲其民，亲民所以明其明德也。是故'明明德'，体也；'亲民'，用也；而'止至善'其要矣。"（《大学问》）"修己"是君子道德人格得以生成的主体性的自觉活动，而"安百姓"则是君子人格修养的社会功用。由此，我们对先秦儒家所倡导的君子人格就有了更为全面的认识。

---

① 张起钧. 恕道与大同［M］. 台北：东大图书公司，1988：17.

② 谢军. 责任论［M］. 上海：上海人民出版社，2007：4.

③ 刘宝楠. 论语正义［M］. 高流水，点校. 北京：中华书局，1990：605.

在先秦儒家看来，君子首义在"修己"，以"修身为本"，也就是要不断追求自身德性的完满，不断扩充自己的道德修养。君子人格的挺立，又不仅仅局限于个体道德的完善，孔子说："鸟兽不可与同群，吾非斯人之徒与而谁与？天下有道，丘不与易也。"（《论语·微子》）人的人格的完善终究还是要落实到现实的社会中去，君子对自身品格和人生境界的不断提升，是自我价值的充分实现，但这并非君子人格价值的全部展现，人的价值的完全实现应该是自我价值和社会价值的统一与结合。因此，"修己"只是完成了君子人格修养的第一阶段的功夫，君子之道并不只于此，而是"止于至善"，"至善"就是"安人"与"安百姓"的家国情怀和社会担当。"君子忧道不忧贫""君子谋道不谋食"，君子所忧之道、所谋之道，被赋予了两层含义：一是个体如何得"道"，即完成自身的德性修养；二是如何弘"道"，即承担治国安民的社会责任。

在社会实践中，先秦诸子亦以"安百姓"为己任，以"天下有道"为追求，积极推行自己的社会理想和政治抱负。五十一岁时，孔子在鲁国被鲁定公所用，先后担任中都宰、司空和司寇，帮助鲁国安定内政，期三年，鲁国大治，以至"四方皆则之"。此后，从五十五岁到六十八岁，为拯救天下苍生，孔子与弟子周游列国，一路上在陈有绝粮之困，在宋、匡几遭杀身，后终因其道不行，历卫、曹、宋、郑、陈等国十三载无功而返。孔子早就说"道之不行，已知之矣"，但"君子之仕也，行其义也"的决心始终如一。孟子"后车数十乘，从者数百人"，往来于齐、宋、邹、梁、滕等国，历尽磨难，仍不忘向梁惠王、梁襄王、齐宣王、邹穆公、滕文公等政治人物宣扬自己的理想抱负。荀子也先后游历过齐、秦、楚等国，其间向国君重臣推行治国安邦之道，晚年更是客死楚国。先秦诸子所在意的并非一己得失，而是要肩负起对百姓与国家的社会责任。这种"天下兴亡，匹夫有责"的责任感使君子不敢有丝毫懈怠，在贫贱困厄面前也从不退缩。

那么，从"修己"到"安人"再到"安百姓"的这一层次关系的内在逻辑是什么？或者说"修身立德"与"治国安民"又是如何内在统一于君子的道德人格呢？笔者认为就在于先秦儒家所倡导的"道"。

"道"是中国古典哲学中一个非常重要的概念范畴，追溯"道"的来源，最早见于金文，本义为路，人行之路谓之道。《说文解字》中说："道，所行道也。"之后，道与对上帝、天神的崇拜以及逐渐兴起的天文历法、阴阳五行、方技术数发生联系，产生了与自然和人类社会吉凶祸福紧密相关的"天道"观，认为"天道"与人事相互影响。至春秋时，一部分开明之士，渐不信鬼神及被赋予人格主宰意义的"天道"观念。《左传·昭公十八年》郑国子产说："天道远，人道迩，非所及也。"《左传·昭公二十六年》晏婴又说："天道不謟。"他们否认了"天"与自然和人类社会的吉凶有必然的联系，反对根据天文现象的变化预言人事祸福，进而在天道和人道之间进行了明确界分。此后，老子对"道"的概念做了进一步的阐释和深化，并明确地强调了先天地而存在的"道"的优先地位。在老子看来，"道"是根本之所在，是宇宙天地之所生，"道生一，一生二，二生三，三生万物"（《道德经》），将"道"上升到了一种涵括一切的形而上学的哲理意味。统括地说，老子所言之道还是偏向自然的天之道。

与老子不同，先秦儒家所说的"道"不是自然的"天道"，其着眼点在社会性的"人道"，具体地说就是人的个体道德修养和人的社会理想追求。子贡说："夫子之言性与天道，不可得而闻也。"（《论语·公冶长》）孔子自己也说："谁能出不由户？何莫由斯道也？"（《论语·雍也》）荀子进一步强调："道者，非天之道，非地之道，人之所以道也。"（《荀子·儒效》）我们如果说老子之道是自然本质和自然规律的统一，那么先秦儒家之道则是个体修养和社会理想的统一。

"志于道，据于德，依于仁，游于艺"（《论语·述而》），"笃信好学，守死善道"（《论语·泰伯》），"朝闻道，夕死可矣"（《论语·里仁》），"夫子之道，忠恕而已矣"（《论语·里仁》），"仁也者，人也。合而言之，道也"（《孟子·尽心下》），这些关于"道"的论述为君子树立了崇高的个体修身目标。"齐一变，至于鲁；鲁一变，至于道"（《论语·雍也》），"天下有道则见，无道则隐"（《论语·泰伯》），"道不行，乘桴浮于海"（《论语·公冶长》），"道也者，治之经理也"（《荀子·正名》），这些篇目中所言之"道"，则是君子希望达到的国治民安的社会理想和远大抱负。在个人修身之道和社会理想之道之间，孔子讲"人能弘道，非道弘人"（《论语·卫灵公》），也就是说君子理应坚持道德修养并弘扬道德理想，并以君子的个体理想汇集社会整体理想。这样，在先秦儒家那里，君子"修己"与"安百姓"统一于儒家"人道"理想的内在要求，"士不可以不弘毅，任重而道远"（《论语·泰伯》）。君子人格的要义就是在不断扩充自己道德修养的基础上，积极承担构建理想社会的家国责任。

家国情怀是一个人对自己国家和人民所怀有的深情大爱，是对国家安定、人民幸福的理想追求。君子要自觉承担"安百姓"的社会责任，离不开对百姓的价值认同与情感认可，因此君子家国情怀在政治理想上的投射就是先秦儒家朴素的民本思想。

早在西周初期就已经出现了以"敬德保民"为主旨的民本思想的萌芽，为了证明周代商的合理性，周公等人衍化了"天命靡常"等重要观念，商之所失在"不敬厥德"，丧失民心，"乃早坠厥命"（《尚书·召诰》）。因此，《尚书》等周代典籍中有大量的关于民本思想的表述："民可近，不可下。民惟邦本，本固邦宁"（《尚书·五子之歌》），"民之所欲，天必从之"（《尚书·泰誓》），"天视自我民视，天听自我民听"（《尚书·泰誓》），等等。春秋时期弑君篡政、丧家亡国的事例屡见不鲜，社稷无常奉，君臣无常位，"君"在相当程度上丧失了原先的神圣性和权威性，在这动荡不居的政治社会洗礼下，民本思想日益凸显，并沿着"民意为神意""民为君之本"的方向继续发展深化，"夫民，神之主也"（《左传·桓公六年》），神只不过是民意的体现，是抽象化了的民意，"天生民而树之君，以利之也"（《左传·文公十三年》），从民的主体性出发，民与天地参，君为民之利，以民释君之义，以民范君之行。

先秦诸子继承和发展了商周至春秋时期的民本思潮，并成为之后中国民本思想的源头活水。孔子提倡以"仁"为核心的"德治"，说"为政以德，譬如北辰，居其所而众星共之"（《论语·为政》），为政者应通过道德修养来获得民心。在具体处理人民的关系上，孔子认为社会大众"贫而无怨难"，应该"博施于民而能济众"，使老百姓过上富裕的生活。那么如何使老百姓富裕起来呢？孔子认为很重要的是要做到轻徭薄赋，施惠于民，"宽则得众……惠则足以使人"（《论语·阳货》）。那么，民富之后又当如何？孔子认为应该"教之"，孔子重视对民众的文化道德教化，认为"富而后教"是达到有道之邦的必要手段，通过一系列的教化，就可以民德归厚，从而实现理想的政治社会秩序。

孟子在"性善论"的基础上进一步发展了孔子以仁为核心的"德治"思想，提出了一系列"仁政"主张，将先秦儒家的民本思想推向高峰。孟子说"以不忍人之心，行不忍人之政，治天下可运之掌上"（《孟子·公孙丑上》），此"不忍人之政"即是"仁政"。在"仁政"基础上，孟子最大的贡献就在于明确提出了"民贵君轻"的思想，"民为贵，社稷次之，君为轻"（《孟子·尽心下》），孟子之所以意识到"民贵君轻"，一方面出于他对劳动人民的同情，另一方面在春秋战国激烈的社会变动中，孟子深刻地体察到了"民心向背"的重要性，"桀纣之失天下也，失其民也；失其民者，失其心也。得天下有道：得其民，斯得天下矣；得其民有道：得其心，斯得民矣"（《孟子·离娄上》），民心即为国之大本。那么，怎么才能得民心呢？"得其心有道：所欲与之聚之，所恶勿施尔也。"（《孟子·离娄上》）何为民之"所欲"？在孔子"富民"的思路上，孟子以"民心"为要旨，提出了"制民之产"的主张，因为"若民，则无恒产，因无恒心。苟无恒心，放辟邪侈，无不为已"，"是故明君制民之产"（《孟子·梁惠王上》）；何为民之"所恶"？在孟子看来，那就是在位者的横征暴敛，故此，统治者应该"省刑罚，薄税敛，深耕易耨"（《孟子·梁惠王上》），与民休息，只有这样国家才会长治久安。

荀子虽然认为"人之性恶"（《荀子·性恶》），但通过"礼义"的疏导，就可以有效地遏制人性中恶欲的过度膨胀，其最终落脚处仍在"养人之欲，给人之求"（《荀子·礼论》）。因此，荀子立论的逻辑环节也包含了重要的民本思想。在这一问题上，我们可以说先秦儒家终归路数一致，殊途同归。我们看到荀子也多有关于富民、教民的民本思想的表述。在君民地位的认识上，荀子说"天之生民，非为君也；天之立君，以为民也"（《荀子·大略》），君主不是凌驾于人民头上的主宰，而是为民而设。在君民关系的认识上，荀子认为"君者，舟也；庶人者，水也。水则载舟，水则覆舟"（《荀子·哀公》），人民是统治的根基，统治者对人民的态度，直接关切统治的稳固与否，为此，统治者就要采取一系列富民、教民的具体措施："省刀布之敛，罕举力役，无夺农时"（《荀子·王霸》），"不富无以养民情，不教无以理民性。故家五亩宅，百亩田，务其业而勿夺其时，所以富之也。立大学，设庠序，修六礼，明十教，所以道之也"（《荀子·大略》）。

民本思想作为中国古代政治哲学的一个重要传统，在先秦儒家那里即是其所倡导的君子人格在政治社会层面的逻辑展开，反过来，民本思想的发展深化也为君子人格的实现提供了广阔的政治社会背景。

第二节　德育内容融入

习近平指出"要认真汲取中华优秀传统文化的思想精华和道德精髓""深入挖掘和阐发中华优秀传统文化讲仁爱、重民本、守诚信、崇正义、尚和合、求大同的时代价值"。① 中国传统文化蕴含丰富的道德教育资源，挖掘其中符合时代要求的道德教育内容，可以为充实和完善新时代大学生道德教育提供丰厚的文化滋养。

2019 年 10 月，中共中央、国务院印发了《纲要》，对新时代提升全民道德素养和增强社会文明程度提出了新要求，也为新时代加强大学生道德教育提供了重要价值规范。《纲要》指出要从社会公德、职业道德、家庭美德、个人品德四方面加强公民道德建设，并明确要求将中华传统美德作为道德建设的不竭源泉。君子人格思想体现的国家、社会以及个人层面的丰富的道德追求，蕴含的和合之美、敬业乐群、孝悌为本、仁礼存心等具体的道德内容，既彰显了永恒魅力，又具有时代价值，对其进行继承创新，并推动其与大学生"四德建设"的相融相通，可以为丰富大学生的精神生活和道德实践增添重要教育内容。

一、和合之美与大学生社会公德涵养

斯宾塞说"道德源于普遍的行为"②，因此，加强公德教育体现了对人类社会道德发展客观规律的尊重。《纲要》指出，推进新时代公民道德建设，要"推动践行以文明礼貌、助人为乐、爱护公物、保护环境、遵纪守法为主要内容的社会公德，鼓励人们在社会上做一个好公民"。社会公德，或曰公德，是社会道德体系的重要组成部分，是当前公民道德建设理论和实践的一个重大命题。因此，廓清公德的概念、厘清公德和私德的辩证关系、挖掘君子人格中蕴含的公德要素，可以为理解大学生道德教育与社会公德建设的关系提供理论支撑，为优化大学生社会公德教育提供内容参照。

---

① 习近平. 习近平谈治国理政 [M]. 北京：外文出版社，2014：164.
② 米尔恩. 人的权利与人的多样性 [M]. 夏勇，张志铭，译. 北京：中国大百科全书出版社，1995：54.

（一）社会公德辨析

"公德"作为一个概念被提出，与"私德"作为道德的两个组成部分被加以探讨，要追溯到 1875 年，日本思想家福泽谕吉在他的代表作《文明论概略》中，将"德"做了"私德"与"公德"的区分，他指出"凡属于内心活动的"即为"私德"，"与外界接触而表现于社交行为的"即为"公德"。① 近代中国，梁启超第一个将"公德"与"私德"引入国人的讨论视野中。梁氏从传统的"群"与"己"的观念来区分"公德"和"私德"，他在 1902 年发表的《论公德》一文中说："人人独善其身者谓之私德，人人相善其群者谓之公德。"② 他认为中国传统社会"私德居十之九，而公德不及其一焉"，以致"我国民最缺"公德，因此他呼吁中国应加强"益群""利国"的公德建设。但此文刊出不久，梁启超即无奈地发现，"所谓利国进群之事业，一二未睹，而末流所趋，反贻顽钝者以口实"③。所以，在 1903 年，他又发表《论私德》一文以正视听："欲从事于铸国民者，必以自培养其个人之私德为第一义"，"断无私德浊下，而公德可以袭取者"④。梁启超虽说"公德私德，本并行不悖者也"，但事实上，《论私德》的旨趣仍不离对社会公德建设的重要性的阐释，梁启超之所以在此强调私德，是因为他知道"公德者，私德之推也"，即私德是营建社会公德的必要。

梁漱溟在《中国文化要义》中，提出了"团体生活"的概念，并列举了团体生活包含四个内容，"公共观念""纪律习惯""组织能力"和"法制生活"，并将四点总括为"公德"这一概念。他说："公德，就是人类为营团体生活所必需的那些品德。这恰为中国人所缺乏。"⑤ 当代学人中，对公德与私德问题的研究较多、贡献较大的当推李泽厚，李泽厚在对儒家传统道德资源进行整理的基础上，构造了"宗教性私德"和"社会性公德"两个概念。"宗教性私德"即谓"个体的内心信仰、修养和情感"，大体上就是儒家所说的"内圣"，而"社会性公德"则指"作为社会的外在行为、准则和制度"，相当于儒家的"外王"。⑥ 在李泽厚看来，儒家道德既蕴含了实现个体生命境界的准宗教性的人生

① 福泽谕吉. 文明论概略 [M]. 北京编译社，译. 北京：商务印书馆，2009：73.
② 梁启超. 饮冰室合集（1）[M]. 北京：中华书局，1989：12.
③ 梁启超. 饮冰室合集（1）[M]. 北京：中华书局，1989：118.
④ 梁启超. 饮冰室合集（1）[M]. 北京：中华书局，1989：119.
⑤ 梁漱溟. 梁漱溟全集：第三卷 [M]. 济南：山东人民出版社，1990：67.
⑥ 李泽厚. 论语今读 [M]. 合肥：安徽文艺出版社，1998：7.

追求，又蕴含了厘定"伦理—政治"秩序的社会性的规范法则。不难发现，较之梁启超和梁漱溟两位先生，李泽厚将公德和私德的认识向前推进了一大步。与前两人断定儒学中缺乏公德的思想资源不同，李泽厚认识到了儒家道德中同样包含着公德资源，这一观点显然更加客观准确。同时，梁启超和梁漱溟分别从国家主义和团体主义的立场来界定"公德"，其主张仍在国家伦理的传统认识中打转；李泽厚则把"公德"纳入了社会规则的视野中加以理解，这无疑更加符合现代社会公共道德的内在属性。

近年来，伴随着加强社会公德建设的现实性和迫切性与日俱增，学术界对公德与私德的概念界定及其相互关系的研究与梳理也不断走向深入。比如，罗国杰从道德作用的范围出发指出，社会公德就是人们为了维持正常的生活秩序，所共同遵守的一些最简单、最起码的公共生活准则。① 魏英敏从道德的内化与外化角度主张：作为社会群体的行为标准的群体道德就是公德，作为个体心理素质的个体道德就是私德。② 此外，张建英等学者从较为统合性的角度概言：公德主要是个人以社会成员身份，在公共场域的利他行为中体现的德性；私德主要是个人以私人身份、在私人领域的利己行为中体现的德性。③ 总之，以上学者基于自身不同的学科背景，从不同的角度对公德和私德的内涵进行了界定，虽有差异，但达成的基本共识就是：公德是在"公共生活领域"的社会成员都应遵守的最基本的道德原则、道德规范，而私德则是在"私人生活领域"社会个体所应当努力达到的道德境界、道德水平。前者指向外在规范，后者指向内在德性，"所谓私德是指道德的内在性与个体性，所谓公德是指道德规范性与约束性"④。

实际上，对公德和私德的清晰区分可能仅存于学理研究之中，从根本上说，公德和私德不过是同一个道德的一体两面，现实中，并不存在两个道德。作为一个统一体，私德和公德既能相互促进又能相互转化。一方面，私德和公德能

① 罗国杰. 伦理学 [M]. 北京：人民出版社，1989：217.
② 魏英敏. 关于国民公德建构的思考 [J]. 北京大学学报（哲学社会科学版），1997（2）：25–30，159.
③ 张建英，罗承选，胡耀忠. 公德与私德概念的辨析与厘定 [J]. 伦理学研究，2010（1）：81–86.
④ 张永胜. 对公德与私德关系的思考 [J]. 陕西广播电视大学学报（综合版），2004（1）：32–33.

够相互促进。陶行知说过：不讲私德的人往往都会成为妨碍公德的人，所以"私德更是公德的要本"。① 私德修养是公德建设的必要，假如人人不讲私德，社会公德自然不能建立起来。罗尔斯说社会至善是个体从善的前提，良好的社会公德能为个体追求高尚私德创设条件、提供激励。同时，社会公德本身的强制性又能为私德划定底线，为最低限度私德的实现提供约束和框范。因此，在一个公德沦丧的社会，人们也难以指望自己的私德修养能达到多高的水平。另一方面，私德和公德能够相互转化。人类社会要想有序运行，就必须将个体的内心原则转化为普遍的社会共识或规则，以防止个体行为侵害他人利益或者公共利益。马克思讲，应使私人关系间所遵循道德和正义的准则成为各民族间关系中的至高无上的准则。② 因此，私德推之于外就是公德，即如上文梁启超之言："公德者，私德之推也。"反之，社会公德要发挥作用并使自身成立，就需要每一个社会成员的内心服膺和自觉践履，这实质上就是道德由他律转向自律的内化过程，由是，公德内化于己便是私德。③

（二）君子人格蕴含的社会公德因素

回到先秦儒家君子人格，按照李泽厚的解析，儒家道德教育不仅看重私德，还重视公德，我们说这是符合历史事实的。比如，君子人格倡导的仁者爱人、义以为上、忠恕之道、以和为贵与立己达人等人际交往的道德内涵，由"修齐"到"治平"的以天下为己任的道德理想，以及"忧道""谋道"的社会化的道德追求，无疑是君子人格公德的充分体现。可以说，私德与公德在君子人格个人的德性涵养和社会的责任担当中得以统一和转化。

"尚和合"是君子人格的重要道德内容，君子人格追求的"和合之美"有三重意蕴：一是实现人与自身、人的身心和谐，修养和谐之自我；二是要实现人与人、人与社会的和谐，构建和谐之社会关系；三是要实现人与物、人与自然的和谐，达到"天人合一"之理想境界。君子之"和"，是从个人心性之"和"外推的，由己及人，从小到大，渐次达到人际之"和"、家国之"和"、人类之"和"，至天人之"和"。君子人格的这一道德目标为社会公德建设提供

---

① 陶行知. 陶行知文集 [M]. 南京：江苏教育出版社，2008：724.
② 中共中央马克思恩格斯列宁斯大林著作编译局. 马克思恩格斯选集：第2卷 [M]. 北京：人民出版社，1972：134.
③ 廖小平. 公德和私德的厘定与公民道德建设的任务 [J]. 社会科学，2002（2）：57-60.

了直接的价值资源。

从实现人与自身的和谐来看，君子人格是"身心合一"的典范，身与心统一于对道德自我的完善。先秦儒家认为，君子只有以德立身、修身养性，才能充实自己的身心，涵养道德精神。因此，在先秦儒家看来，"仁"这一最高道德境界形成于心、完成于身，任何道德理念都是由内心而生发的，即"仁义礼智根于心"、心为"神明之主"，而任何道德行为也必须通过身的践行，也就是"舍身成仁"。就这层关系，荀子讲得最为透彻，他说："君子之学也，入乎耳，箸乎心，布乎四体，形乎动静"，故而"君子之学也，以美其身"（《荀子·劝学》）。他又说："君子养心莫善于诚。致诚则无它事矣，唯仁之为守，唯义之为行。诚心守仁则形，形则神，神则能化矣。"（《荀子·不苟》）荀子所论说明，通过修养，道德之心就能自内向外地彰显到形体上来，实现身心一致。此外，《郭店楚简·五行》把"仁"写作"悥"，从身从心，并说身与心"和则同，同则善"，这也是先秦儒家身心和谐思想的生动体现。

从实现人际关系的和谐来看，孔子主张"和为贵"，说"君子和而不同，小人同而不和"（《论语·子路》）。君子要实现和谐的人际关系，关键就是要在立德修身的基础上做到"与人为善"。《易经》有言，"地势坤，君子以厚德载物"，就是说君子应效法大地之宽厚和顺，增厚美德以承载万物。在具体的人际交往中，要构建和谐的人际关系，其中很重要的一点就是要做到与人为善，孟子说"君子莫大乎与人为善"（《孟子·公孙丑上》），那么，怎样才能与人为善呢？首先，要恭敬他人、以礼待人。先秦儒家反复强调："君子敬而无失，与人恭而有礼，四海之内，皆兄弟也"（《论语·颜渊》），"隘与不恭，君子不由也"（《孟子·公孙丑上》），"仁者，必敬人"（《荀子·臣道》）。其次，要胸襟豁达，宽以待人。"君子坦荡荡，小人长戚戚"（《论语·述而》），君子应以其坦荡的胸怀自觉做到宽以待人，"躬自厚而薄责于人"（《论语·卫灵公》），"尊贤而容众，嘉善而矜不能"（《论语·子张》），"君子贤而能容罢，知而能容愚，博而能容浅，粹而能容杂"（《荀子·非相》）。最后，要成人之美，乐于助人。"君子成人之美，不成人之恶。小人反是。"（《论语·颜渊》）君子"成人之美"是基于对他者地位的尊重和利益的认可，并能积极地肩负起对他人、对社会的责任。积极担负责任，是建立良好人际关系和有序社会秩序的前提。《礼记》中说"君子贵人而贱己，先人而后己"，这是说君子应当有忘我的

"助人为乐"的奉献精神。子张求教孔子如何成"仁",子曰:"恭、宽、信、敏、惠。"(《论语·阳货》)孔子认为子产具备了君子的四种品德:"恭、敬、惠、义"(《论语·公冶长》),子贡称赞孔子"温、良、恭、俭、让"(《论语·学而》)。恭、敬、宽、信、温、良、俭、让等既是君子的道德品质,也是衡量和规范君子行为的道德标准。如果人人都能恪守这些准则,社会和谐的理想状态也就自然实现了。

从实现人与自然的和谐来看,君子人格以"亲亲—仁民—爱物"为发展路径,从血缘亲情之爱,可以扩展到对自然万物之爱。仁民爱物是先秦儒家和合生态伦理思想的核心。孔子说自己"钓而不纲,弋不射宿"(《论语·述而》),体现了一种尊重自然生命的朴素的自觉;孔子还说"断一树,杀一兽,不以其时,非孝也"(《礼记·祭义》),在孔子看来,作为处理人际关系的"孝"这一道德准则,同样适用于处理人与自然的关系,更是表明了人类应以一种真实的生命去对待一切自然生物。孟子云:君子"亲亲而仁民,仁民而爱物"(《孟子·尽心上》),这里的"物",朱熹解为"禽兽草木"①,意思是君子应对世间万物怀有"仁爱之心",所以"君子远庖厨"(《孟子·梁惠王上》)。君子之所以应"仁民爱物",是因为自然界之生命实体都拥有内在价值和自己的权利②,先秦儒家同样有此论:"天之生物也,使之一本"(《孟子·滕文公上》),这"一本"之价值根源皆为天之赋予,即"天人合一",人与自然是一种和谐共生的关系。因此,人类应认识到人和自然万物的平等性,意识到自然生物的内在价值并给予足够的尊重,做到"仁者,以天地万物为一体"。

关于"天人合一"的生态观,《易经》中说"乾道成男,坤道成女。乾知大始,坤作成物",明确指出大自然实乃孕育人类生命的本源。孔子说"四时行焉,百物生焉,天何言哉"(《论语·阳货》),人与万物之生成和运行都是自然规律和自然法则使然。《中庸》说"万物并育而不相害",为了维持天与人的和谐,孔子认为君子应"知天命""畏天命",也就是要在认识自然的基础上敬畏自然。孟子指出君子应"尽心""知性"以"知天",来达到《中庸》中"与天地参"的境界。"天人合一"的理念落到具体的实践,有两方面:一方面,应

---

① 朱熹. 四书章句集注 [M]. 北京:中华书局,1983:263.

② REGAN T. The Case for Animal Rights [M]. Berkeley:University of California Press,1984:243.

从人自身做起，克俭节用、克制欲望，防止人对自然的过度侵害、对资源的无度消耗。孔子曰"节用而爱人"，孟子讲"养心莫善于寡欲"，荀子说"强本而节用""节用裕民"。另一方面，应采取尊重自然、顺应自然、保护自然的具体行动。《周礼·王制》说"草木零落，然后入山林"，孟子提出"不违农时""斧斤以时入山林"（《孟子·梁惠王上》），荀子也说"圣王之制也，草木荣华滋硕之时，则斧斤不入山林，不夭其生，不绝其长也；鼋鼍鱼鳖鳅鳝孕别之时，网罟毒药不入泽，不夭其生，不绝其长也"（《荀子·王制》）。总之，在认识与顺应自然规律的前提下，人应当合理地利用自然资源，做到"取之有度，用之有节"，来维持生态系统的内部平衡，保障生态资源的可持续发展，实现人与自然的和谐共生。

（三）大学生社会公德涵养

通过以上的讨论，我们可以发现社会公德教育与大学生道德教育的关系包含两方面：一方面，良好的社会公德可以为大学生道德教育提供有利的社会环境，并为大学生的道德成长提供社会基础，很难想象，在一个"道德冷漠"普遍、社会风气败坏的环境中，大学生的道德教育能取得多大的成效；另一方面，社会公德是大学生道德教育的重要内容，大学生既是在校学生，也是社会公民，社会公德同时也是大学生道德教育的重要方面，加强对大学生的公德教育是"立德树人"的根本要求，也是保证大学生形成高尚道德品格的现实需要。深入阐发先秦儒家君子人格蕴含的公德教育的价值追求和普遍原则，既有助于激发大学生道德教育的内生动力，也有助于优化大学生道德教育的外部环境。具体来看，高校应重点做好以下两方面的工作。

一是要挖掘君子人格蕴含的公德教育资源，并予以时代阐发，为涵养大学生公德意识提供文化借鉴。事实上，儒家所提倡的和合之美，至今仍然在人们的生活实践和行为选择中发挥着重要作用，对其进行现代性的阐释和创造性的转化，对形成良好的社会风气和道德氛围，对涵养大学生的社会公德意识具有重要意义。在公共生活中，恭敬歉然、与人为善、助人为乐、成人之美是君子恪守的道德观念。我们将上述道德内容加以阐扬，自觉融入大学生道德教育中，有利于培养大学生与人为善的敦厚心理，有利于塑造大学生理性平和的社会心态。君子人格对"天人合一"的境界的追求，包含了先秦儒家对实现人与自然和谐相处的深入思考，对其进行现代的嫁接，有助于大学生培养热爱自然、珍惜资源、保护环境的自觉意识，有助于大学生深入理解习近平讲到的"绿水青山就是金山银山"的科学论断，有助于大学生树立和践行绿色发展理念。

二是要创设有利于社会公德培育的制度体系，以合理的制度安排引领社会道德风尚和精神文明建设，为大学生公德培育营造良好的社会氛围。罗尔斯说："社会的制度形式影响着社会成员，并在很大程度上决定着他们想要成为的那种个人，以及他们所是的那种个人。"① 在传统社会，"礼"既规定了人们的日常行为模式，也是儒家维持社会道德秩序的一种重要制度安排。在文化多元、价值多元的现代社会，我们更不能仅仅依靠一般的道德约束来确保社会公共秩序的良性运转，还需要合理的强制手段，即公正的制度体系。公德建设离不开国家的制度安排，好的制度可以引导人们向善，为个体的道德修养创设良好的社会环境，因此制定公正的制度是维持公平正义的社会秩序与理想公德水平、理顺公德和私德关系的基本保证。一方面，要构建完善的公德奖励惩戒机制，使突破公德底线者受到相应的惩戒，使模范践行社会公德者得到应有的奖赏，"保证德行是社会的通行证"②；另一方面，要建立社会公德的作用发挥机制，提供便于人们爱国、敬业、诚信、友善等社会公德发挥的制度设计，让社会成员在提升个人道德修养的同时，构建有利于社会发展的公序良俗。

二、敬业乐群与大学生职业道德的完善

高校肩负着培养"时代新人"的重要使命，青年大学生是国家的栋梁、民族的希望，是实现"两个一百年"奋斗目标的中坚力量。习近平指出："当代青年建功立业的舞台空前广阔、梦想成真的前景空前光明。"③ 大学生既是追梦者，也是圆梦人，追梦需要激情和理想，圆梦需要奋斗和奉献。为此，高校就需要帮助大学生树立崇高的职业理想，塑造扎实的职业素养，涵养良好的职业道德，教育引导新时代青年学子担当时代责任，勇于砥砺奋斗。因此，新时代加强大学生的职业道德教育，为大学生点亮理想的灯、照亮前行的路，激励学生自觉把个人职业理想融入国家发展和民族复兴的事业中，来适应社会发展对

---

① 约翰·罗尔斯. 正义论［M］. 何怀宏，何包钢，廖申白，译. 北京：中国社会科学出版社，1988：285.

② 宋增伟. 制度公正与人性完善［M］. 北京：中国社会科学出版社，2010：177.

③ 习近平. 习近平谈治国理政［M］. 北京：外文出版社，2014：176.

大学生职业道德不断提高的要求，这已经成为摆在高等院校面前的紧迫任务。

（一）大学生职业道德教育的重要性

马克思和恩格斯讲道："人们为了能够'创造历史'，必须能够生活。但是为了生活，首先就需要衣、食、住以及其他东西。因此第一个历史活动就是生产满足这些需要的资料，即生产物质生活本身。"① 这里所说的"生产物质生活本身"的活动，随着社会分工的发展就成为人们的职业活动，职业活动是人类社会生活得以发展的重要推动因素。"所谓职业，就是为了满足社会生产和生活的需要，人们所从事的具有一定社会职责的专门的业务。"② 职业身份是人的社会化的体现之一，承担对他人的责任和义务，是人之自我生成的现实必要。离开了社会关系中对他者的责任和义务，个体就会陷入狭隘的"自我中心"的旋涡，人的存在就丧失了社会性的支撑。因此，以社会关系为背景的职业活动是人的生活意义的重要来源，正是在与他人、群体和类的关系中，在社会活动和社会分工中，我们发现意义的所在，并认识到彼此的可贵。为了保证职业活动的效果，发挥职业活动对社会存续和个人发展的重要作用，社会就需要对职业活动的有序运行提供必要的保障，这就是职业道德产生的必要性。职业道德，就是人们在从事职业活动时，出于自身职业特征的需要，所共同遵守的特定的道德原则和行为规范的总和。③

当前，高校扎实有效地开展大学生职业道德教育的意义重大。一是实现中华民族伟大复兴的中国梦的需要。实现中华民族伟大复兴的中国梦，是十分伟大又异常艰巨的事业，需要全体中华儿女在平凡的岗位上锐意进取、勇于创造，需要广大青年才俊在职业发展道路上爱岗敬业、勤奋工作。青年大学生最终要走出校园，奔赴祖国建设的主战场，并将自己所学专业知识运用到社会建设的实践中。良好的职业道德素养有利于大学生正确认识所学专业的社会价值，明确自己步入社会之后所要承担的职业角色，深刻感受自己所肩负的社会责任和历史使命，从而激发为国家富强、民族复兴、人民幸福矢志奋斗的坚定信念。二是落实高校"立德树人"的根本任务的需要。人才培养是高校最主要的职能，

---

① 中共中央马克思恩格斯列宁斯大林著作编译局. 马克思恩格斯全集：第3卷［M］. 北京：人民出版社，1960：31.

② 朱金香，高雅珍，姜根龙，等. 职业伦理学［M］. 北京：中央编译出版社，1997：3.

③ 唐凯麟. 伦理学［M］. 北京：高等教育出版社，2001：387.

高等教育的重要任务就是培养具有高度社会责任感、具有创新精神和实践能力的高级专门人才，高校担负着为经济建设和社会发展提供强有力的人才支撑和智力支持的重要任务。习近平讲道："对当代高校学生，党和人民充分信任、寄予厚望。"① 从人才培养的角度讲，高校对大学生进行职业道德教育，是高校落实"立德树人"根本任务的现实需要。三是促进大学生全面发展的需要。一方面，职业道德教育能为大学生毕业后顺利转变角色做好必要准备。职业道德教育能够帮助大学生明确将来所从事职业的道德要求，帮助大学生形成职业要求的成熟心智模式和综合能力素养。另一方面，职业道德教育能为大学生步入工作岗位之后提供持续发展动力。大学生只有具备了深厚的职业情感、坚定的职业理想、良好职业习惯以及相应的义务感和责任感，才能在职业活动中有所成就，并赢得他人的尊重，进而为大学生长期职业发展提供持续动力。四是教育引导学生培育和践行社会主义核心价值观的需要。就职业发展的目标观和职业选择的价值观来看，马克思指出："在选择职业时，我们应该遵循的主要指针是人类的幸福和我们自身的完美。"② 大学生只有将自己的职业理想深深根植于实现国家发展的广阔舞台和推动社会前进的现实需要中，才能促进个人职业发展目标的实现。此外，社会主义核心价值观在个人层面倡导"敬业"的价值准则，"敬业"是职业道德的核心和灵魂，是加强和完善大学生职业道德教育的最重要内容。

当前，大学生职业道德教育的开展情况及教育效果，却由于认识上的偏差而出现了诸多不尽如人意之处，与职业道德教育的重要地位严重脱节，具体表现为：首先，高校在对大学生职业道德教育认识上存在偏差，高校职业道德教育开展情况不容乐观。人们当前对大学生职业道德教育的认识问题主要表现在两方面：一方面是认为职业道德教育是高职类院校的道德教育内容，其他普通高校没有必要设置；另一方面是干脆认为职业道德教育与高校无关，是社会及各类用人单位的责任。上述的错误认识导致了高校职业道德教育被"边缘化"，甚至出现"荒漠化"：职业道德教育的内容在道德教育中所占比重较低甚至完全空白，面向的对象十分有限且较多集中在毕业年级，教育方式、教育手段单一，多限于课堂讲授。另外，大学生职业道德教育的实效性偏低，大学生职业道德

---

① 习近平首次点评"95后"大学生［N］. 人民日报，2017-01-03（2）.
② 中共中央马克思恩格斯列宁斯大林著作编译局. 马克思恩格斯全集：第40卷［M］. 北京：人民出版社，1982：7.

素养亟待提升。在职业发展规划上，大学生对专业认知度偏低，无法用联系的、发展的、全面的观点来看待所学专业的社会作用，没有形成正确的择业观念和科学的职业理想；在职业价值取向上，出现拜金主义、个人主义、功利主义倾向，对那些待遇优厚的岗位趋之若鹜，对那些报酬相对较低或条件相对艰苦的岗位却敬而远之；在职业道德判断上，观念含混模糊甚至完全错误。一些学生奉献意识弱化，缺乏敬业精神和责任意识。另有学生诚信观念淡薄，签约之后不愿正常履约，不时发生"毁约"现象，工作中稍不如意就辞职、"跳槽"，集体观念和信誉意识不断弱化。

总之，当前对职业道德教育重要性的认识不足，造成高校师生对其重视程度不够，职业道德教育在高校教育体系中显得可有可无、无足轻重，导致其教育效果不佳，这反过来又进一步加剧了师生对职业道德教育的漠视，造成了"重视不够—成效不显—忽视加剧"的恶性循环。

马克思指出："未来教育对所有已满一定年龄的儿童来说，就是生产劳动同智育和体育相结合，它不仅是提高社会生产的一种方法，而且是造就全面发展的人的唯一方法。"① 职业道德教育作为大学生道德教育的重要内容，其教育效果直接影响未来很长一段时期的社会风气。新时代，大学生职业道德教育对人才培养的作用不能仅停留在知识传授的基础教育阶段，而是要从知识补充上升为立德树人，推动职业道德知识传授与能力培养、价值观教育的有机结合，使大学生通过职业道德教育在获得职业道德知识的同时，更重要的是在内心形成正确的职业价值观，培养其自身职业道德的思维方法和思维能力，提高职业道德素养，从而能够独立地去认识世界，在面对职场中可能出现的各种诱惑时能做出正确选择，使新时代大学生职业道德教育真正承担起立德树人的使命。

（二）君子人格对大学生职业道德教育的启发

"爱岗敬业"是大学生职业道德教育的核心，我国自古以来就重视敬业的品格。高校要梳理"敬业"精神传统渊源，做好返本开新的工作，使中华优秀传统文化中关于敬业的道德观念成为建构新时代职业道德的精神资源，有助于加深大学生对爱岗敬业、服务奉献等职业道德内容的认同感，进而提升大学生职业道德教育的实效性。

---

① 中共中央马克思恩格斯列宁斯大林著作编译局. 马克思恩格斯全集：第20卷 [M]. 北京：人民出版社，1971：348.

"敬"不仅是儒家修身、治学的方法，还是儒家认为从事一切工作所应当秉持的基本态度。《说文解字》曰："敬，肃也。"《释名》曰："敬，警也，恒自肃警也。"此后，段玉裁在《说文解字注》里提到："肃者，持事振敬也。"这些释义都指出，"敬"蕴含着做人做事应当秉持恭肃、敬畏的态度。

在传统典籍中，"敬业"最早语出《礼记·学记》中的"敬业乐群"，孔颖达的解释是："敬业，谓艺业长者，敬而亲之。"此后，朱熹进一步阐释道："敬业者，专心致志，以事其业也。"这些论述表明，儒家一直以来就强调对自己的职业要心存敬畏，要严肃认真，显然，传统文化中蕴含了现代敬业精神的思想根基。与现代"敬业"精神相近，先秦儒家提出了"敬事"的范畴，并将其作为一项普遍的道德原则。梁启超解释"敬事"时说："凡做一件事，便忠于一件事，将全副精力集中到这事上头，一点不旁骛。"[①] 冯友兰也有类似的论述："《论语》说'执事敬'，我们做一件事'当心'去做，把那一件事'当成一件事'去做，认真做，即是'执事敬'。"[②]

在孔子看来，首先，"敬事"是君王治国理政的基本要求："道千乘之国，敬事而信，节用而爱人，使民以时"（《论语·学而》）；其次，"敬事"是君子修身自省的重要方面，"事思敬"是"君子九思"的内容之一（《论语·季氏》）；最后，"敬事"是所有人都应当遵守的内心道德原则，"樊迟问仁，子曰：'居处恭，执事敬，与人忠，虽之夷狄，不可弃也。'"（《论语·季氏》）。荀子以更务实的态度认为敬事与否是决定事业成败的关键，"凡百事之成也，必在敬之；其败也，必在慢之"（《荀子·议兵》），凡事只有秉持"敬"的态度，才能达到理想的效果，"虑必先事而申之以敬，慎终如始，终始如一，夫是之谓大吉"（《荀子·议兵》）。人处事时能做到须臾不离一个"敬"字，事实上也是在修养自己的德性，"恭敬无圹……则通于神明矣"（《荀子·议兵》）。

先秦儒家倡导的"敬事"思想为大学生职业道德教育提供了直接的、丰厚的价值资源。"敬事"思想蕴含了崇敬热爱的职业道德情感、持之以恒的职业道德意志以及勤勉尽责的职业道德行为，这些思想认识和道德观念可以直接作为大学生职业道德教育的现成素材，为大学生职业道德教育提供文化的反思和历史的自觉。更为重要的是，先秦儒家的"敬事"思想为解决当前大学生职业道

---

① 梁启超. 梁启超全集：第七册［M］. 北京：北京出版社，1999：4019.
② 冯友兰. 三松堂全集：第四卷［M］. 郑州：河南人民出版社，2000：441.

德教育实效性不佳的问题提供了新的思考方法,具体如下。

敬业在本质上意味着对劳动的崇敬和热爱,敬业的道德观念生成于人的劳动实践,"人生存、发展、自我确证的永恒需要催生了敬重和热爱劳动这一敬业精神的一般本质"①。劳动本质上是人的一种创造性活动,同时,人通过劳动创造了人自身。受到具体的社会历史条件的限制,劳动在多数情况下却只能以"谋生劳动"的特定形式存在。在马克思看来,"劳动的意义仅仅归于谋生的劳动并成为完全偶然的和非本质的,而不论生产者同他的产品是否有直接消费和个人需要的关系,也不论他的活动、劳动本身的行动对他来说是不是他个人的自我享受,是不是他的天然禀赋和精神目的的实现"②。按照马克思的理解,谋生劳动导致了劳动本质和目的的分离,谋生劳动所指向的劳动仅仅是人们谋生的工具性手段,而失却了自由的创造性劳动对人的精神建构的能力。作为一种非本质的活动,谋生劳动忽视了人的内在精神的价值追求,在这一劳动形态中,人的主动性和创造性被抹杀了。这一事实造成的后果就是,职业责任和义务被看作外在于人的职业规范,仅仅是为了达成谋生目的的生硬规则,作为与人对立的强制性要求自然无法内化为人们的职业操守,更与人的品德修养无关。这样,"敬业"的价值观念亦无法上升到人的自觉的、精神性的追求,而只能处于"一种他律的职业道德"的阶段。"他律时期的职业道德是低级的、不完善的道德。职业道德他律需要向职业道德自律升华。"③ 这也就是当前大学生职业道德教育不能取得预期效果的深层次原因。

先秦儒家对"敬事"的认识从一开始就很好地解决了职业道德中自律性和他律性的紧张与冲突。先秦儒家认为,敬事是提升内在德性的重要途径,与修身密切相关,梁启超说:"做一种劳作做到圆满,便是天地间第一等人。怎样才能把一种劳作做到圆满呢?唯一的秘诀就是忠实,忠实从心理上发出来的便是敬。"④ 人把工作做到"圆满",也就是在修养"天地间第一等人"。"人须在事上磨,方能立得住",敬事与心性修养息息相关,前者为后者提供了方便法门,

---

① 李健. 敬业精神的一般本质与历史形式 [J]. 中国高校社会科学, 2015 (2): 27-32, 157.

② 中共中央马克思恩格斯列宁斯大林著作编译局. 马克思恩格斯全集: 第42卷 [M]. 北京: 人民出版社, 1979: 28.

③ 罗国杰. 伦理学 [M]. 修订本. 北京: 人民出版社, 2014: 270.

④ 梁启超. 饮冰室合集: 第五册 [M]. 北京: 中华书局, 1941 (5): 27.

后者为前者提供了内在依据。更进一步说，敬事既是为了提升自我的道德修养，达到"成人"的目的，又是具备了高尚道德情操的人的自由自主的选择，是其内在修养功夫的自然外显，这两层含义在人的价值实现过程中互为因果、圆融无碍。所以，敬事首先是对人的内在价值之关注，并以个体的道德实践功夫作为担保，这是敬事得以实现的内在动力。此种认识对大学生敬业精神的理论建构具有积极意义，只有将"敬业"观念的培养与大学生的内在道德状态相关联，才能激发学生内心的精神动力，进而保证大学生能够依据一定的职业道德原则和规范自觉地选择和决定行为。

三、孝悌为本与大学生家庭美德教育

《纲要》中指出，"推动践行以尊老爱幼、男女平等、夫妻和睦、勤俭持家、邻里互助为主要内容的家庭美德"，同时强调"家庭是社会的基本细胞，是道德养成的起点"。这说明，家庭美德是公民道德建设的重要方面，同时，良好的家庭道德环境也是促进包括大学生在内的家庭成员道德养成的重要因素。

（一）家庭美德教育阐析

苏联著名教育家苏霍姆林斯基说过："没有家庭教育的学校和没有学校教育的家庭不可能完成造就全面发展的人这一极其细致艰巨的工程。"[1] 日本启蒙思想家福泽谕吉也曾直言，"社会公德之根本，在于家庭私德"，"人人不要忘记这一条大义"。[2] 家庭教育对个体成长具有至关重要的作用，家庭美德教育会成为影响一个人思想道德观念形成的内在图式，奠定其在今后较长时间内道德行为的基本模式，因此，家庭美德教育无疑是个体道德教育的始发站。

家庭作为构成社会体系的最为重要的细胞和单元，是社会得以延续和发展的基础。"家庭是个历史范畴，是人类社会发展到一定阶段的产物。"[3] 作为人类最基本的社会组织，"家庭"从来不是一个静态的概念，随着历史发展进程的逐步推进，人类社会的家庭曾经以群婚制家庭、偶婚制家庭以及一夫一妻制家庭等多种形态出现。家庭的形态经历了一系列变化，但它自产生之初就是一种以姻亲和血缘关系为纽带、连接人之间的最为亲密的关系，是家庭成员身心活

---

① 苏霍姆林斯基. 苏霍姆林斯基选集：第2卷［M］. 北京：教育科学出版社，2001：103.
② 福泽谕吉. 福泽谕吉教育论著选［M］. 王桂，译. 北京：人民教育出版社，1991：107.
③ 陈旸. 马克思主义家庭观及其当代价值［J］. 理论月刊，2013（8）：24-28.

动的重要场所。随着社会的演进，现代家庭被赋予了新的内涵，承担了诸多新的社会功能。现代家庭的存续，不仅是家庭成员寄托情感和获得道德认知的生活共同体，还是家庭成员接受社会化教育的重要载体；现代家庭的运转，不仅承担着生物学上的繁殖功能和经济学上的生产、消费功能，还在社会文化传承以及满足家庭成员精神需求等方面，发挥着其他社会单元难以实现和替代的作用。

在道德教育方面，与社会教育和学校教育相比，家庭美德教育有自己的特点，即它的教育基础性特征和代际传承性特征。

从家庭美德教育的教育基础性特征来看，首先，从个体接受道德教育的时间顺序来看，家庭美德教育是个体道德化、社会化的第一场所。一个人一出生，先接触到的就是自己的父母及其他家庭成员，最先需要融入的就是自己的家庭环境。家庭美德教育在个体道德的形成过程中具有启蒙作用，它是个体道德修养的起点和基础。其次，从不同教育载体对个体道德教育施加影响的持续性来看，家庭美德教育是一个人终其一生都要接收的道德教育。就单个个体而言，随着时间的推移，一个人会经历各种不同的成长、发展环境，但家庭是一个人一生都离不开的生活场所，因此，家庭美德教育在时间跨度上呈现出基础性的特点。再次，从家庭美德在个体各类道德素养中的地位和作用来看，家庭美德是个体发展其他美德的基础。家庭美德在所有的道德要求中具有基础性的地位，家庭美德的道德内容在很大程度上是人类一切社会道德的"底线"，是确保人之为人的最起码的道德原则。一个人如果连最起码的家庭美德都不具备，那他其他的道德品质也难以获得真正的发展。最后，家庭是构成社会的基本单位，家庭美德教育在整个社会道德教育体系中具有基础地位。社会是由千万个家庭组成的，一个社会的道德状况与每一个家庭的道德教育情况息息相关，就国家和社会层面而言，家庭美德教育是提升社会道德水平的基础性因素之一。

从家庭美德教育的代际传承性来看，"模仿"是整个自然界普遍存在的本能行为之一，就人类社会而言，子女的成长首先是从模仿父母的言行开始的。恰如约纳斯（Hans Jonas）所言："每一代都基于自身按自己的方式重复着这种父母的先例。"[①] 父母在与子女的关系中，既有文化意义上的权威性，又有基于血

---

① 约纳斯.责任原理：技术文明时代的伦理学探索 [M].方秋明，译.香港：世纪出版有限公司，2003：97.

缘关系的亲近性，家庭教育为子女的成长奠定了永恒的底色。从社会总体来看，家庭是社会文化传承的重要载体，因此，家庭教育的基本内容并非是由某个家庭凭空创造出来的，它在很大程度上是社会文化的重要组成部分，代际传递是社会文化再生产和保持文化稳定性的重要机制，因此，从社会文化的总体延续性上说，家庭美德教育是社会道德观念得以传承的重要保障。就单个家庭而言，家庭教育的具体内容，会因为时代条件和地域范围等客观因素的变化有所差异，但诸如生活习惯、行为态度和道德面貌等诸多要素以较为稳固的形式延续下来，甚至成为家庭内化了的价值取向，并对家庭成员有较强的约束力。从祖辈到父辈再到子辈，一个家庭在长期的繁衍生息过程中，在代际之间会形成并能自觉维持相对固定的集体行动观念。道德作为社会文化中相对稳固的因素，使家庭美德在代际之间传承的特征更为明显。比如，有学者根据对中国家庭追踪调查（CFPS）数据的分析，发现"世代更迭也难以撬动基于自然血缘情感关系的孝道观念"①。有学者在研究了国内五代人百余年的家庭教育的变迁之后，发现家国情怀、重德崇知、文化习俗等主题在世代更迭中仍被沿袭和保留了下来。②

　　家庭美德教育的基础性启示我们，加强大学生家庭美德教育对促进大学生的道德成长具有源头性和奠基性的重要意义。因此，从家庭美德教育入手，对规范大学生的思想道德行为，提高大学生道德素养，为将来大学生走向职业岗位和融入社会提供可靠保障，为切实加强和改进大学生思想政治教育、构建全方位的德育环境提供必要支撑，为大学生传承和弘扬中华传统美德以及新时代道德规范奠定条件。家庭美德教育的传承性则启示我们，传承良好家风、营造良好家庭教育氛围，对加强大学生家庭美德教育至关重要。在我们国家家庭美德的涵养过程中，家风家教在家庭成员的行为习惯的养成和道德样貌的塑造中具有举足轻重的作用。关于这点，笔者会在后面的章节中专门予以讨论。

　　作为一个完全的私人领域，家庭是一个人展示真实自我的理想场所，因此，与在公共场所的道德表现相比，家庭美德是检验一个人道德状况的试金石。随着社会开放程度逐步增加和文化观念、价值观念日益多元，人们的家庭伦理道德观念发生了深刻的变化，一方面，男女平等、夫妻和睦、孝老爱亲、邻里团

---

① 陈滔，卿石松. 中国孝道观念的代际传递效应［J］. 人口与经济，2019（2）：55-67.

② 贾萌萌，任艺，沈可心，等. 父母责任的代际传承：家庭教育百年回眸：基于50个中国家庭的教育叙事研究［J］. 教育学术月刊，2018（7）：46-54.

结等传统家庭美德仍然是家庭道德的主流；另一方面，社会领域的道德失范问题侵入了家庭道德环境中，并造成了一系列家庭伦理危机。比如，婚姻关系的稳定性下降，感情破裂导致的离婚率增加；家庭暴力、虐待老人等现象时有发生；亲子关系紧张、疏远甚至对抗等问题日益凸显。这些问题不仅从根本上影响了民风世风，危害了社会的和谐稳定，最终亦会限制人的全面发展。因此，深入推进家庭美德建设，不仅是新时期加强社会主义道德建设的必然要求，还是夯实大学生道德教育基础的必由之路。

（二）君子"孝悌"与家庭美德

家庭美德作为中华传统美德的重要组成部分，自古以来便受到人们的高度重视。牟钟鉴指出：当前，加强家庭美德建设，理应传承传统伦理的思想精华，并在传统与现代的结合中做到综合创新，其中，尤其要注重吸收借鉴儒家的家庭伦理资源。① 儒家家庭伦理的核心观念是孝，孝也是现代人最为推崇的家庭美德，这是因为：一是宗法社会虽然已经过时了，但亲情关系具有永恒价值，儒家伦理观坚实的背景是人与人之间的血缘亲情；二是从中西家庭观念的差别来看，西方家庭更注重家庭成员的独立性，更强调父母子女之间的权利、义务关系，中国家庭更注重成员间的团体性，更看重父母子女间的伦理、道德关系；三是从现实必要性来看，我国已进入老龄化社会并处于老龄化不断加深的阶段，家庭应肩负起更多的养老责任，家庭成员应给予老年人更多的情感关怀，发扬"孝老爱亲"传统更有其紧迫性。

就现有文献资料看，"孝"字最早出现于西周恭王时期的铜鼎铭文中，是周人祭祀时向先祖表达敬意的一种礼仪，带有明显的宗教色彩。比如，《尧典》记载舜能做到"克谐以孝"。《尚书·康诰》曰："矧惟不孝不友，子弗祗服厥父事，大伤厥考心。"《大雅·下武》曰："永言孝思，孝思维则。"春秋以降，先秦儒家出于社会发展的需要，对西周原来宗教意味浓厚的"孝"的观念，进行了理性化祛魅，将"孝"由祭祀的礼仪逐步转变为家族家庭的一项重要生活原则，使之现实化和规范化，并进一步赋予了"孝"强烈的伦理意义。随着"孝"社会伦理含义的丰富和发展，这一观念也逐渐成为先秦儒家个体道德修养的重要内容之一。

在先秦儒家看来，"孝"不仅是君子德性的重要方面，还是君子修身立德的

---

① 任文利."儒学与家庭伦理"研究会综述 [J]. 孔子研究，2002（2）：113-118.

起点。子曰:"君子务本,本立而道生,孝弟也者,其为仁之本与。"(《论语·学而》)作为君子立德的根本,行孝尽悌既是对君子具体的道德要求,也是君子修养最高仁德的开始和重要途径。这重关系是如何确立起来的呢?"孝"是本之于血缘亲情的本真的道德情感,是对长辈生育、抚养之情的自然的反馈,履行孝道是一个人的天职,无须施加外在的要求。"仁"则是通过对"孝"这一自然情感的体察、深化和拓展而来的,是对超越于血缘亲情的一切人和物抱有普遍关怀的更为宏大的道德原则,就此而言,"孝"就不仅仅是"仁"的发用,还不单单是"仁"的重要道德体现,从根本上而言,"孝"与"仁"是同属一体的,由"亲亲"而"仁民",由"仁民"而"爱物",孝是一切仁德的源头和根本。此外,君子"治国平天下"的社会道德理想,也是从"修身齐家"的个体道德和家庭道德开始的。"天下之本在国,国之本在家,家之本在身。"(《孟子·离娄上》)在古代"家国同构"的社会政治模式下,家与国在内部构造机制上是同质的,家庭是国家治理的根基。这样,与其说齐家行"孝"是君子远大政治理想的逻辑起点,不如说奉行"孝悌"的过程就是君子实践"治国平天下"的社会道德理想的一部分。因此,通过"孝悌"这一日常生活原则,个体的道德修养、家庭伦理道德与社会道德理想、政治伦理规范实现了有效的衔接,前两者与后两者在本质上无异,只在范围上有所区别而已。故而,孝"是实现仁爱唯一可靠的制度性保障,是仁心养成的发生学条件"①。

先秦儒家从多角度对"孝"作为君子之德的重要方面进行了构建和阐发。孔子首先将"孝"的适用范围定位于家庭和宗族之中,使"孝"与人的日常生活相联系,适合人的自然血缘亲情的表达和安放,表现了人的自然本性。子曰:"弟子入则孝,出则弟,谨而信,泛爱众,而亲仁。"(《论语·学而》)他又言:"宗族称孝焉,乡党称弟焉。"(《论语·子路》)在《论语·为政》中,孔子的三个弟子孟懿子、子游、子夏曾分别向孔子请教何为"孝",孔子的回答阐明了儒家君子"孝"的内涵:"孟懿子问孝。子曰:'无违。'……樊迟曰:'何谓也?'子曰:'生,事之以礼;死,葬之以礼,祭之以礼。'""子游问孝。子曰:'今之孝者,是谓能养。至于犬马,皆能有养;不敬,何以别乎?'""子夏问孝。子曰:'色难。有事,弟子服其劳;有酒食,先生馔,曾是以为孝乎?'"

---

① 李幼蒸. 仁学解释学: 孔孟伦理学结构分析 [M]. 北京: 中国人民大学出版社, 2004: 111.

从这三段论"孝"可以看出，"孝"有两种含义：一是"事死"之孝，也就是在长辈故去之后，应以礼葬之、以礼祭之；二是"事生"之孝，在这两者之中，显然孔子更强调"事生"之孝，君子之"孝"主要体现在对在世长者的态度上的尊重、感恩，物质上、生活上的赡养、照料以及精神上使长者获得愉悦。如何评价一个人是否合乎孝道要求呢？孔子认为有三条标准："父在，观其志；父没，观其行；三年无改于父之道，可谓孝矣。"（《论语·学而》）"孝哉闵子骞！人不间于其父母昆弟之言。"（《论语·先进》）"菲饮食而致孝乎鬼神……禹，吾无间然矣。"（《论语·泰伯》）这三条标准即一看是否秉承先人遗志，二看别人对其言行的评价，三看是否能做到屈己以奉长。

孟子指出，"天下有善养老，则仁人以为己归矣"（《孟子·尽心上》），所以君子就应当做到"老吾老以及人之老，幼吾幼以及人之幼"（《孟子·梁惠王上》）。荀子曰："事生，饰始也；送死，饰终也。终始具而孝子之事毕，圣人之道备矣。"（《荀子·礼论》）在诸子看来，孝顺父母、尊老敬长是仁德的根本，也是君子之守。当然，先秦儒家也指出，君子孝老爱亲并不是对长辈的一味遵从，重要的是要做到对长辈心理上的敬重和生活上的照料，在长幼关系中要体现父慈子孝的情感互动，"君子之于子，爱之而勿面，使之而勿貌，导之以道而勿强"（《荀子·大略》）。当师长、父母有错疏之处时，君子能做到"当仁，不让于师"（《论语·卫灵公》），"从道不从君，从义不从父"（《荀子·子道》）。

另外，先秦儒家所言的"孝"不仅要求子女对父母要尽孝养和孝敬的义务，孝本身亦有束身寡过、修己以敬的成分。《孝经》中说："夫孝，始于事亲，中于事君，终于立身。""宗庙致敬，不忘亲也；修身慎行，恐辱先也。"《礼记》中也有类似的表述："事天如事亲，是故孝子成身。""孝子如执玉，如奉盈，洞洞属属然，如弗胜，如将失之。严威俨恪，非所以事亲也，成人之道也。"先秦儒家眼里行孝是立身修身、成身成人之要。孟子也把"守身"和"事亲"联系起来，《孟子·离娄上》记载："事，孰为大？事亲为大；守，孰为大？守身为大。不失其身而能事其亲者，吾闻之矣；失其身而能事其亲者，吾未之闻也。"

总之，"孝"不单是对父母的态度问题，还是个体道德修养的重要组成部分。先秦儒家将孝看作成人之道、立德之方，强调行孝即是为己之学，其终极目的在于培养仁德君子。先秦儒家讲如何行孝，也蕴含了立人达人、立己达己的人格修养功夫。整理和挖掘君子人格中孝老爱亲的内在精神，并融入大学生家庭美德教育之中，是当前大学生道德教育的题中之义。

四、仁礼存心与大学生个人品德提升

2014年，习近平同北京大学师生座谈时强调："一个人只有明大德、守公德、严私德，其才方能用得其所。修德，既要立意高远，又要立足平实……踏踏实实修好公德、私德。"[①] 他讲到，劳动、勤俭、感恩、助人、谦让、宽容、自省、自律等品质是大学生应该扎实修炼的道德内容。2018年，他在全国教育大会上的讲话中做出了我国的教育必须把培养社会主义建设者和接班人作为根本任务这一重要论断，其中"德"居于首要地位。这充分说明，大学生个人品德状况不仅直接关系到大学生自身的成长成才，还是党和国家事业后继有人的重要保证。

（一）加强大学生个人品德建设的重要意义

"公民个体道德水平决定着整个社会的道德水平。"[②] 无论是社会交往、公共生活，还是职业生活、家庭生活，这些都离不开个体参与，只有个人品德提升，才会有良好的社会公德、职业道德、家庭美德可言。因此，个人品德在整个"四德"建设中具有重要作用，是社会公德、职业道德、家庭美德的基础。我们就个人品德建设与其他三德建设的关系来看：

首先，个人品德建设为其他三德建设提供"原动力"。"群体活动是个体活动的综合，个体活动是伦理有序化的原动力。"[③] 不可否认，个人品德的形成是反映社会关系的社会公德、职业道德、家庭美德等因素交互作用的结果，但个人品德建设又是其他三德建设的起点。今天暴露出来的诸多社会道德问题，其根源多是个体的个人品德出了问题，从而拖累了其所在生活领域的道德建设。因此，只有抓好了每个公民的个人品德建设，才能使社会公德得到遵守、职业道德得到恪守、家庭美德得到传承。其次，个体道德建设对其他三德建设具有重要的影响作用。马克思指出，个体通过道德活动能够"改变自身也就改变自

---

① 中共中央文献研究室. 十八大以来重要文献选编（中）［M］. 北京：中央文献出版社，2014：7.

② 王立仁. 公民道德建设的基础性意蕴［EB/OL］. 光明网，2002-02-05.

③ 鄢爱红. 品德论［M］. 北京：同心出版社，1999：1.

己的社会"①。一方面，一个社会的多数人的个人品德状况对其他三德建设具有直接的影响作用，社会多数成员的品德状况直接决定了其他三德建设所能达到的水平；另一方面，少数道德典范的道德品行对其他三德建设具有价值导向作用，德国伦理学家弗里德里希·包尔生（Friedrich Paulsen）指出："某一个人的良心可能超越他的时代。"② 那些在个体身上表现出来的突出的道德品质具有很强的示范效应，往往能够引领社会道德发展的方向。相反，单个个体在社会生活领域出现的不道德现象也会对道德产生负面影响。

"国无德不兴，人无德不立。"③ 可以说，我们比历史上任何时期都更接近实现中华民族伟大复兴的中国梦，同时这也赋予了大学生更多的责任、更大的光荣与使命。一是加强大学生个人品德教育对传承中华传统美德至关重要。中华民族传统美德是永不枯竭的道德教育资源，同时，传统美德需要大学生的自觉践行。提高大学生的个人品德修养，有助于让他们获得传承中华传统美德的内在驱动力量，使中华民族传统美德源远流长、发扬光大。二是加强大学生个人品德建设是推进新时代高校道德体系建设的需要。大学生是高校道德建设的主体，推进高校大学生道德体系建设需要以大学生个人品德建设为基础，需要通过以大学生实践活动为主的各种形式来实现，大学生自身的个人品德状况就成了高校大学生道德体系建设的关键因素。三是加强大学生个人品德建设是实现大学生全面发展的需要。大学生个人品德建设有利于大学生立身处世，实现人际关系的和谐，有利于大学生身心健康发展，个人品德建设能够提升思想水平、塑造道德人格、坚定理想信念和锤炼意志品质，推动大学生全面发展。四是加强大学生个人品德建设是培养和造就担当民族复兴大任时代新人的需要。大学生个人品德建设是大学生勤学、修德、明辨、笃实的重要方面，是广大青年学子自觉培育和践行社会主义核心价值观的基础。大学生个人品德建设为实现"中国梦"提供"德才兼备"的人才保障，是培养社会主义建设者和接班人的内在要求。

---

① 中共中央马克思恩格斯列宁斯大林著作编译局. 马克思恩格斯全集：第3卷［M］. 北京：人民出版社，1960：235.

② 鄢爱红. 品德论［M］. 北京：同心出版社，1999：218.

③ 中共中央文献研究室. 十八大以来重要文献选编（中）［M］. 北京：中央文献出版社，2016：3.

（二）君子人格蕴含了大学生个人品德教育的重要内容

中华传统美德是个人品德建设的好教材，大学生的个人品德建设，既要立足现实，增强时代感和使命感，又要植根传统，借鉴中华优秀传统文化特别是儒家思想中的优秀成果，使中华民族传统美德与体现时代要求的社会主义道德观念相融合，来培养大学生高尚的个人品德。其中，君子人格作为儒家个体道德修养的终极目标，其修身思想所彰显的以内在道德自觉为核心的价值范畴和以外在道德自律为精髓的实践范畴，无疑为大学生个人品德建设提供了最为切近、最为宝贵、最为契合的传统道德资源。

《纲要》指出："推动践行以爱国奉献、明礼遵规、勤劳善良、宽厚正直、自强自律为主要内容的个人品德，鼓励人们在日常生活中养成好品行。"细致梳理，我们可以发现，这些道德内容，在君子人格的道德形象中都有着不同程度的体现，具体如下。

就爱国奉献来看，列宁认为："爱国主义是由于千百年来各自的祖国彼此隔离而形成的一种极其深厚的感情。"① 传统文化蕴含了爱国主义教育的重要内容。我们讲过，先秦儒家君子人格"修齐治平"的家国情怀是中华民族爱国主义精神的思想源头之一，君子人格的爱国主义具体表现为一种忠君爱国的基本情感，一种以天下兴亡为己任的忧患意识或社会责任意识，一种为民族利益不惜牺牲个人利益的崇高奉献精神。第一，先秦儒家认为君子应忠君爱国，家国一体，国族同构，在家尽孝，为国尽忠，两者在情感上并无二致，所以《大学》中说"君子不出家而成教于国"。在先秦儒家看来，爱国的直接表现就是忠君，"君使臣以礼，臣事君以忠"（《论语·八佾》），当然，这一"忠"并非"愚忠"，首先，君与臣之间应该体现道德上的平等，即君对臣要以礼待之，"君之视臣如手足，则臣视君如腹心；君之视臣如犬马，则臣视君如国人；君之视臣如土芥，则臣视君如寇仇"（《孟子·离娄下》）。其次，臣要能匡正君的错误，而不是一味盲从君的命令。荀子所言臣应做到"从道不从君"，特别是当"君有过谋过事，将危国家、殒社稷"的时候，臣应通过"谏争辅拂"的方式，抗拒君主的错误命令、改正君主的错误行为，来维护国家利益，只有这样的臣民才能称得上是"社稷之臣也，国君之宝也"（《荀子·臣道》），只有这样做，才

① 对列宁关于"爱国主义"的一处论述的译文的订正［N］. 光明日报，1985-10-25
（5）.

是真正的忠君爱国。第二，君子应有忧国忧民的社会责任意识，要有为国为民谋福祉的远大抱负。《易经》云："君子终日乾乾，夕惕若厉，无咎""君子安而不忘危，存而不忘亡，治而不忘乱"，子曰"君子忧道不忧贫"，君子所关注的并非一己的得失，而是对国家、社会、生民抱有的一种强烈的历史使命感和社会责任感。孔子将以天下为己任的忧患之情付诸实际行动，惶惶奔走于列国之间，最后到了"席不暇暖"的程度。孟子同样认为，君子应树立终身忧患的意识，"君子有终身之忧，无一朝之患也"，孟子为君子的忧患意识注入了强烈的"民本"意味，君子应"忧民之忧""忧以天下"，时时将百姓疾苦、天下安危系于己身。孟子慨叹："如欲平治天下，当今之世，舍我其谁也?"（《孟子·公孙丑下》）君子人格这种"致人己家国于一贯"的情操，对后世爱国主义精神的形成与发展影响深远。第三，君子应有为民族利益而牺牲个人利益的崇高奉献精神。在处理义利关系时，先秦儒家认为"人贵有义"，并指出"义以为上""以义制利"是君子的基本操守。从孔子的"杀身成仁"，到孟子的"舍生取义"，再到荀子的"不可以生而可以死"，这些道德内容，反映在民族意识上，就是当民族和国家的利益与个人利益发生冲突时，个体能自觉地牺牲个人利益，甚至以身殉道。这就是孟子所说的、对后世影响深远的"富贵不能淫，贫贱不能移，威武不能屈"的"大丈夫"的理想人格范型，这一理想人格是中华民族普遍认同的传统文化的精华，并对培养中华民族的浩然正气和爱国主义的高尚情操起到了积极的作用。

就明礼遵规来看，先秦儒家指出，君子应当是仁、义、礼的统一，"夫义，路也；礼，门也。惟君子能由是路，出入是门也"（《孟子·万章下》）。"礼"是君子必须尊崇的准则，"立于礼"是君子之成的重要标志，"君子以守礼为第一要义"①。概括起来看，君子就是内心以"仁"为原则而其外在行为合乎"礼"的要求的人。"礼"首先是个人的行为准则，"人无礼，无以立"，君子的言行应符合礼的标准："非礼勿视，非礼勿听，非礼勿言，非礼勿动。"（《论语·颜渊》）"礼"也是社会规范和国家典制，"国家无礼则不宁"（《荀子·修身》），君子应遵从礼的要求，"温故而知新，敦厚以崇礼"（《中庸》）。当然，"礼"毕竟是由人所设定、制定出来的行为准则和社会规范，而社会规范并不具

---

① 唐凯麟，张怀承. 成人与成圣：儒家伦理道德精粹［M］. 长沙：湖南大学出版社，1999：105.

有自然规律那种铁的必然性，如黑格尔所说："他固然要服从外部权威的必然性和支配，但这与他服从自然界的必然性截然不同。"① 君子之所以崇礼守礼，不仅仅因为"礼"具有外在规范之意，更重要的是，"礼"是君子内在的道德情感的自觉要求。孔子说"人而不仁，如礼何？"，将"礼"落实于"仁"的道德情感，孟子言"辞让之心，礼之端也"，将"礼"落实于"辞让之心"的道德情感上。因此，"礼"的"外部权威的必然性"离不开人的道德良心的支撑，"君子所性，仁义礼智根于心"（《孟子·尽心上》）。君子遵礼行礼，应以内在的真情实感为根基，如关于"孝"，孔子认为"色难"，关于祭礼，"祭如在，祭神如神在"（《论语·八佾》）；关于丧礼，"丧致乎哀而止"（《论语·子张》）等。这说明，在道德实践中，对礼仪规范的遵循，既要重视维护礼仪规范的外在强制约束力，又要注重强化大众对社会规则的情感认同，两者不可偏于一端。

就勤劳而言，学问和修养是君子的立世之本，而学养的获得需要一个不断求索的艰辛过程。《尚书》有言"功崇惟志，业广惟勤"，又说"君子所，其无逸"，所以，勤学善思是君子的一种重要品德。首先，学问的获得需要一个坚持不懈的长期过程，《论语·子罕》中达巷党人称赞孔子"博学而无所成名"，孔子之博学，源于他"学而时习之"的乐学，源于他"三人行，必有我师焉"的善学，更源于他"终日不食、终日不寝"以至于"学而不厌"的勤学，故而荀子告诫大家"君子曰：学不可以已"（《荀子·劝学》）。其次，德性的提升需要勤勉的精神，先秦儒家将勤奋看作一种克服人性弱点的道德理性，将勤奋作为提高人生境界、培养道德品质的重要基础。《大戴·礼记》中言，"君子爱日以学……日旦就业，夕而自省思，以殁其身，亦可谓守业矣"。人的道德修养的提升，既是一个认知、内化的过程，又是一个践履的过程，也就是"博学之，审问之，慎思之，明辨之，笃行之"（《中庸》），要完成这一自我塑造的过程，没有勤奋的精神和持之以恒的品质是不行的。

就善良、宽厚、正直来讲，君子"择善而从"，在《中庸》看来，君子人格的养成，需要"择善而固执之"，荀子同样讲，"积善成德，而神明自得，圣心备焉"（《荀子·劝学》），因此"君子莫大乎与人为善"。君子纯良温厚，《易经》言"君子以厚德载物"，梁启超对此解释说："坤象言君子接物，度量

---

① 黑格尔. 法哲学原理［M］. 张企泰，范扬，译. 北京：商务印书馆，1997：8.

宽厚，犹大地之博，无所不载。"他又说："当其名高任重，气度雍容，望之俨然，即之温然，此其所以为厚也，此其所以为君子也。"[①] 君子"躬自厚而薄责于人"（《论语·卫灵公》），责己甚厚而责人甚轻，有容人之量，故而"君子坦荡荡"，坦荡磊落，处世接物坦然无所芥蒂。君子正直无阿，《荀子·劝学》引用诗经中的一段话，"嗟尔君子，无恒安息。靖共尔位，好是正直"，明确地指出了君子应爱好"正直"的德行。孔子认为"正直"是人立于世的基本品德，"人之生也直，罔之生也幸而免"（《论语·雍也》），此外，《礼记》中也有君子"直而不往"的表述，这些都说明正直也是君子的道德品质。

就自强自律而言，先秦儒家推崇刚健有为、自强不息的积极进取的人生价值观。孔子特别重视"刚毅"的品格，他说"刚毅木讷，近仁"（《论语·子路》），给"刚毅"以极高的评价。孟子认为大丈夫的"浩然之气"，"至大至刚，以直养而无害，则塞于天地之间"（《孟子·公孙丑上》）。朱熹《四书集注》注曰："刚，坚强不屈之意，最人所难能者，故夫子叹其未见。"此后，《易传》发展了孔、孟的思想，提出了"刚健"的概念："大哉乾乎，刚健中正，纯粹精也。"天道刚健，而君子以天为法，故"天行健，君子以自强不息"。此外，先秦儒家还确立了君子"自强不息"的逻辑起点，这一起点就是先秦诸子对人的地位和价值的理性认识。人的地位与价值只有在人与外在于人的力量的对比中，才得以显现出来。外在于人的力量大体有两类：一类是自然力量，一类是超自然力量。与自然万物相比，先秦儒家提出人"最为天下贵"，与超自然力量相比，先秦儒家主张"敬鬼神而远之""知命者不怨天"，人才是中心和目的。

高校是加强大学生个人品德教育的主要力量，从高校角度来讲，将君子修身思想融入大学生的个人品德教育需要高校德育工作者在转变教学观念、丰富德育教材、提高教师素质以及建设校园文化等方面共同发力。一是增强观念认识，奠定融入基础。高校应当从发挥"文化传承创新"的重要功能和落实"立德树人"根本任务的高度出发，从思想上深刻认识君子人格以"仁、义、礼、智、信"为核心的修身精华的当代德育价值，并按照优秀传统文化创造性转化和创新性发展的原则要求，将君子修身思想的精神内涵作为加强大学生个人修身教育的重要内容之一来贯彻落实，引导学生形成立志、勤学、明智、笃行等

---

① 这是梁启超 1914 年在清华大学所作的题为《君子》的演讲中的内容，这段演讲原载 1914 年 11 月 10 日《清华周刊》的第 20 期。

正确的修身方法，切实保证推进大学生个人修身教育的有效性，奠定将君子修身思想融入大学生个人品德教育的认知与实践基础。二是丰富教材建设，打造融入平台。教育部印发的《完善中华优秀传统文化教育指导纲要》明确强调要"把中华优秀传统文化教育系统融入课程和教材体系"①。要在课程建设和教材编纂过程中，自觉加强对以君子修身思想为代表的中华传统美德的继承、发扬，使大学生具备仁者爱人的博爱思想、见利思义的价值观念、知者不惑的求知精神、敬事而信的诚信意识以及博学慎思、克己内省、存心养性等道德践行方法。高校要以君子优秀修身思想为底蕴不断丰富大学生的德育教材内容，不断强化网络思政教育阵地，进一步打造大学生学习优秀传统文化的有力平台。三是提升教师底蕴，优化融入方法。从全员、全过程、全方位育人的原则出发，高校教师应自觉为大学生树立道德榜样。高校教师应成为中华传统美德的积极弘扬者和自觉践行者，优化自身道德认知，提升自身人格魅力。特别是在德育过程中，综合运用君子人格言传身教、启发诱导、以身作则等隐性教化方法，加强与学生的互动，充分发挥学生的自觉性和能动性，激发学生对道德问题的思考和对体道悟道的兴趣。四是建设校园文化，健全融入机制。校园文化具有教育导向和潜移默化功能，它直接影响着学生的价值观念和精神境界。营造良好的校园文化氛围，鼓励大学生诵读传统文化经典，结合一系列以君子修身思想为主题的校园文化活动，在校园精神文化建设中将君子修身思想潜移默化地融入大学生的日常生活。同时构建以教育培养、奖惩制约、队伍保障等为主要内容的长效工作机制，切实保证将君子修身思想融入大学生个人品德教育的工作落实落细。

---

① 完善中华优秀传统文化教育指导纲要［EB/OL］.教育部官网，2014-04-01.

第五章

先秦儒家君子人格思想融入
大学生道德教育方法

第一节　君子人格思想蕴含的道德教育方法

先秦儒家提出的君子人格并不是虚无缥缈、可望而不可即的，而是普通人经过潜心修炼能够达到的现实人格，因此有学者将君子人格称为"众趋人格"。如果成"圣"、成"贤"，是人们理想中追求的最高人格境界，那么，成为"君子"则是人们现实生活中就可以达到的人格修养目标，前者带有高远的理想性，而后者则具有明确的现实可行性。

先秦儒家君子人格思想并非只是告诉世人君子人格应该是什么样子的，或者说并非仅仅展示了君子人格的具体德目，它还提点我们在现实生活中如何才能成为一个真正的君子，即开列普通人修养君子之德的具体路数。那么，如何才能达到理想人格的境界呢？先秦儒家从现实处着眼，构建了关于君子人格修养的一系列方法。这些方法、途径，凝聚了德性涵养的理性认识，蕴含了宝贵的道德教育经验。先秦儒家设定的君子人格的修养途径，实质上也是一套完整的道德教育方法，这套方法体系，既有教育者对受教育者的道德教化方法，也有从受教育者主体性角度出发的自我修身方法。

一、先秦儒家君子人格修养的道德教化法

"儒家者流，盖出于司徒之官，助人君顺阴阳、明教化者也。"[1] 高度重视

---

① 班固. 汉书［M］. 北京：中华书局，2007：333.

教化是儒家思想的一个突出特征。对"教化"这一概念的认识,先秦儒家大致上有两种观点:一种将其与政治相连,认为它是治国理政的根本方略,如《说文解字》释为"教,上所施下所效也"①,作"政教风化"解;一种将其与社会相连,主张它是促进社会成员形成价值共识的人的社会化手段,如《辞海》释"教化"为"教育感化"②。不管从哪方面理解"教化",教化最重要的目的之一就是提高全体社会成员的道德素质,道德是教化的核心,从这一层意义上讲,中国传统的教化就是道德教化。

在中国历史上,孔子首开道德教化思想之先河,他将三代"礼乐之教"这一侧重对生活进行形式规范的教育命题,转变到"成德之教"这一关注生命道德实践的教育命题上来,此后又被孟子、荀子等发扬光大。此外,道德教化的形式多种多样,比如,官方教化、私学教化、家庭教化等,但就其本质来看,都是教育者对受教育者施加的一系列道德教育和引导行为。先秦儒家特别重视这种外在的教育引导对培养君子人格的重要作用,孔子说,"道之以德,齐之以礼,有耻且格"(《论语·为政》),孔子对自己的评价是"默而识之,学而不厌,诲人不倦"(《论语·述而》),"学不厌而教不倦"(《孟子·公孙丑上》),孔门弟子总结了孔子施以教化的四项内容,即"子以四教:文、行、忠、信"(《论语·述而》),孔子主张对待国民应"庶之""富之""教之"(《论语·子路》)。《孟子·梁惠王上》中提出"谨庠序之教,申之以孝悌之义",《孟子·滕文公上》中也强调"设为庠序学校以教之……皆所以明人伦也"。基于通过对受教育者施加积极影响和有针对性的引导来实现道德教育目标的重要作用的认识,先秦儒家提出并实践了一系列道德教化的方法。

当然,先秦儒家之所以重视道德教化,是因为君子人格的养成,既离不开个体内在的主体性作用的发挥,即个体要有成为君子的主观能动性,并愿意采取切实的行动,同时,个体的道德实践活动又要符合一定的外在道德规范,因为如果仅有主体性,一切都以个体的自觉自愿为转移,那么就丧失了价值判断的依据。因此,道德教化也是保障普遍的规范原则得以实现的基本前提。

(一)因材施教法

"材"是指受教育者的材质或资质,而且主要是指先天禀赋不同而造成的个

---

① 臧克和,王平.说文解字新订[M].北京:中华书局,2002:205.

② 汉语大词典编纂委员会汉语大词典编纂处.汉语大词典:第五卷[M].上海:上海汉语大辞典,1990:445.

体身心差异，故而"因材施教"，就是应当从受教育者的"实际情况、个别差异与个性特点出发，有的放矢地进行有区别的教学"①，使每个受教育者"都能扬长避短、长善救失、获得最佳发展"②。"因材施教"是孔子提出的最具特色的道德教育方法之一。程颐说："孔子教人，各因其材。"③ 朱熹注解为："圣贤施教，各因其材。小以小成，大以大成，无弃人也。"④

孔子提出"因材施教"的教育方法有其客观的历史背景。春秋以前"学在官府"，平民几乎没有受教育的机会，至春秋以降，特别是春秋后期，"天子失官，学在四夷"，加之诸侯之间为争霸需要，不拘一格选用各种人才，这为孔子创办私学提供了社会条件。孔子创办私学之后，提出了"有教无类"的教育原则，"自行束脩以上，吾未尝无诲焉"（《论语·述而》）。这就是说只要有求学志向的都可以拜入孔子门下，从而打破了身份地位、家庭财产、国别地域等对教育的束缚和限制。因此，孔子的学生来源广泛、个体差别大，他们不仅年龄不一，出身各异，文化水平、性格特征、学习目的也各不相同。为此，孔子只有从每个弟子的实际情况出发，进行有针对性的教育，才能达到塑造理想人格的教育目的。

孔子提出因材施教的教育方法比古罗马教育理论家昆体良早了五百年，他对因材施教有其独特的见解和做法。比如，孔子主张应根据学生的理解能力和接受能力教授不同的内容，"中人以上，可以语上也；中人以下，不可以语上也"（《论语·雍也》）。教育者应根据学生不同的爱好和特长促进学生的发展，如孔子总结其弟子的专长：颜渊、闵子骞、冉伯牛、仲弓等"德行"良好，宰我、子贡等善于"言语"，冉有、季路等工于"政事"，子游、子夏长于"文学"（《论语·先进》）。教育者应根据学生的性格和个性差异对学生进行不同的教育、引导，"求也退，故进之，由也兼人，故退之"（《论语·先进》）。教育者应根据学生不同的年龄阶段设计不同的教学侧重点，"少之时，血气未定，戒之在色；及其壮也，血气方刚，戒之在斗；及其老也，血气既衰，戒之在得"（《论语·季氏》）。孟子同样注重教育方法的多样化，他明确提出，"教亦多术矣"（《孟子·告子下》）。孟子继承并发展了孔子"因材施教"的教育方法，

① 王道俊，郭文安. 教育学 [M]. 北京：人民教育出版社，2009：228.
② 王道俊，郭文安. 教育学 [M]. 北京：人民教育出版社，2009：228.
③ 朱熹. 河南程氏遗书：卷十九 [M]. 北京：商务印书馆，1935：276.
④ 朱熹. 四书章句集注：论语集注：卷十三 [M]. 北京：中华书局，1983：362.

并使之更加具体化："君子之所以教者五：有如时雨化之者，有成德者，有达财者，有答问者，有私淑艾者。"（《孟子·尽心上》）《荀子·法行》记述子贡之言："君子正身以俟，欲来者不距，欲去者不止。且夫良医之门多病人，檃栝之侧多枉木，是以杂也。"可见，在先秦诸子看来，对不同特点的人，教育者要在充分了解并尊重学生个体差异的基础上，因人施教，方可使其各有所成，充分展现其才能。荀子认为要塑造理想的君子人格，就必须深入了解学生的个性特点，尤其是缺点，并有针对性地进行教育。否则，"未可与言而言"就会"傲"，"可与言而不言"则会"隐"，"不观气色而言"只会"瞽"。他主张教师应根据学生的个体差异，做到"不傲、不隐、不瞽，谨顺其身"（《荀子·劝学》），并采取恰当的教育方法，使"礼恭""辞顺"和"色从"等不同类型的学生，能分别掌握君子修道的宗旨、内容和精义。

值得注意的是，因材施教提倡要根据教育对象的不同特点采取恰当的教育方法，但对教育对象的培养目标和"成人"的标准是一致的，体现了统一要求和差异化培养的辩证统一。先秦儒家人才培养的目标就是造就德才兼备的仁人君子，为了完成这一人才培养目标，儒家将"礼、乐、射、御、书、数"之"君子六艺"作为学生需要掌握的六项基本技能，在教育内容和标准上划定了统一的要求。孟子在灵活施教的过程中，同样主张应坚持一定的标准。他说："大匠不为拙工改废绳墨，羿不为拙射变其彀率。"（《孟子·尽心上》）这实际上是说，成人的标准不可降格以求，不能因为追求理想人格的困难或目标高远而降低要求。从教育的角度来说也是一样的，教育者不能因为学生的个体差异而改变或放弃应有的准则，而是应把张扬个性和适当的统一要求结合起来。

（二）启发诱导法

孔子在世界教育史上首创了启发式的教育方法和理论，孔子说："不愤不启，不悱不发。"（《论语·述而》）朱熹对此有如下解释："愤者，心求通而未得之状也；悱者，口欲言而未能之貌也。启，谓开其意；发，谓达其辞。"（《四书章句集注》）这就是说在教育过程中，只有到了学生努力弄明白而不得的程度才去启发他，使其明其意；只有到了学生心中明白却不能准确表达的阶段才去诱导他，使其言其理。这一教育方法强调了学生主观能动性的发挥，强调了启发主体的内在道德自觉性，是对教学基本规律的深刻洞见和准确把握。在教学实践中，孔子非常善于运用"启发式"的教学方法，把握道德教育的最佳时机。

孔子"启发式"的道德教育方法又包括两种具体的方法，一种是譬喻法，一种是叩竭法。孔子擅于采用实物或譬喻的教学方式来说明抽象的道德概念，如孔子借"松柏后凋"比照坚毅的道德节操，以"北辰"比喻仁德之政，用"草上之风"比征君子德性。又如《论语·八佾》中，子夏请教孔子如何解释"巧笑倩兮，美目盼兮，素以为绚兮"，答曰："绘事后素。"孔子以绘画作譬喻，生动形象地说明了"仁"与"礼"的关系，让学生明白外在的礼仪规范与内心的道德情操应是统一的。《礼记·学记》中讲："故君子之教，喻也。道而弗牵，强而弗抑，开而弗达。道而弗牵则和，强而弗抑则易，开而弗达则思。和易以思，可谓善喻矣。"最好的教育方法就是通过启发引导、督促勉励以及打开思路的方式晓喻他人。

关于叩竭法，《论语·子罕》中有明确的记载："吾有知乎哉？无知也。有鄙夫问于我，空空如也。我扣其两端而竭焉。"《四书章句集注》注解为"叩，发动也""两端，犹言两头"，因此，所谓"叩其两端"，就是通过正、反两叩的对话式教学，来开拓学生的思路、启发学生的思考，并引导学生通过自己的思考来获取解决问题的方法与门径。这与今天我们讲的辩证法有相似之处，受教育者通过对辩证矛盾的两方面的把握，在辩证思考的过程中获得启发、求得正解。《论语·先进》中记载了孔子与子贡的一段对话，子贡问："师与商也孰贤？"子曰："师也过，商也不及。"曰："然则师愈与？"子曰："过犹不及。"子贡让孔子评价子张与子夏谁更贤能，孔子回答说："子张才高意广，所失常在于过之"，"子夏笃信谨守，所失常在于不及"①。子贡进一步问是不是子张的"过"比子夏的"不及"要好些呢？孔子指出"过"与"不及"都是事物的两个极端，都不可取，只有达到中道才为最佳。在这个例子中，孔子以对"过"与"不及"两种极端的叩问，启发子贡去寻求中道的德性。这正是《礼记·中庸》所说的"执其两端，用其中于民"，即"执两用中"的意思。

在重视启发式教育的基础上，孔子还推崇"循序渐进"的诱导式的道德教育方法。颜渊曾称赞孔子说："夫子循循然善诱人，博我以文，约我以礼，欲罢不能。"（《论语·子罕》）孔子之所以能做到"循循然善诱人"，让学生进入"欲罢不能"的学习状态，是因为他认识到学习应当是一个由浅入深、由简到

---

① 钱穆. 论语新解［M］. 北京：生活·读书·新知三联书店，2005：289.

繁、由具体到抽象的螺旋上升的过程，在这个过程中必须遵循一定的规律和顺序，所以孔子说"无欲速""欲速则不达"（《论语·子路》）。《论语·述而》中记述了孔子与子贡的这样一段问答："子贡曰：'贫而无谄，富而无骄，何如？'子曰：'可也。未若贫而乐，富而好礼者也。'子贡曰：'《诗》云：如切如磋，如琢如磨。其斯之谓与？'子曰：'赐也，始可与言诗已矣！告诸往而知来者。'"面对子贡的疑问，孔子并未直接给出问题的答案，而是通过从"可也"到"未若"这样的认识思路，逐步引导子贡去理解君子修身的道德精髓，并最终达到"告诸往而知来者""举一隅以三隅反"以及"闻一而知十"的教育目的。

当然，循循善诱的前提是要在教育者和受教育者之间创设平等对话、自由交流的教育环境。这种情况，在《论语》中多有记载。比如，一次，子路、冉有、曾皙、公西华围着孔子而坐，孔子让他们"各言其志"。谈话一开始，孔子首先表明"以吾一日长乎尔，毋吾以也"（《论语·先进》），意思是我虽然比你们年长些，但切不可因此就感到在我面前说话不便。随后，在学生各抒己见的过程中，孔子也不予干涉，即使学生的见解未免浅陋，孔子亦不过"哂之"，即一笑了之而已，不打断学生的发言，以免挫伤学生的积极性。对不愿发言的曾皙，孔子说"何伤乎"，给予积极的引导和鼓励。待大家发言完毕，孔子对独到的认识及时给予表扬和称赞，既肯定了学生的意见，又表明了自己的立场，通过与学生平等交流，在自然、友好和诚恳的对话讨论中，引发学生对高远之志这一命题的思考。

在君子人格修养的过程中，孟子和荀子也同样重视运用启发诱导的德育方法。孟子认为在道德教育中应充分尊重学生的主体性，发挥他们的能动性和创造性。"君子引而不发，跃如也。中道而立，能者从之。"（《孟子·尽心上》）"引而不发"就是通过引导和控制来进行启发式的教育。在孟子看来，教师的作用主要是启发学生的学习自主性，而不应事事包办；引导学生去主动解决问题，而不是代替学生思考，所以孟子说："君子深造之以道，欲其自得之也。"（《孟子·离娄下》）那么，"君子深造"所"以"之"道"又是什么呢？就是遵循人成长、发展的客观规律，即由浅入深的认识获得过程和循序渐进的道德提升过程。孟子说："源泉混混，不舍昼夜，盈科而后进，放乎四海。"（孟子·离娄下）以水之"盈科而进"，从正面强调教学应当把握循序渐进的原则。孟子讲

"助之长者，揠苗者也，非徒无益，而又害之"（《孟子·公孙丑上》）。他以宋人"揠苗助长"的故事，从反面说明急于求成对为学修身的危害性，即"其进锐者，其退速"（《孟子·尽心上》）。关于启发诱导式的道德教育方法，荀子说："故不问而告，谓之傲；问一而告二，谓之囋。傲，非也；囋，非也；君子如向矣。"（《荀子·劝学》）在荀子看来，教育应做到有的放矢，抓住教学的时机，要待学生有真心求学的意愿，并有所疑惑、能自己提出问题时，才对其进行有针对性的解答。"不问而告"和"问一而告二"，实际上是教师以急躁的心态、强行推动学生学习的表现，此类做法只会使学生陷入被动，反而达不到预期的效果。

（三）身教示范法

身教示范，是指教育者在行动上以身作则、树立榜样，传达教育要求，使受教育者潜移默化地受到感染和熏陶，达到育人目标。在理想道德人格的塑造中，孔子认为身教重于言教，强调教师或是上层统治者，应当以自己高尚的道德情操和人格力量，去影响和教育他人。孔子认为"其身正，不令而行；其身不正，虽令不从"，"苟正其身矣，于从政乎何有？不能正其身，如正人何？"（《论语·子路》）他强调教育者或者统治者应当做到正人先正己，自身不正何以正人，突出了身教示范的重要性。他又说："政者，正也。子帅以正，孰敢不正？"（《论语·颜渊》）为政者行为端正能够做出道德表率，谁还敢不正直行事呢？这说明了身教示范在道德教育中的重要作用。孔子不仅积极推崇并强调身教示范在君子道德修养中的重要作用，还积极践行这一教育原则。比如，在求学过程中，孔子教育弟子应"不耻下问"，虚心向别人求教，孔子以身作则，即使对周礼已经有很深的造诣了，仍能"入太庙，每事问"（《论语·八佾》）。他要求弟子"敏而好学"，自己一生"发愤忘食"（《论语·述而》）。他希望自己的学生能"志于道"，于是，就带着弟子用十几年的时间"周游列国"，推行王道政治。

孟子也十分重视"身教示范"的作用，他继承并发展了孔子"正人正己"的思想认识。他说："吾未闻枉己而正人者也"（《孟子·万章上》），这句话同样是说，立身不正的人是没有办法去匡正别人的。《孟子》中有许多关于"身教示范"的阐发，比如，孟子用射箭来形象说明"正人正己"的道理，"仁者如射，射者正己而后发"（《孟子·公孙丑上》），君子修身犹如射箭，只有立身以正才能把箭射好。孟子用人伦日用的日常生活来阐释以身作则的意义，"身不行道，不行于妻子；使人不以道，不能行于妻子"（《孟子·尽心下》）。自己做到了，约束别人也才具有说服力。孟子用"言传"与"身教"的对比表达了身教重于言传的观点，"仁言不如仁声之入人深也"（《孟子·尽心》），"仁言"指以仁德的言辞进行说教，"仁声"指以仁德之行获得声望，其意是说，用言语不如用行动教人行仁德的功效大，"其身正而天下归之"。所以，在孟子看来，"教者必以正"，教育者只有自己品行端正，才能令学生真心效仿。

荀子特别重视"后天习染"对人的道德修养的重要作用，强调环境对人的重要影响，提出了"注错习俗，所以化性"的观点，荀子认为君子和小人之所以不同，不是本性不同，而是生活习惯和环境影响的不同使然。因而，良好的外部环境具有育人功能，它能够陶冶人们的性情，促使人们更加自觉地遵守道德规范，规范自身的道德行为，从而提升道德修养，塑造良好的道德品格。为了营造良好的外部环境，荀子提出"隆礼重法"的主张。礼法何来？圣贤"化性起伪"则礼仪法度生，"故圣人化性而起伪，伪起而生礼义，礼义生而制法度"（《荀子·性恶》）；礼法何以行之？教师是礼仪法度的解释者和推行者，"礼者，所以正身也；师者，所以正礼也。无礼何以正身？无师，吾安知礼之为是也？"（《荀子·修身》）礼法可以正身，而教师可以释礼，教师在道德教育中的地位可见一斑。由此，荀子明确提出"夫师，以身为正仪而贵自安者"的见解，就是说教师应身为表率，模范践行道德规范，言传身教于受教育者。荀子还从君与民的关系，指出君主德行端正是民德归厚的先决条件，形成了"仪正而景正"的独特的身教示范法，荀子说："君者仪也，民者景也，仪正而景正；君者槃也，民者水也，槃圆而水圆"，"君者，民之原也，原清则流清，原浊则流浊"（《荀子·君道》）。故而，荀子指出："学莫便乎近其人。《礼》《乐》法而不说，《诗》《书》故而不切，《春秋》约而不速。方其人之习君子之说，则尊以遍矣，周于世矣。故曰：学莫便乎近其人。"（《荀子·劝学》）在荀子看来，即使是经典典籍也有其缺陷，只有效法良师，学习君子之学，才能达到品德高尚、知识渊博、通达事理的理想状态。所以说，良师益友的身教示范，是使受教育者养成崇高道德品格的最便捷有效的方法。

总之，先秦诸子都十分推崇身教示范对塑造君子德性的重要作用，认为以身作则不仅是为人师表的基本要求，还是一种效果良好的道德教育方法。教育者通过这种"无言之教",让受教育者获得对道德的直观认识,在潜移默化的熏陶中提升受教育者的道德践行能力,从而实现对理想人格的塑造。

二、先秦儒家君子人格修养的自我修身法

先秦儒家主张"为仁由己",君子理想人格的修养,应当是人们自觉的、主动的道德追求,其根本动力应该主要来自自身而不是他人,故而每个人应该对自己进行塑造,把明辨笃行的优先性赋予自我,以主动的学习思考、不断的自我反思和持续的亲身实践,成就完美人格。

(一)学思并重法

先秦儒家非常重视主动的"学"对道德修养的积极作用,并将其看作自我教育的首要环节。先秦儒家所言之"学",虽然也有一般知识层面的学习,但主要还是指对道德知识的学习,对道德规范的领悟以及对道德行为的效法。此外,在强调要善于"学"的基础上,先秦儒家认为在君子人格的修养过程中,还要进行能动的"思"。受教育者思考的过程,实际上就是受教育者对习得的道德知识,进行自主的接受、吸纳和转化的过程,是道德内容"内化"过程的关键一步。先秦儒家把"学"和"思"看作道德修养过程中密切相连的两个环节,把两者摆在同样重要的地位,提倡在自学与深思中提升道德境界。

孔子认为坚持不懈的努力学习是实现君子人格的重要途径之一。孔子虽然说"生而知之者,上也"(《论语·季氏》),但他在评价自己时说:"我非生而知之者,好古,敏以求之者也。"(《论语·述而》)他认为自己并不是这样的"上智"之人,并称也没有见到过这种人,他说自己不过是通过阅读古代典籍、勤奋求学而获得知识的。因此,"生而知之"只不过是理想,而"学而知之"才是现实可期的目标。所以,他主张"君子学以致其道"(《论语·子张》),只有通过不断学习才能达到君子之道。孔子认为好学是君子人格修养的基本方法,指出了学习对个体道德修养的重要性,他说:"好仁不好学,其蔽也愚;好知不好学,其蔽也荡……好勇不好学,其蔽也乱;好刚不好学,其蔽也狂。"(《论语·阳货》)不仅如此,孔子认为学习是个人立足社会的基本条件:"不知礼,无以立。"(《论语·尧曰》)在强调学习对个人道德成长的重要性的同时,孔子对学习的内容、态度和方法都有过精辟的论述。比如,他讲学习的内容:"君子博学于文,约之以礼"(《论语·雍也》),"子以四教:文、行、忠、

信";（《论语·述而》）讲学习的方法："学而时习之""温故而知新""不耻下问"；讲学习的态度："学而不厌""发愤忘食，乐以忘忧，不知老之将至"等。同时，在孔子看来，学生要想提升个体道德修养，只重视学习显然是不够的，还必须进行有效的思考，因为"学而不思则罔，思而不学则殆"（《论语·为政》）。

黄侃在《论语义疏》中对"学而不思则罔"句解释道："夫学问之法，既得其文，又宜精思其义。若唯学旧文而不思义，则临用行之时罔然无所知也。"康有为于此处感慨说："贵深思之人。"这足见"思"的重要性。孔子说："不曰'如之何，如之何'者，吾末如之何也已矣。"（《论语·卫灵公》）一个人如果仅仅满足于"知其然"，而没有对"其所以然"的孜孜追求，那么很难有显著的成就。因此，他要求学生有独立思考、追根溯源的精神。孔子明确提出了"思"的内容和目标："君子有九思：视思明，听思聪，色思温，貌思恭，言思忠，事思敬，疑思问，忿思难，见得思义。"（《论语·季氏》）"君子九思"是个人在道德修养过程中的一种理性活动，并具体框定了个人道德修养的致思路向：在对自己所学知识进行思考的基础上，对照省察自身的言行，从而形成符合道德要求的观念和行动。

孟子认为："学问之道无他，求其放心而已矣。"（《孟子·告子上》）他明确了学习最重要的目的是进行道德人心的提升，将学习看作明白道德伦理的重要途径。在学习的方法上，孟子讲"博学而详说之，将以反说约也"（《孟子·离娄下》）。他主张学习应该"由博返约"、做到融会贯通，要达到"由博返约"的理想学习状态，首先，需要持之以恒的学习精神。孟子以"掘井"和"山间之蹊"的例子说明学贵有恒的道理。"有为者辟若掘井，掘井九轫而不及泉，犹为弃井也"（《孟子·尽心上》），"山径之蹊间，介然用之而成路。为间不用，则茅塞之矣"（《孟子·尽心下》）。他研究学问譬如"掘井"，如半途而废则终无所得；又如山间小路，如其间或有中断，头脑中就会杂念丛生，就像茅草堵塞山间道路一样。其次，还要有专心致志的学习态度。孟子举"弈棋"的例子说明集中注意力的重要性，"今夫弈之为数，小数也；不专心致志，则不得也"（《孟子·告子上》）。孟子进一步分析指出，大多数情况下，学习效果的好坏并非取决于智力高低，而是由于专心与不专心。孟子继承了孔子关于"思"的认识，并着重发展了"思"的批判性反思的意味。他说："尽信《书》，则不如无《书》"（《孟子·尽心下》），发出"不唯书，不唯上"的空谷足音。要知道，在孟子所处的时代，《尚书》作为儒家经典之一，是有着极其权威的地位的，而对这类权威著作，对儒家传统经典，孟子指出仍要保持独立思考、勇于批判的精神，这显得难能可贵，也足见孟子所言"思"的深度和广度。无怪乎，孟子说："心之官则思，思则得之，不思则不得也。"（《孟子·告子上》）这意在告诫我们只有做到慎思明辨，才能成为仁人君子。

荀子认为学习是化性起伪的重要方式，是道德人格生命培养和完成的重要途径，从这个角度出发，荀子把是否学习看作人与禽兽相区别的重要标准，"为之，人也；舍之，禽兽也"（《荀子·劝学》）。荀子进一步指出，通过学习，人不仅可以"由贱而贵，愚而智，贫而富"，提升自己的素质、改变自己的命运，而且更重要的是可以提升道德境界，为士、为君子甚至为圣人，故而荀子说君子"至尊、至富、至重、至严之情举积此哉"（《荀子·儒效》），意即君子的这些美德都是不断学习的结果。君子经过不断的学习积累，就能做到"君子之学如蜕，幡然迁之"（《荀子·大略》），实现道德修养上的日新月异。荀子关于学以修身的思想集中体现在其《劝学》篇中，在《劝学》一篇中，荀子指出了学习的目的："君子之学也，以美其身"；说明了学习的程序："始乎诵经，终乎读礼"；提出了学习的宗旨："其义则始乎为士，终乎为圣人"；分析了由"闻见"到"知"再到"行"的不同的学习阶段："君子之学也，入乎耳，箸乎心，布乎四体，形乎动静"；确立了终身学习的命题："君子曰：学不可以已""学至乎没而后止也"；讲到了学习的态度："锲而不舍"；等等。在"学"与"思"的关系上，荀子曾说："吾尝终日而思矣，不如须臾之所学也"（《荀子·劝学》），这并不意味着荀子重"学"而轻"思"。荀子此论仍是对孔子"思而不学则殆"意的发展，同样是在强调"有所思"必须以"有所学"为基础，否则"思"就成了无源之水、无本之木，导致精神疲惫而无所得。事实上，荀子同样重视"思"的作用，他说："闲居静思，则通""可谓能自强矣，未及思也"（《荀子·解蔽》），他还说："君子知夫不全不粹之不足以为美也……思索以通之"（《荀子·劝学》），他一样反复强调自主思考对个人道德修养的作用。

可见，在君子人格的修养中，先秦儒家非常重视"学思结合"的方法，"学"是充分占有知识材料，"思"是透彻思考分析问题。学与思是辩证统一的过程，学是思的基础和前提，思是学的发展和深化。孔子说："吾尝终日不食，终夜不寝，以思，无益，不如学也。"如果没有一定的知识材料作凭借，就难以进行有效的思考。反之，"学而不思则罔"，离开了"思"对知识材料的消化吸收过程，学习同样会陷入惘然无所得的尴尬境地。因此，"学思并重"才是行之有效的修身方法，子夏将其总结为："博学而笃志，切问而近思，仁在其中矣。"（《论语·子张》）《中庸》对其进一步阐发为："博学之，审问之，慎思之，明辨之，笃行之。"

（二）克己内省法

古希腊哲学家普罗泰戈拉（Protagoras）有言"人是万物的尺度"，人之所以能高于其他生物，就在于人能以其理性和自觉建构自身的意义世界，依梁漱溟见解就是"人有自觉，有反省，能了解自己，其他生物则不能"①。因此，自我反省是人成为真正的人、社会的人、道德的人的前提。从君子人格修养的角度看，成人的内在意义在于成己，因此，先秦儒家提出了"克己内省"的道德修养方式。"克己内省"就是个体自我修养的成德之法，通过自我克制、自我省察，增强道德主体的自觉性。

在君子人格的修养过程中，人为什么要做到"克己内省"呢？那是因为"成人"之路本身就是一个人从不完美到相对完美的蜕变过程，在此期间，人犯错误甚至误入歧途都是不可避免的，即"人谁无过"。犯错误并不可怕，关键是在认识到错误之后要积极地"改过迁善"，做到"过则勿惮改"（《论语·学而》），因为"改之为贵"（《论语·子罕》）。否则，知错不改则为大错，"过而不改，是谓过矣"（《论语·卫灵公》）。孟子说，"古之君子，过则改之"（《孟子·公孙丑下》），赞扬古代君子知错能改的美好德行；他又说，"子路，人告之以有过则喜"（《孟子·公孙丑上》），称许子路能做到"闻过则喜"，认真听取他人意见，积极改正自身缺点。荀子同样强调要对他人的批评持欢迎的态度："非我而当者，吾师也；是我而当者，吾友也；谄谀我者，吾贼也。"（《荀子·修身》）在儒家看来，多数人并不是天生的完人，都难免有这样那样的过失、错误，所以就需要"克己内省"的方法，使人能及时获得正确的认知，并不断纠正错误的言行，逐步实现理想的人格。可见，"克己内省"既是人不完满性的必然要求，也是推动人不断自我提升的动力来源。

---

① 梁漱溟．朝话：人生的省悟［M］．北京：世界图书出版公司，2010：21.

关于"克己",孔子说"克己复礼为仁"(《论语·颜渊》),孔子认为"克己"是恢复周礼、成就仁德的先决条件。"克"即为"约",如钱穆言:"克,犹剋。有约束义,有抑制义。"① "己"多释为"身",如(宋)邢昺曰:"己,身也"②,其后又引申为"己身之私欲",如朱熹解为:"己,谓身之私欲也。"③ 遵照这一解释,杨国荣认为"克己复礼"就是:"克制自己的欲望,约束自己的行动,回复到原有的礼制范围,这样,才叫做'仁'。"④ 与之相似,杜维明认为"克己"即是"修身",两者在实践上是相同的,讲的都是个人的道德修养。⑤ 刘述先也说:"《论语》中的'克己复礼'明显是讲个人的道德修养功夫,别无异解。"⑥ 概而言之,"克己"以"仁"为内在规定性,以"礼"为外在标准,通过约束自己的情、性、意、欲等,来达到个体由外而内、由表及里、由文至质的言行规范与德性生成的双重培养目标。

"内省"即"反省内求",是指人应当从思想意识、情感态度、言论行动等诸方面深刻地剖析自己、认识自己、评价自己,进而调整和提升自己,这也是先秦儒家提倡的、重要的自我修身方法。子曰:"见贤思齐焉,见不贤而内自省也。"(《论语·里仁》) 见到德行高尚的人,就要努力向他学习、看齐;见到品德低下的人,就应该反省自己有没有类似的错误,做到"择其善者而从之,其不善者而改之"(《论语·述而》)。孔子曾慨叹:"吾未见能见其过而内自讼者也"(《论语·公冶长》),"讼,咎责义"⑦,意思是认识到自己的过失,并能进行自我省察、自我责备。可见,能做到"内自讼"的人必定是能真正检讨自己并自我革新的人,孔子说这样的人并不多见,因为要做到善于自我解剖,需要坚持不懈的努力,并使之成为一种习惯,这比较难,恰如曾子所言:"吾日三省吾身:为人谋而不忠乎? 与朋友交而不信乎? 传不习乎?"(《论语·学而》) 一个人坚持做到"内省",时常注意检视、矫正自己的言行,就能变得

---

① 钱穆. 论语新解 [M]. 北京:生活·读书·新知三联书店,2002:302.

② 何晏,邢昺. 论语注疏 [M]. 北京:北京大学出版社,2000:177.

③ 朱熹. 四书章句集注 [M]. 北京:中华书局,1983:131.

④ 杨荣国. 中国古代思想史 [M]. 北京:人民出版社,1973:94.

⑤ 杜维明. "仁"与"礼"之间的创造性张力 [M] //杜维明文集:第四卷. 武汉:武汉出版社,2002:15.

⑥ 刘述先. 从方法论的角度论何炳棣教授对"克己复礼"的解释 [J]. 二十一世纪,1992(9):140-147.

⑦ 钱穆. 论语新解 [M]. 北京:生活·读书·新知三联书店,2002:124.

磊落坦荡、无所畏惧："内省不疚，夫何忧何惧?"（《论语·颜渊》）在日常的人际交往中，他们就能做到严于律己、宽以待人，凡事先从自身找原因，不轻易责备、归咎于他人，就不会招致他人的怨愤，"躬自厚而薄责于人，则远怨矣"（《论语·卫灵公》）。正是在这个意义上，孔子指出，能否做到"内省"是区分君子和小人的标准之一，"君子求诸己，小人求诸人"（《论语·卫灵公》）。总之，道行在外，仁修在己，仁道由人心而发，故欲求之则需"内省""自讼"。

孟子从"性善论"出发，为"反省内求"的修养途径提供了更为坚实的理论基础。在孟子看来，人都有"四端""四心"，即"善"之萌芽，这一认识，事实上肯定了道德本体世界的实在性，赋予了道德自律以现实的可能性和必要性。人虽固有仁义礼智之"四端"，但在现实生活中，这些良善本性由于物欲的遮蔽而逐渐丧失，并不必然能有仁义礼智之"四德"，所以孟子说"养心莫善于寡欲"（《孟子·尽心下》），朱熹解释说："欲，如口鼻耳目四肢之欲，虽人之所不能无，然多而不节，未有不失其本心者，学者所当深戒也。"[①] "寡欲"要达成的目的在孟子而言就是"求其放心"，即把丧失掉的本心找回来，从自身求取善良美德的本性。就如何"求其放心"，孟子又进一步提出了两条自我修养的途径：一是"反求诸己"，指遇到问题，首先从自身找原因。孟子说："行有不得者，皆反求诸己。"（《孟子·离娄上》）。二是"反身而诚"，"诚"是孟子道德思想的核心概念之一，是真与善的内在统一，"诚者，天之道也。思诚者，人之道也"（《孟子·离娄上》），而"思诚"之路，就是"万物皆备于我矣，反身而诚"。可见，君子修身的重要方面就是应坚定地做到个体生命的自律和自觉，在个体和外界产生分歧时，剖解自我，向内求索。

荀子继承了孔子和孟子关于"反省内求"的道德修养方法，在《荀子·劝学》中有言："君子博学而日参省乎己，则知明而行无过矣。"《荀子·修身》又云："见善，修然必以自存也；见不善，愀然必以自省也。"这些认识都是对孔子"见贤思齐"、曾子"三省吾身"以及孟子"反求诸己"等思想的进一步继承和阐发，其见解一脉相承、同出一源。此外，荀子还着重发展了《中庸》中的"慎独"思想。《中庸》中讲道："是故君子戒慎乎其所不睹，恐惧乎其所不闻。莫见乎隐，莫显乎微，故君子慎其独也。""慎独"即在一人独处时，也

---

① 朱熹．四书章句集注［M］．北京：中华书局，1983：334.

要自觉遵守道德规范、履行道德义务、彰显道德情操，做到"不欺暗室"。沿此而来，荀子指出："君子至德，嘿然而喻，未施而亲，不怒而威。夫此顺命，以慎其独者也。"（《荀子·不苟》）"慎独"既是重要的道德自我教育的方法，又体现了在道德修养中由道德自律到道德自觉的主体性道德人格的生成过程，是对道德修养基本规律和特征的准确认识和把握。

（三）知行合一法

我们此前已经探讨过，君子人格的一个重要特征就是其实践性，"知行合一"也就是要做到道德认知和道德实践的协调、匹配。"知"是道德认知，"行"为道德实践，知行合一，就是要将道德认知和道德实践统一起来。一个人广博地学习，审慎地思考，最终都是为了笃实地践行道德原则，躬行道德既是提升道德修养的重要方法，也是道德修养的最终目的。

在孔子看来，君子人格生成于主体对道德的自觉践履中。"君子无终食之间违仁"（《论语·里仁》），意味着成为君子并非是一个静态的完成时的特定结果，而应该是一个动态的进行时的实践过程。同时，孔子指出君子人格合道德的实践活动包括两个价值层面：对个人而言，即通过"修己"培养道德人格的"为己之学"；对社会而言，就是以"安人""安百姓"为要旨的治国平天下的"经世之学"。这样，个体价值和社会价值通过道德实践活动构成统一的整体，这实际上就是"修身齐家治国平天下"的"内圣外王"之学。

在先秦儒家看来，道德实践对君子人格具有终极的生成意义，所以孔子认为"巧言令色鲜矣仁"（《论语·学而》），主张对一个人做出道德判断应"听其言而观其行"（《论语·公冶长》），并反复强调"行"既是君子之德性涵养的重要途径也是君子之道德品格的重要体现。比如，孔子讲"君子欲讷于言而敏于行"（《论语·里仁》），君子应当谨慎发表其言，而应多付诸实际行动，同样的话，还有"君子……敏于事而慎于言"（《论语·学而》）。在君子看来，"行"从来就不单纯是一个实践活动，它本身也是一个道德问题，"君子耻其言而过其行"（《论语·宪问》），君子耻于"言过其行"，这种羞耻感只能源于道德内心的自省和自觉，因为君子的一条重要的价值原则就是"行己有耻"（《论语·子路》）。顺理成章，当子贡向孔子请教君子之道时，孔子回答说："先行其言，而后从之。"（《论语·为政》）

孟子关于知行关系的认识亦不离其心性论。孟子认为"仁义礼智"先天自足，"人之所不学而能者，其良能也；所不虑而知者，其良知也"（《孟子·尽心上》），"良知"即为道德之知。"良知"虽然自足，但如果不能由"知"入"行"，那么"行"也只能处于盲目而不自觉的状态，"行之而不著焉，习矣而不察焉，终身由之而不知其道者，众也"（《孟子·尽心上》），因此，透彻的"知"是自觉的"行"的前提。此外，先天有"知"并不意味着必然能"行"，"夫道若大路然，岂难知哉？人病不求耳"（《孟子·告子下》）。"求"即实践，获得道德认知并无难度，难的是躬身行之。所以，道德实践才显得尤为重要："凡有四端于我者，知皆扩而充之矣……苟能充之，足以保四海；苟不充之，不足以事父母。"（《孟子·公孙丑上》）我们如果能切身推行"四端"之德，则功用广大，反之则一事难成。当然，真正的"知"又根植于具体的"行"中，两者推进又是一个互相强化、螺旋上升的过程，"所谓道德认知就是扩充天赋的仁义礼智等善性，而这种认知或扩充又必须在道德实践中才能达到"①。最后，就如何"扩而充之"，孟子指出应从身边事、从容易的事做起，"人人亲其亲、长其长而天下平"（《孟子·离娄上》），继之从"亲其亲""长其长"的血缘亲情向外推扩，在更为普遍的社会关系中，做到"强恕而行"，就能"求仁莫近焉"。

就"知行"关系，荀子首先肯定了"知"对"行"的指导作用，他说："知明则行无过矣。"同时，荀子又是我国历史上第一个系统提出"行重于知"的思想家。在道德人格的修养过程中，荀子之所以重视实践活动，是因为，首先，荀子认为"行"是"知"的重要来源。"故不登高山，不知天之高也；不临深溪，不知地之厚也。"（《荀子·劝学》）其次，荀子指出"行"是"知"的目的，是"知"的落脚点和最终归宿。他明确提出："不闻不若闻之，闻之不若见之，见之不若知之，知之不若行之。"（《荀子·儒效》）君子修身，是一个由"闻见"的感性认识，上升到"征知"的理想认识，进而付诸"行之"的一系列实践活动的逐步展开的过程。最后，荀子主张"行"是检验所"知"的正确性与有效性的重要标准，"知之而不行，虽敦必困"（《荀子·儒效》），如果知而不行，既是有丰厚的知识，也难以真正有所突破。在荀子看来，只有知行并举，人通过实践才能掌握知识的真谛；只有在对道德规范和道德观念的践行中，才能获得更正确的理解与认识，才能实现"成贤达圣"的君子人格修养

---

① 温克勤. 略论先秦儒家伦理的知行统一论［J］. 道德与文明，2005（2）：30-33.

目标，"行之，明也，明之为圣人"（《荀子·儒效》）。

总之，人们对君子人格的抽象认识也只有落实到具体的道德实践活动之中，才具有现实意义。体道和行道既是一个逻辑的统一体，也是成就仁德的基本方式。

第二节　德育方法融入

牟钟鉴指出"孔子是中华德文化承前启后的道德大师"[①]，是"中华民族的精神导师"[②]。以孔子为代表的先秦儒家提出的君子人格的道德教育与自我教育的方式，对当前大学生的道德教育实践，仍有着重要的借鉴价值。

一、立德树人，明确大学生道德教育的首要地位

教育本质上是人类进行精神生产和再生产的社会实践活动，而人的实践活动又总是受制于一定的社会历史条件，教育亦不例外。有鉴于此，有学者指出，教育在某种程度上体现了人类认识发展的水平，同时又受到不同世界观的影响。[③] 我们追溯人类社会的文化发展历程，发现三种最具代表性的世界观模式分别是"理性"世界观（古希腊）、"宗教"世界观（古印度）以及"德性"世界观（古中国）。"理性"世界观可以简单概括为"知识即美德"，它希冀通过人的认知能力和逻辑思维来获得对客观世界的真正把握，在这一世界观影响下，教育的根本任务是为了帮助人获得认识客观世界的知识和能力，意在向客观世界求真。"宗教"世界观则是对超越于自然界与人自身的神的崇拜和遵从，主张"梵我一如"，受此影响，教育以求得人的精神解脱和灵魂救赎为终极目标，意在向彼岸世界求善。我们不难发现，不管是建立在客观世界基础之上还是建立在彼岸世界基础之上，上述两种世界观，其价值追求都具有明显的外在性特征。与此不同，中国传统文化孕育的"德性"世界观，将认识人与世界、他人以及

---

① 牟钟鉴. 儒道佛三教关系简明通史［M］. 北京：人民出版社，2018：32.
② 牟钟鉴. 中国文化的当下精神［M］. 北京：中华书局，2016：2.
③ 韩丽颖. 立德树人：生成逻辑·精神实质·实践进路［J］. 东北师大学报（哲学社会科学版），2016（6）：201-208.

自我关系的视角建立在伦理道德领域，并向内探求道德自我建构的无限可能性，强调"德者本也"。因此，中国传统教育的根本任务就是"立德成人"。同时，"立德成人"的教育功能有两个：一是将"立德"作为人的最高价值目标和终极精神追求，推动自我的个体成长；二是将"立德"作为治国安邦和增进社会福祉的核心要素，实现社会的良善治理。可见，中国教育历来就有立德树人的传统，始终贯穿一个基本精神：道德是教育之先，是成人之基、立国之本。

中国传统教育实质上就是道德教育，然而现代大学的道德教育却受到了严重的冲击，这一冲击最集中地体现在两方面：一是道德教育的功利化倾向对道德教育本真的抹杀，二是道德教育的知识化取向对道德教育精神的遮蔽。

道德教育功利化的倾向，源自现代社会工具理性对价值理性的僭越。韦伯认为，当目的、手段和与之相伴的后果被一起合理地加以考量和估计时，行动就是工具理性的。① 由此可知，工具理性最为关心的是行动的结果、达到目的的手段的有效性以及对手段和结果之间关系的考量，是以工具崇拜和技术至上为特征的实用主义的价值选择。以现代技术为背景，工具理性在推动社会快速发展的同时，也使与之相对的价值理性日趋萎缩，其中最直观的体现就是，对工具理性的追捧，导致人们对物质利益过分崇拜甚至沉迷，削弱了对人的内在精神的建构和生命意义的追问。在工具理性笼罩下，教育的视线更多地转向现实世界中物质利益的生产和消费，而对诸如精神信仰与意义世界的关注度日趋下降。

道德教育的知识化取向，其深层次的原因在于现代社会的多元分化。社会学家 N. 卢曼（N. Luhmann）认为，现代社会的基本事实是分殊化，在社会实践层面和思想观念层面都很难寻得任何的统一性或统一体，社会的多元分化对道德伦理秩序带来了巨大的挑战。② 在罗尔斯看来，多元分化的社会事实，使人们不可能一致认同某一道德权威，亦不会一致认同某种道德价值。③ 也就是说，社会分化瓦解了人类社会的整体性，出于对个人权利和自由的尊重，道德的主观性和个体性得到了前所未有的肯定，人们很难达成统一的道德意义和道德目的，

① 汤因比，池田大作. 展望 21 世纪：汤因比与池田大作对话录［M］. 荀春生，朱继征，陈国梁，译. 北京：国际文化出版公司，1985：60-61.

② 卢曼. 宗教教义与社会演化［M］. 刘锋，李秋零，译. 北京：中国人民大学出版社，2003：5.

③ 约翰·罗尔斯. 政治自由主义［M］. 万俊人，译. 南京：译林出版社，2000：102.

甚至很难达到区分善恶的基本标准。于是，每个人都可以自主选择、确定和调整他们的生活目的和道德理想，形成属于自己的道德观念，人类社会统摄一切终极的善，退隐不见了。这就是现代性的道德价值的合法性的泛滥。① 在这种情况下，道德教育要想引导人们认同一体化的道德价值和道德目标变得异常困难，因为这破坏了原子化社会中个人自由选择的合理性预期。由于道德观念的分化，道德教育难以承担精神教化的使命，于是道德教育要么成为道德认知能力的训练，要么成为现代社会行为规则的单向灌输，对技能和知识的传授代替了精神的塑造，成为道德教育的明显取向。为了帮助人们在多元分化的道德价值和个人迥然不同的道德境遇中做出理性的道德选择，道德教育更加注重道德认知能力的发展，而忽视内在道德品质的培养，这样，道德教育所关注的就是工具化的技能和知识，对精神的引导大打折扣。在知识高度细化并分化的现代社会中，"知识即美德"变得不切实际，知识距离人的精神品质越来越远，知识与德行之间的鸿沟也越来越深。总之，在知识教育的洪流裹挟之下，道德教育在相当程度上变成了道德原则的灌输，陷入了过分强调认知能力的知识论德育模式的泥沼中，忽视了人的道德生活和道德实践的丰富性，"它所要和所能达及的也只是人的行为表现，而无法穿透人的心灵"②。

面对现代社会对道德教育带来的上述冲击，使得立德树人、突出道德教育在学校育人体系中的首要地位迫切而又必要。

针对上述问题，事实上，早在 2004 年，中共中央发出的《关于进一步加强和改进大学生思想政治教育的意见》中就已提出："学校教育要坚持育人为本、德育为先。"到了 2010 年，《国家中长期教育改革和发展规划纲要（2010—2020年）》又再次重申："坚持德育为先。立德树人，把社会主义核心价值体系融入国民教育全过程。"这一系列重要表述，充分彰显了党和国家对大学生思想道德教育的重视。此后，党的十八大报告中提出，"把立德树人作为教育的根本任务，培养德智体美全面发展的社会主义建设者和接班人"③，"立德树人"作为

---

① 张志扬. 偶在论：现代哲学之一种 [M]. 上海：生活·读书·新知三联书店，2000：15.

② 鲁洁. 人对人的理解：道德教育的基础——道德教育当代转型的思考 [J]. 教育研究，2000（7）：3-10，54.

③ 胡锦涛. 坚定不移沿着中国特色社会主义道路前进 为全面建成小康社会而奋斗——在中国共产党第十八次全国代表大会上的报告 [EB/OL]. 人民网，2012-11-19.

教育的根本任务得以正式确立。2016年12月，习近平在全国高校思想政治工作会议上反复强调："高校立身之本在于立德树人"，"要坚持把立德树人作为中心环节"。① 党的十九大报告重申"要全面贯彻党的教育方针，落实立德树人根本任务"。2018年9月，在全国教育大会上，习近平再次讲到要"坚持立德树人"。党的二十大报告再次强调"育人的根本在于立德。全面贯彻党的教育方针，落实立德树人根本任务"。可以说，新时代"立德树人"教育根本任务的确立，为高校道德教育站在新的历史起点上，不断提升育人工作的实效性提供了根本遵循。

新时代推进高校立德树人工作，就是教育和引导广大青年学子明大德、守公德、严私德。明大德、守公德、严私德三方面的要求，实际上与君子人格提升个人道德境界和担负社会责任的"立德"目标有着内在相通性。在当前，大学生要"明大德"，就是要坚定"报效祖国、服务人民"的崇高理想信念。崇高的理想信念是人生的支柱和前进的灯塔，是立身做人的"定海神针"，是一个人崇德修身的行动指南和最根本的动力源泉。这与君子人格体现的"安人""安百姓"的家国情怀和社会责任意识在精神实质上并无二致。社会公德是人们参与公共生活应该共同遵守的行为准则，是为了维护最基本的公共秩序、保证社会有序运转，对人们提出的最基本的道德要求。"守公德"要求一个人内在要具备强烈的文明意识，外在的行为要有良好的文明礼仪，来促进团结互助、平等友爱的人际关系及和谐包容、诚信有序的社会关系的形成。君子人格内在的"忠恕之道""和而不同""仁者爱人""己所不欲，勿施于人"等道德原则彰显的文明意识和思想理念，在今天对良好社会公德的形成仍有极强的推动意义。严私德，就是要不断自省自律、不忘崇德修身，恪守做人准则。先秦儒家将修身看成社会成员第一紧要之事，说"自天子以至于庶人，壹是皆以修身为本"（《礼记·大学》），人们要想成为君子，就必须做到严以修身、厚以责己、薄以责人、崇德向善。

如此看来，君子人格对道德理想的追求和坚守不失为青年大学生修身的重要方法，这些方法，也在宏观上为高校进一步明确道德教育在高校人才培养中的优先地位，提供了重要的经验借鉴。

---

① 习近平在全国高校思想政治工作会议上强调：把思想政治工作贯穿教育教学全过程 开创我国高等教育事业发展新局面 [N]. 人民日报，2016-12-09（1）.

二、克己内省，强调大学生道德教育的内化过程

法国社会学家 E. 杜克海姆（E. Dukheim）等人较早明确地提出"内化"（internalization）这一概念，并用以说明社会意识向个体意识的转变过程。因此，内化的通常含义就是指外部客观事项转化为内部主体精神结构的过程①，基于此，道德内化即是社会外部的道德内容转化为主体内在的道德品质的过程。

关于何为道德内化，湖南师范大学伦理学研究所所长唐凯麟的观点较有代表性，"所谓道德内化，是指个体在社会实践中，通过对社会道德的学习、选择和认同，将其转化为自身内在的行为准则和价值目标，形成相应的个体道德素质的过程"②。唐凯麟关于道德内化的概念界定，揭示了道德内化的深层逻辑，即道德内化是个体道德和社会道德双向互动的结果。道德内化既是社会道德按照一定要求对个体进行的社会化，也是个体依据自身内在特质对社会道德进行的个体化，两者的矛盾运动共同推动了符合社会期望的个体道德的生成。可见，道德内化既是"道德化人"的过程，也是"人化道德"的过程，两者是辩证统一的关系。"道德内化"表明了社会道德的客观先在性，而"人化道德"则肯定了人的主观能动性。看不到前者，就使道德教育活动失去了存在的基础；忽视了后者，就遮蔽了教育对象的主体性。然而归结起来，道德内化过程主要还是一个主体自我精神建构的过程，离不开主体自觉地对社会道德的整合、认同与创造，这是道德内化的核心和关键。因此，道德内化过程是一个道德主体性不断增强和显现的过程，可以说，道德内化绝不是将客体直接搬移或者机械复制到主体内部，而是主体在对道德信息进行了能动性的处理之后，实现了对道德内容的创造性接纳。③

人的主体性是道德内化的基本前提和内在动力。在过去一段历史时期中，我们的学校道德教育，过于强调社会价值，而忽视了个人价值，过分注重其社会功能的发挥，忽视了受教育者的创造性，从而在一定程度上制约了受教育者主体性的发挥，影响了受教育者道德素养的提升，降低了道德教育的实际效果。实际上，这种道德教育模式与马克思、恩格斯道德教育思想的精神实质是相背

---

① 易小明. 道德内化概念及其问题［J］. 伦理学研究，2011（5）：42-46，68.
② 唐凯麟. 伦理学［M］. 北京：高等教育出版社，2001：161.
③ 胡林英. 道德内化论［M］. 北京：社会科学文献出版社，2007：20.

离的。马克思、恩格斯早就明确阐明，道德教育的出发点应该是"现实的个人"，马克思、恩格斯哲学里的"现实的人"，是"自然性、社会实践性、阶级性和精神性的统一"①，由此可知，现实的人实际上已经蕴含了主体性的特征。同时，马克思、恩格斯道德教育的最终目的是实现"人的自由而全面的发展"，为此，在满足社会总体需要和社会共同价值的前提下，教育者应当充分考虑个体差异，并为受教育主体性的发挥创造合适的条件、提供相应的空间。

在道德内化的过程中，受教育者的主体性并不是"肆意妄为"的任性发挥，其最终指向是为了形成内在的、理性的、稳定的自我道德建构模式，即道德自律。自律一词是古希腊语中"自己"（autos）和"规律"（nomos）两个词语的结合，康德第一次将自律引入道德哲学的讨论范畴中，并以意志自由为出发点阐明了道德的自律性。在康德看来，自律体现了理性存在者的最高等级的自由，即积极自由，或者更进一步说，积极自由不是选择自律还是他律的能力，而是自律能力本身。因为，自由或自律就是根据人的理性为自身设定的普遍法则采取行动的能力，一方面，"理性能够通过运用概念和判断，主动地设立自身的原则和目的"，从而"人为自身立法"；另一方面，这些奠基于理性概念之上的原则和目的又具有普遍有效性，并"能够被所有理性存在者所接受"。② 换言之，人既是立法者，也是守法者，这就是道德自律的主要含义。就此，康德认为，"意志的自由"就是那种"自身就是自己法则"的自律，"一个自由的意志和一个服从德性法则的意志完全是一回事"。③ 康德对道德自律的研究是奠基性的，诚如科尔伯格所说，康德的工作"帮助我们形成对道德自律的一般看法，并将它和他律区别开来"。④

马克思指出："道德的基础是人类精神的自律。"⑤ 道德自律是道德内化的重要保障，因为道德自律从源头上肯定了人们制定道德原则的主体性和神圣性，同时，又为道德原则、道德规范和道德知识的权威性和崇高性提供了合法性基

---

① 高凤敏. 马克思恩格斯道德教育思想研究［M］. 济南：山东人民出版社，2015：186.

② 朱会晖. 什么是道德的最好理由：从康德的观点看［J］. 哲学动态，2018（4）：89-96.

③ 康德. 道德形而上学原理［M］. 苗力田，译. 上海：上海人民出版社，2005：52，60.

④ 郭本禹. 道德认知发展与道德教育：科尔伯格的理论与实践［M］. 福州：福建教育出版社，1999：37.

⑤ 中共中央马克思恩格斯列宁斯大林著作编译局. 马克思恩格斯全集：第1卷［M］. 北京：人民出版社，1956：15.

础，出于对制定道德原则的人之理性的敬重，我们应当认同并自觉实践普遍的道德原则。因此，道德自律可以作为评价一个人道德水平的重要标尺，而培养人的道德自律能力也应成为道德教育的基本目标之一。习近平指出，要让核心价值观内化为人们的精神追求，外化为人们的自觉行动。① 大学生道德教育应坚持以人为本，充分认识道德内化的理论和实践意义，教育引导学生从他律走向自律。

道德离不开主体的自觉意识，只有以道德自律为前提，完成道德的内化过程，才能真正实现道德的价值，而道德自律的生成有赖于人的经常性的道德反思。"反思"是对自身价值和生命意义的思索，是实现自我提升的自我塑造过程。道德反思是主体以普遍的社会道德原则为内在标尺，通过对自身已形成的道德观念和已发生的道德行为进行批评性的检视，在自我认知和自我反省的基础上，省察、矫正原有的错误或者发现自身亟须完善的不足之处，并将重新确立的认识、观念应用于道德实践中，来达到提高自身道德修养的改进目的。总之，道德反思是对"实然之我"与"应然之我"的差距的自觉认识，是对完成由前者向后者跃迁的内在激励。

先秦儒家在君子人格的道德修养过程中，特别推重以"返本归心"式的自我叩问进行切己的体察，即通过克己内省、诚心慎独等自我反思式的道德修养方式，建构内在于主体的高尚道德情操和坚定道德意志，最终完成道德的内化过程。先秦儒家"相信价值之源内在于一己之心而外通于他人及天地万物"②，所以"反求诸己""反身而诚"等修身功夫，是涵养德性的必由之路。先秦儒家指出，道德自觉性的提高离不开主体的自我道德反省与思想检查，反思不仅是君子人格道德意识培养的策略和途径，而且更是君子德性提升的内在要求。孔子说"见贤思齐焉，见不贤而内自省也"（《论语·里仁》），孔子的弟子曾参更是进行道德反思的典范，能做到"吾日三省吾身"（《论语·学而》），孟子从道德行为的实践效果上讲"行有不得，反求诸己"（《孟子·离娄上》），荀子则从道德情感的角度说明了反省自律的必要性，"见善，修然必以自存也；见不善，愀然必以自省也"（《荀子·修身》）。因此，教育引导大学生崇德修

_____

① 习近平. 把培育和弘扬社会主义核心价值观作为凝魂聚气强基固本的基础工程［EB/OL］. 新华网，2014-02-25.

② "文化：中国与世界"编委会. 文化：中国与世界（第一辑）［M］. 北京：生活·读书·新知三联书店，1987：78.

身，需要充分汲取中华优秀传统文化中关于道德自律的思想。

当前，加强大学生道德教育，就应当在充分挖掘先秦儒家道德自律的哲学意蕴和实践价值的基础上，鼓励学生进行主动性、创造性的道德反思，最终不断推进道德内化的过程。我们具体来看：首先，要提升大学生的道德认知水平。《礼记·学记》有云："学然后知不足。"道德内化的前提是认识"道德"，主体对道德规范、道德原则的认识程度，决定了道德内化的广度和深度。在马克思主义看来，自由无非是对必然的认识和自觉运用。就道德必然性而言，道德原则和道德规范是其最直接的观念形态，而道德认知是主体把握道德规范的依据，是主体在自我建构过程中表现出来的能动性。因此，道德认知是主体按照道德必然性来进行道德实践的动力来源，是个体道德内化的起点。其次，要锤炼大学生的道德意志品质。子曰："三军可夺帅也，匹夫不可夺志也"（《论语·子罕》），确立并坚持崇高的人生志向和持志尚道，是先秦儒家反复强调的君子修德方法。意志是人类特有的一种精神力量，是人内心自我规定、自我发展的强烈愿望。人的道德意志水平，表征自身的道德判断能力，并影响了道德行动的方向性、持久性和实践效果。锤炼大学生的意志品质，才能更好地培养大学生的道德自律能力和道德选择能力，为大学生克服道德困境，达到道德目标提供坚定的精神支撑。最后，要明确大学生的道德责任担当。《论语·泰伯》篇有云："士不可以不弘毅，任重而道远。"勇于承担道德责任，是先秦儒家道德修养的核心价值理念和重要文化追求，这也成为后世儒家众多有识之士坚持和发展的修身精髓。道德之所以具有感召力，"就在于主体将责任内化为信念、意志并勇敢履行义务"[①]，从而实现社会价值和自我价值的统一。意识到并自觉承担道德责任，是对普遍的社会道德规范的遵从，是道德内化的重要一步。关于青年大学生的责任担当，习近平多次强调："希望青年人勇于担当、奋力开拓"[②]，青年要"勇于担当这个时代赋予的历史责任"[③]。具体到大学生的道德责任来看，大学生就是要做社会主义核心价值观的践行者、社会主义道德的示范者、良好道德风尚的引领者。

---

① 周维功，周宁．道德自由何以可能［J］．江淮论坛，2017（4）：51-56.

② 凝聚澳门心 共圆中国梦：习近平主席考察澳门纪实［N］．人民日报，2014-12-22（1）.

③ 习近平在中国政法大学考察［EB/OL］．新华网，2017-05-03.

三、言传身教，重视大学生道德教育的示范引导

马克思主义认为，任何实践活动都要遵循事物的外部尺度和个体的内在尺度，达到合目的和合规律的统一。因此，在道德教育的过程中，一个完整的道德接受活动得以完成，是主体道德需要和社会道德需要的内、外动力系统有机结合共同推动的结果。① 道德教育的对象总是一个"未完成的人"，是一个不断生成着的人，如果没有"外部尺度""外在动力系统"的约束规制和刺激引导，教育对象在面对多元社会纷繁复杂的道德选择和接踵而至的道德困境时，极有可能会陷入思想混乱和价值迷失的境地。王海明在其代表性著作《新伦理学》一书中认为："'规范'和'做什么'总是比'美德'和'是什么人'更为根本、更为复杂、更为重要、更具决定意义。"② 客观来看，王海明的上述观点将"规范"和"美德"简单归为因果关系，似失之偏颇，但他对"规范"以及引导人"做什么"的重要性的强调，对我们深入理解道德教育活动中"内外因"的关系有相当的启发意义。因此，教育者从社会道德需要出发，对教育对象施加的教育活动，必然会对教育对象的道德形成过程产生重要的影响，对此我们应有清晰的认识。

瑞士心理学家皮亚杰（Jean Piaget）指出，认识起因于主客体之间的相互作用。③ 按照这一观点，人的道德观念就是在教育和自我教育的相互作用过程中得以形成和确立的。因此，如果单从外部来看，道德教育归根结底就是教育者对受教育者施加影响，来塑造符合社会道德期望的人的精神教化过程。按照康德的观点，道德活动只存在两种类型：自律和他律。我们如果将自我教育看作典型的自律型的道德活动的话，那么，教育者按照社会道德规范要求对受教育者施加教育影响的过程，无疑是他律型的道德活动。道德他律离不开外力的推动，教育，特别是学校道德教育是道德他律的重要方式之一。④

在黑格尔看来，道德虽然是人的"自由意志"的自我规定，但道德的根据必有其客观必然性的基础，这一基础就是客观的社会伦理关系。黑格尔进一步

---

① 张琼. 道德接受论［M］. 北京：中国社会科学出版社，1995：144.

② 王海明. 新伦理学［M］. 北京：商务印书馆，2001：10.

③ 张澍军，王立仁. 论德育过程的内化机制［J］. 社会科学战线，2003（2）：133-138.

④ 申明. 道德他律与公民道德建设的理论探讨［J］. 学校党建与思想教育，2006（11）：54-55.

从"道德"与"伦理"分化与整合的理念出发,指出对道德的认识不能仅停留在人的主观性方面,只有将其延伸到客观的社会伦理关系中,才能把握道德的真正内容。黑格尔认为,道德的根据不是人的主观性,而是源于客观的人类社会的历史发展进程,体现了自律和他律的统一,并且道德的他律构成了自律的基础。马克思肯定了黑格尔的这一认识,并指出:"黑格尔的原则也是他律,也是主体服从普遍的理性,有时甚至是服从普遍的非理性。"① 马克思主义的道德学说,吸收并发展了黑格尔关于道德价值依据的合理认识,指出道德的价值并非来自抽象的上帝或者人性,而是根植于具体的社会历史和社会关系之中,从而科学阐释了在道德形成过程中,"道德的自律是基于对道德他律性的正确认识基础之上的。高度的道德自律就是对道德他律性的高度认识和主动符合"。②

道德他律,就是依靠外力来推动和约束社会成员,来实现人们对社会道德规范的服从。就自律和他律的关系来看,两者既相互对立,又相互补充。在个体的道德活动中,他律是自律的前提和基础,是自律作用发挥的根本依据。③ 同时,他律是道德教育的较低层次,自律是道德教育的较高层次,道德教育的重要目标就是降低受教者的他律性、提高其自律性,不断促进受教育者由他律向自律转化。就道德他律约束和推动社会成员服从道德规范的外力来看,这一外部力量存在两种形态:一种是静态的道德规范和道德原则④,另一种是动态的道德教育活动。一方面,道德规范、道德原则等作为约束社会成员道德行为的普遍法则,无疑具有强制性;另一方面,在道德教育过程中,教育者作为教育活动的主体,具有一定的权威性、主动性,教育者的教育活动作为外在于受教育者的他律行为,同样具有相应的强制性。道德教育作为一类以"人"为改造对象的特殊的社会实践活动,又必须充分考虑教育对象的主体性,换言之,教育者的教育行为反映的不仅仅是社会道德律令和自身教育意志的要求,而且更重

---

① 中共中央马克思恩格斯列宁斯大林著作编译局. 马克思恩格斯全集:第 1 卷[M]. 北京:人民出版社,1956:523.

② 刘余莉. 道德的自律和他律:兼谈对马恩原著的正确理解[J]. 道德与文明,1996(1):28-30.

③ 宋希仁. 职业道德的自律和他律[J]. 广西大学学报(哲学社会科学版),1999(3):20-27.

④ 此处所说的静态意指在某一特定时空条件下,道德规范和道德原则是相对稳定的;如果从长期的人类社会发展历程来看,道德规范和道德原则同样会随着社会历史条件的变化而处于不断的变化、发展以及完善之中。

要的是要符合受教育者道德发展的需要，更多的是要以"引导"而非"强制"的方式促进受教育者自律水平的提升。因此，教育者组织实施的道德教育活动，既是道德他律的体现，又是推动受教育者实现由他律向自律转化这一矛盾运动过程的重要载体。

道德的他律和自律是辩证统一的，在个体道德形成过程中共同发挥作用。同时，教师的教育活动应当是以尊重学生主体性为基础的、以适当性为原则的他律行为。先秦儒家认为，教师对一个人的道德修养起着重要的作用，并为后世确立了"尊师重教"的道德传统。孔子说："三人行，必有我师焉。择其善者而从之，其不善者而改之。"（《论语·述而》）这向我们展示了孔子倡导的亦师亦友、以友辅仁的和谐师生关系。《论语》中有许多孔门弟子表达对孔子倾慕的记述，比如，在《子张》篇中，子贡分别与子服景伯、叔孙武叔和陈子禽的三段对话，以不同的方式表达了对老师的服膺、敬重、感佩之情。"夫子之墙数仞，不得其门而入，不见宗庙之美、百官之富"，"仲尼，日月也，无得而逾焉"，"夫子之不可及也，犹天之不可阶而升也"。有若说："出于其类，拔乎其萃，自生民以来未有盛于孔子也。"在《孟子·公孙丑》一篇中，曾子表达对老师的敬服时说，孔子"皜皜乎不可尚已"；在《礼记·学记》中，尊师的思想表达得更为清晰："大学之礼，虽诏于天子，无北面，所以尊师也。"荀子更是发展了《国语》中的尊师思想，明确地将教师与天、地、君并列，指出："上事天，下事地，尊先祖而隆君师，是礼之三本也。"（《荀子·礼论》）因此，"国将兴，必贵师而重傅。贵师而重傅，则法度存。"（《荀子·大略》）

如果说"尊师重教"是从对学生的要求出发，对道德教育他律原则的肯定，那么，教师以适当的道德教育方式，启发、引导学生涵养社会期许的良好德行，则是从对教师的要求出发，对道德他律原则有效性的保障。我们回顾先秦儒家君子人格的道德教化方式，如因材施教、启发诱导、以身示范等教育方法，就是教师应当仔细揣摩并努力掌握的道德教育的他律原则。"故君子之教，喻也。"（《礼记·学记》）"善喻"之教也就是朱熹所说的："某只是做得个引路底（的）人，做得个证明底（的）人，有疑难处，同商量而已。"（《朱子语类·卷十三》）概而言之，学生敬重并遵从教师的教诲，教师以适当的方式教育引导学生，是儒家营建的理想的师生互动关系。在这一关系中，个体道德修养的最高境界，就是孔子自况的"从心所欲而不逾矩"的君子人格。就是说，最完善的道德一定是主体化解了强制，并使自身自觉地适应外在社会道德规范的要求。在这种意义上，道德不仅是强制的，而且是自觉的；不仅是应然的，而且也是必然的。

我们党和国家在加强公民道德建设尤其是当前全面推进新时代高校思想政治工作的过程中，特别重视道德教育的他律作用，重视教师对学生道德提升的引导和示范。早在2001年9月，中共中央印发的《公民道德建设实施纲要》中明确指出：在公民道德建设中，必须综合运用各种手段，把自律和他律有机结合起来。2004年，中共中央、国务院发出的《关于进一步加强和改进大学生思想政治教育的意见》，再次强调："使自律与他律、激励与约束有机地结合起来，有效地引导大学生的思想和行为。"党的十八大以来，习近平就加强高校思想政治工作、引导大学生崇德修身发表了一系列重要论述。特别是在2016年12月的全国高校思想政治工作会上，习近平提出高校教师要做到"四个相统一"，其中一条就是要"坚持言传和身教相统一"。言传与身教相统一是加强师德师风建设的重要内容，也是做好新时代大学生道德教育工作的有效途径。

教师在道德教育活动中的言传身教，本身也体现了道德自律和他律的内在统一。如果从教育者的角度来看，"言传身教"是教师自律化了的内在道德的外在呈现；如果从受教育者的角度而言，教师的"言传身教"又是外在于学生的道德他律要求。习近平指出，教师要成为"学生健康成长的指导者和引路人"，这既是对中国传统师德思想的传承、创新和发展，也是新时代教师肩负的神圣使命。大学生正处于价值观念、理想信念和道德观念日趋完善和成熟的关键时期，同时，大学阶段又是学生逐步完成社会化的重要阶段，因此高校教师的指导者和引路人的责任十分重大。教师的教育活动一般有两种形式：一种是言传或曰言教，一种是身教或曰行教。通常意义上，言传和身教都非常重要，但对不同的教学内容、教学类型来说，两者的重要性又有差别。对知识教育而言，言传更加重要；而就道德教育来看，则身教更有效果。教师以身作则、率先垂范，就能以直观的方式验证言传给学生的道德知识的真理性，强化言传给学生的道德规范的权威性，从而赋予道德教育的他律活动以更强的说服力。相反，如果离开了身教这一环节，道德教育就会停留在知识传授这一层面，效果就会大打折扣。

简言之，"言传与身教相统一"就是要做到"言行一致"，孔子说："不能正其身，如正人何？"（《论语·子路》）"言行一致"才能做到"正人先正己"。言行一致是人格健全的体现，是品德高尚的表征，也是德育过程的内在要求。道德规范的"强制性"以及学生所获知的道德知识，并不必然能保证大学生采取符合社会期望的道德行为。教师"言行一致"的道德示范，能够以高尚的人格魅力赢得学生敬仰，以模范的言行举止为学生树立榜样，为学生实现由他律向自律转化提供最有效的参照。

四、知行合一，夯实大学生道德教育的实践基础

实践与道德、实践育人与道德教育都有着密切的关系。马克思主义认为，全部社会活动在本质上是实践的，同时社会实践又是实现人全面发展的根本途径。人的全面发展，当然包括人在道德领域的发展，因此实践也是促进人德性成长的动力源泉。

亚里士多德说："实践就是幸福，仁义和执礼的人之所以能够实现善德，主要就在于他们的行为。"① 康德提出了"实践理性"的概念，并将"实践理性"与人的道德行为紧密联系在一起，"实践理性通过规范人的意志而支配人的道德活动，进而使人达到自由"②。可见，康德首先是在人的道德活动和社会伦理关系中认识和把握"实践"的。马克思同样指出，实践过程也是培养人的道德品质的过程，"在再生产的过程中，不仅客观条件改变着，而且生产者也改变着……他炼出新的品质，通过生产而发展和改造着自身，造成新的力量和新的观念，造成新的交往方式、新的需要和新的语言"③。实践活动在改造自然的同时也改造着人类自身，并推动人的智力因素和非智力因素不断增长，人的道德理性的发展同时寓于"新品质""新观念"以及"新的交往方式"等人类自身的成长过程之中，因此，马克思断言："体力劳动是防止一切社会病毒的最伟大的消毒剂。"④

---

① 亚里士多德．政治学［M］．吴寿彭，译．北京：商务印书馆，1965：349.
② 李秀林，王于，李淮春．辩证唯物主义和历史唯物主义原理［M］．北京：中国人民大学出版社，2004：64.
③ 中共中央马克思恩格斯列宁斯大林著作编译局．马克思恩格斯全集：第46卷［M］．北京：人民出版社年版，1979：494.
④ 中共中央马克思恩格斯列宁斯大林著作编译局．马克思恩格斯全集：第31卷［M］．北京：人民出版社年版，1972：538.

从上述关于实践与道德的关系来看，实践活动与道德教育的关系体现在两方面：一方面，实践是道德教育的根本途径，实践活动促进人的道德品质的生成和发展，是道德教育的有效载体；另一方面，实践是道德教育的落脚点，道德教育最终是为了让人能够践行道德，采取合乎道德规范的行动，并最终过上有道德的生活。鉴于实践与道德教育的紧密关系，有学者指出，实践育人即是通过有目的的实践活动，让受教育者与客观世界建立直接联系，从而提升其道德素质的教育活动。①

"实践"问题也是中国传统文化中非常重要的一个哲学和现实话题，具体表现为对"知行"关系的探讨和认识，并形成了崇尚"知行合一"的优良传统。对此，青年毛泽东在《讲堂录》中曾写道："古者为学，重在行事。"② 我们看到，早在《国语·周语》中，绍公劝谏历王时就曾说过，"夫民虑之于心，而宣之于口，成而行之。"《左传》中亦有"非知之实难，将在行之"之语。另外，《尚书·说命》也说"非知之艰，行之惟艰"。这说明古人很早就已经开始意识到"行"的重要性了。在先秦儒家那里，重视实践的思想认识就已经非常普遍并且成熟了。先秦儒家所言的"知"主要指道德之知，"行"主要指道德实践，其关于知行关系的讨论主要是在伦理道德的范围内进行的，探讨的主要问题就是如何成就完满的道德人格。先秦儒家反对知而不行，强调要学以致用："诵《诗》三百，授之以政，不达；使于四方，不能专对；虽多，亦奚以为？"（《论语·子路》）在孔子看来，阅读经典不能仅仅满足于知识获取，重要的是要学以致用，增长才干。所以，先秦儒家认为实践是培育君子的重要途径。"弟子入则孝，出则弟，谨而信，泛爱众，而亲仁。行有余力，则以学文。"（《论语·述而》）孔子的这段话无疑肯定了"行"较于"知"的优先性。子夏也有相似的一段论述："贤贤易色；事父母，能竭其力；事君，能致其身；与朋友交，言而有信。虽曰未学，吾必谓之学矣。"（《论语·学而》）力行人伦道德也是学习，而且是真正的"为己之学""君子之学"。总之，君子修德的最后落实处就在扎扎实实的道德行动之中，即《礼记·中庸》所言的"博学之，审问之，慎思之，明辨之，笃行之"。

---

① 宋珺. 论实践育人理念在高等教育中的实施 [J]. 思想教育研究，2012（7）：84-87.

② 中共中央文献研究室，中共湖南省《毛泽东早期文稿》编辑组. 毛泽东早期文稿 [M]. 长沙：人民出版社，2008：451.

毛泽东以马克思主义哲学为理论工具，在吸收传统文化关于知行关系的认识的基础上，提出了辩证唯物主义的知行统一观，继承、捍卫和发展了马克思主义的认识论。1937年，在《实践论》中，毛泽东指出："实践、认识、再实践、再认识，这种形式，循环往复以至无穷，而实践和认识之每一循环的内容，都比较地进到了高一级的程度。这就是辩证唯物论的全部认识论，这就是辩证唯物论的知行统一观。"① 毛泽东关于实践的认识，实现了"主观和客观、理论和实践、知和行的具体的历史的统一"②。1941年，在《改造我们的学习》一文中，毛泽东又把辩证唯物主义的实践观高度概括为"实事求是"。"实事求是"思想一方面源于中国儒学重视实践的精神，另一方面又被赋予了马克思主义的内涵。"实事求是"语出东汉班固称赞汉景帝之子河间献王刘德时所说的"修学好古，实事求是"（《汉书·河间献王传》），原义是指务求真谛的严谨治学态度。毛泽东运用马克思主义的观点对其进行了全新的阐释："'实事'就是客观存在的一切事物，'是'就是客观事物的内部联系，即规律性，'求'就是我们去研究。"③ 毛泽东的知行统一观以及"实事求是"思想，为党的实践育人工作奠定了理论基础，提供了思想保障。

在道德教育诸因素中，实践教育是提升育人质量的重要内容和关键环节，党和国家一直以来重视并强调实践教育在大学生思想道德教育中的重要作用，特别是改革开放以来，对实践教育的理论认识和现实应用不断走向深入。具体来看，实践教育大致有以下三个阶段：第一阶段，1978年至2004年是高校实践育人的形成阶段。此一时期，党和国家尚没有提出明确的"实践育人"的概念，但始终坚持把教育与生产劳动和社会实践相结合作为党的教育方针。1978年《全国重点高等学校暂行工作条例（试行草案）》指出，要"通过生产劳动以及实验、实习、社会调查、社会活动等，使学生获得必要的直接知识和实际锻炼"④。1987年，《关于改进和加强高等学校思想政治工作的决定》指出，青年

---

① 毛泽东选集：第1卷［M］. 北京：人民出版社，1991：284，297.

② 贺麟. 关于知行合一问题：由朱熹、王阳明、王船山、孙中山到实践论［J］. 求索，1985（1）：48-52.

③ 毛泽东选集：第3卷［M］. 北京：人民出版社，1991：801.

④ 教育部思想政治工作司. 加强和改进大学生思想政治教育重要文献选编（1978—2014）［M］. 北京：知识产权出版社，2015：2.

知识分子成长的唯一正确的道路是社会实践。① 1995 年《中华人民共和国教育法》明确指出，教育"必须与生产劳动相结合"②。2002 年，党的十六大报告重申，教育要坚持"与生产劳动和社会实践相结合"③。第二阶段，2004 年至 2012年，是高校实践育人的发展阶段。2004 年，《关于进一步加强和改进大学生思想政治教育的意见》中强调"把理论武装与实践育人结合起来"④，首次提出"实践育人"。2005 年，《关于进一步加强和改进大学生社会实践的意见》指出，"理论教育和实践教育相结合是大学生思想政治教育的根本原则"⑤。2009 年的《关于深入推进学生志愿服务活动的意见》，以及 2010 年的《关于大力推进高等学校创新创业教育和大学生自主创业工作的意见》，分别将大学生志愿服务活动和大学生创新创业作为实践教育的重要途径予以推广实施。2010 年，《国家中长期教育改革和发展规划纲要（2010—2020 年）》重申"坚持教育教学与生产劳动、社会实践相结合"⑥。2012 年，《关于进一步加强高校实践育人工作的若干意见》提出高校育人要"注重学思结合，注重知行统一，注重因材施教"⑦。第三阶段，党的十八大以来是高校实践育人的深化阶段。2012 年，党的十八大报告指出，提高教育质量，要注重培养学生的"实践能力"。2013 年，《关于培育和践行社会主义核心价值观的意见》明确指出，培育社会主义核心价值观，要发挥社会实践的养成作用。2014 年，《关于在各级各类学校推动培育和践行社会主义核心价值观长效机制建设的意见》提出要构建实践育人共同体，为学生实践搭建平台。2017 年，《关于加强和改进新形势下高校思想政治工作的意见》，强调"要强化社会实践育人，提高实践教学比重"。2017 年，《高校思想政治工作

---

① 教育部思想政治工作司. 加强和改进大学生思想政治教育重要文献选编（1978—2014）［M］. 北京：知识产权出版社，2015：71.

② 何东昌. 中华人民共和国重要教育文献（1976—1990）［M］. 海口：海南出版社，1998：3140.

③ 江泽民. 江泽民文选：第 3 卷［M］. 北京：人民出版社，2006：560.

④ 中共中央，国务院. 关于进一步加强和改进大学生思想政治教育的意见［EB/OL］. 中华人民共和国教育部官网，2004-10-15.

⑤ 中宣部 中央文明办 教育部 共青团中央关于进一步加强和改进大学生社会实践的意见［EB/OL］. 中华人民共和国教育部官网，2007-03-21.

⑥ 国家中长期教育改革和发展规划纲要（2010—2020 年）［M］. 北京：人民出版社，2010：12.

⑦ 教育部等部门. 关于进一步加强高校实践育人工作的若干意见［EB/OL］. 华人民共和国教育部官网，2012-01-10.

质量提升工程实施纲要》提出了包括"实践育人"在内的"十大育人"体系,并明确要求"要坚持理论教育与实践养成相结合",加快构建"实践育人协同体系"。

从以上梳理可以看出,不同时期关于实践育人的具体表述以及侧重点有所不同,但实践育人始终是各个时期教育方针的重要内容,得到了党和国家的高度重视。这一系列经验总结、顶层设计和具体举措,为我们优化实践育人在大学生思想道德教育中的路径设计,提供了科学的理论指导和具体的行动指南。

道德教育强调"知行合一",重视实践育人是由人的道德观念形成的具体过程和客观规律决定的。道德内容要转化为人们的道德品质,需要经过教化、体验、体认以及固化诸环节。"体验"的必要条件和切近基础是体验者必须直接参加实践活动,进而获得对道德内容情感和理性上的反思感受;"体认"则是对体验获得的感受的选择性结果和心理认同,从而接受和认可道德教育的原则和内容;"固化"就是对已"接受"的道德内容,在日常道德生活中反复躬行实践,最后形成道德信念、养成行为习惯的过程。[①] 总之,人的道德观念的生成就是这样一个循环往复、螺旋上升的实践过程。

卢梭曾给出忠告,在教育活动中,教师的行动都要多于语言,学生最容易忘记的是简单的说教,而记忆最深刻的则是亲身实践。[②] 当前,夯实大学生道德教育的实践基础,发挥实践育人在大学生道德教育中的作用,高校应重点做好以下几方面工作。

一是做好顶层设计,构建道德教育实践育人的共同体系。构建道德教育实践育人共同体系是一个复杂的系统工程,需要高校在厘清育人理念、定位育人目标的基础上,进行深入研究和科学规划,既要站在战略的高度进行谋篇布局,又要从操作层面入手绘制详细施工图。高校要凝聚校内各部门形成实践育人合力,坚持"全员、全过程、全方位"育人的理念,整体设计校内教学、服务、管理等部门的德育职责和内容,为大学生道德教育提供体制、机制保障;高校要加强与政府、社会、企业等的联系沟通,利用多方德育资源,共建一批功能齐全、运行良好、扎实有效的德育实践基地,实现实践育人向社会平台的延伸,拓展大学生道德教育的空间;高校要实现与家庭教育的优势互补,形成家校长效合作机制。教师引导家长主动参与学生道德教育工作,充分发挥各自教育优

---

① 张澍军,王立仁.论德育过程的内化机制 [J].社会科学战线,2003(2):133-138.

② 卢梭.爱弥儿 [M].方卿,编译.北京:北京出版社,2008:34.

势，共同关注学生道德成长，让家庭成为促进大学生良好道德观念形成的重要阵地，成为大学生践行道德内容的有力舞台。

二是抓好队伍建设，增强道德教育实践育人的师资力量。教师是道德教育实践育人的具体组织者、实施者和参与者，对实践育人的环节设计、进度把握、效果反馈及持续改进等具体过程最有发言权，是保障道德实践活动取得预期成果的关键。高校要转变教师教育理念，树立大德育格局，学校教师都应成为德育工作者，学校处处都是德育课堂，学校各方工作都应发挥德育功能。同时，高校要扭转道德教育知识灌输论的影响，提升实践教育在思想道德教育诸环节设计中的比重；高校要加强对教师实践育人能力的培训，通过专题讲座和培训班等形式，提升教师的理论水平和教学能力，鼓励教师外出参观交流、参与进修、参加继续教育，提升教师的实践活动组织能力、改进教师的教学方式；高校要加强对教师德育实践教学工作的科学指导，成立由专业教师、辅导员、校外专家等成员组成的高校实践活动专项指导组，指导组定期观摩并掌握教师德育实践教学活动的开展情况，经常性深入学生日常学习、生活中，了解学生思想困惑和现实需求，并根据各方反馈，为提升德育实效提供科学指导。

三是创设有利条件，完善道德教育实践育人的途径内容。高校要充分利用好校内、校外资源，结合时代要求，贴近学生需求，通过科学分析、合理规划、精心组织，搭建主体鲜明、形式多样、内容充实、效果明显的德育实践平台和载体，让学生在各类校内外实践活动中，通过切身融入、深度体验、自觉践行获得道德品质的提升。高校要优化课堂实践教学环节，增加课内实践教学比重，提高学生的参与度和体验度。教师应根据课程特点和学生专业特点，渗透思想道德教育内容，制订课堂实践教学方案，发挥案例式、专题式、启发式、参与式、讨论式、演讲式、情景体验式等实践教育形式转识成智、化智为行的育人效果。高校要丰富校园文化实践活动，发挥第二课堂德育功能，润泽学生心灵。高校要坚持与课堂德育内容相联系、与学生专业学习相呼应、与学生思想实际相贴近、与新时代中国特色社会主义伟大实践相结合的原则，开展形式多样、内容丰富的校园文化实践活动。同时，实践活动的组织实施要关注社会热点、结合学生兴趣、回应学生需求，突出时代感、参与感和获得感，拉近与学生的距离，激发学生参与热情，实现育人目的。高校要创新社会实践活动形式，磨炼学生意志品质，激发学生家国情怀。高校要结合办学优势、充分挖掘区位优势，通过"三下乡"、志愿服务、参观学习等多种形式的社会实践活动，帮助学生全方位、多层次地深化对理论的理解和对现实生活的感悟，增强弘扬中华优秀传统文化，继承革命文化和发展社会主义先进文化的自觉意识。

第六章

先秦儒家君子人格思想融入大学生
道德教育的原则和路径

著名历史学家庞朴先生说过："文化之为物，不仅具有时代性质，而且具有民族性质。"① 中国传统文化是中华民族精神的象征，是中华民族历经千年风雨洗礼，而屹立于世界民族之林的思想武器和精神法宝。当前，高等教育要切实担负起培养"时代新人"的历史重任，青年大学生也要努力成长为能够担当民族复兴大任的"时代新人"。先秦儒家君子人格思想是中华民族深层精神追求和独特精神标识的典型代表之一，与"时代新人"之间有着交通互鉴的现实可能。

"文化传承与创兴"是高校的基本职能之一，推动文化繁荣、加强道德建设，是大学肩负的时代使命。党和国家高度重视优秀传统文化在高等教育中的融入问题，多次发文强调，增强大学生"传承弘扬中华优秀传统文化的责任感和使命感"②，"推动高校开设中华优秀传统文化必修课"③，"推动中华优秀传统文化融入教育教学"④。2018 年 11 月和 2019 年 11 月，教育部分别公布了第一批 55 个和第二批 25 个全国普通高校中华优秀传统文化传承基地名单，持续推进优秀传统文化发展传承在高校校园内落地生根。

以上种种，也是先秦儒家君子人格融入大学生道德教育需要给予回应的现实问题。同时，为保证融入环节取得实效，我们必须在明确融入基本原则的基础上，不断推进融入过程的实践创新，从而为立德树人提供丰富资源、奠定坚

---

① 庞朴．文化的民族性与时代性［M］．北京：中国和平出版社，1988：104.

② 教育部．关于印发《完善中华优秀传统文化教育指导纲要》的通知［EB/OL］．中华人民共和国教育部官网，2014-03-28.

③ 中共中央办公厅　国务院办公厅印发《关于实施中华优秀传统文化传承发展工程的意见》［EB/OL］．中国政府网，2017-01-25.

④ 中共中央　国务院印发《关于加强和改进新形势下高校思想政治工作的意见》［EB/OL］．中国政府网，2017-02-27.

实基础。

第一节　基本原则

马克思曾指出："任何真正的哲学都是自己时代精神的精华。"① 人的观念认识总是产生于过去与现在不间断的对话过程之中，它们的发生、延续、变革乃至复兴都遵循着一定的历史脉动，不会伴随已经发生过的历史而消逝。这就是中国传统文化烛照千年、穿越时空，在当下仍生机勃勃的原因所在。古今对话不仅是一个思想交流传承的过程，也是一个产生新思想、新理论、新方法的创新过程。当然，从历史传统文化资源中探寻解决当下实践问题的答案，我们不得不回答的一个问题就是在"古今对话"的过程中，我们应该秉持什么样的立场和原则？只有明确了优秀传统文化与当代社会实践对接会通的基本原则，在对待中华优秀传统文化时，我们才能做到既尊重历史传统，准确把握传统文化的历史根基，又能全面挖掘传统文化的当代价值，为解决当前的理论和现实问题提供有益启发。

一、方向性原则，坚定中国特色社会主义道德教育方向

"我国哲学社会科学坚持以马克思主义为指导，是近代以来我国发展历程赋予的规定性和必然性"②，为此，在传承发展中华优秀传统文化的过程中，我们要"牢牢把握社会主义先进文化前进方向""立足于巩固马克思主义在意识形态领域的指导地位"③；在公民道德建设过程中，我们要"坚持马克思主义道德观、社会主义道德观，倡导共产主义道德""始终保持公民道德建设的社会主义方向"④。同理，发挥君子人格思想在大学生道德教育中的重要作用，就必须坚

---

① 中共中央马克思恩格斯列宁斯大林著作编译局 . 马克思恩格斯全集：第 1 卷 ［M］. 北京：人民出版社，1956：121.

② 习近平 . 在哲学社会科学工作座谈会上的讲话 ［M］. 北京：人民出版社，2016：9.

③ 中共中央办公厅　国务院办公厅印发《关于实施中华优秀传统文化传承发展工程的意见》［EB/OL］. 中国政府网，2017-01-25.

④ 中共中央　国务院印发《新时代公民道德建设实施纲要》［EB/OL］. 中国政府网，2019-10-27.

持马克思主义的正确指导方向，必须坚持社会主义道德教育方向。

（一）坚持马克思主义的正确指导方向

"我国有独特的历史、独特的文化、独特的国情，决定了我国必须走自己的高等教育发展道路，扎实办好中国特色社会主义高校。"① 中国特色社会主义的高校，归根结底，就是必须牢牢把握高等教育的社会主义办学性质和办学方向。马克思主义是"我们党和人民事业不断发展的参天大树之根本"，是"我们党和人民不断奋进的万里长河之泉源"②，为此，我们必须坚持以马克思主义作为我国高等教育发展的指导原则。具体到君子人格思想融入大学生道德教育的理论和实践研究时，我们就是要科学把握马克思主义道德教育理论，从而为批判继承君子人格道德教育思想提供正确的指导原则。

法国学者塞伏早在 20 世纪 60 年代初就曾指出，对马克思主义理论关于道德教育的研究是一个薄弱环节③，这种状况直到现在仍未有明显改善。事实上，马克思、恩格斯的论著中有大量的关于道德教育的论述，恰如英国学者伯尔基（R. N. Berki）在研究马克思主义关于人的精神解放时讲的："它的本质是对人这一物种的道德自由和自足的全面理解。"④ 因此，我们对马克思、恩格斯的道德教育理论进行仔细的甄别和系统的梳理，有助于在道德教育领域掌握"批判的武器"，进而以科学的方式对先秦儒家君子人格进行透视和解析，站在辩证唯物主义和历史唯物主义的高度把握君子人格的道德教育意蕴，并用以指导高校道德教育的实践。

恩格斯指出："现代社会的三个阶级即封建贵族、资产阶级和无产阶级都各有自己的特殊的道德。"⑤ 马克思、恩格斯的道德教育理论，正是两人从无产阶级的立场出发、运用历史唯物主义的强大武器，在对以往封建社会的旧道德、腐朽的宗教道德和虚假的资产阶级道德进行彻底批判的基础上，产生、发展和

① 习近平. 习近平谈治国理政：第二卷［M］. 北京：外文出版社，2017：376.
② 习近平在中共中央政治局第五次集体学习时强调：加快建设教育强国 为中华民族伟大复兴提供有力支撑［EB/OL］. 中国中央人民政府网，2018-04-24.
③ 商务印书馆编辑部. 人道主义、人性论研究资料：第三辑［M］. 北京：商务印书馆，1963：111-112.
④ 伯尔基. 马克思主义的起源［M］. 伍庆，王文扬，译. 上海：华东师范大学出版社，2007：7-8.
⑤ 中共中央马克思恩格斯列宁斯大林著作编译局. 马克思恩格斯全集：第20卷［M］. 北京：人民出版社，1971：102.

成熟起来的。

马克思、恩格斯对封建等级制下的旧道德教育进行了尖锐的批判。在封建社会，人与人之间的关系表现为一种典型的人身依附关系，"人都是相互依赖的……物质生产的社会关系以及建立在这种生产基础上的生活领域，都是以人身依附为特征的"①。在这样的阶级社会中，只有同一阶级内部成员之间的"种"平等，而不存在人类社会普遍的"类"平等，这种不平等同样普遍存在于道德领域。"专制制度的唯一原则就是轻视人类，使人不成其为人"②，马克思将封建社会称为"精神的动物王国"，这时的人还不是真正的人，人的尊严、人平等的道德教育的普遍实现更是无从谈起。马克思、恩格斯对摧残人的宗教道德教育进行了有力的驳斥。他们揭示了宗教的虚妄本质："一切宗教都不过是支配着人们日常生活的外部力量在人们头脑中的幻想的反映。"③ "宗教是人民的鸦片"，它"颂扬愚民的各种特点"。④ 因此，建立在这种虚妄本质上的宗教道德教育自然空洞无力，它只不过是统治阶级用来愚弄、麻痹和摧残人的另一种阶级统治工具。

马克思、恩格斯对资产阶级宣扬的虚假的道德教育进行了彻底的揭露。马克思、恩格斯用辩证的观点指出了资本主义代替封建主义的历史进步性，在社会生活和道德教育领域，资本主义打破了之前陈旧的社会关系。但是，它代之以赤裸裸的金钱关系，"它把人的尊严变成了交换价值"⑤，因此资本主义以委婉的、隐蔽的经济剥削代替了封建主义公开的、对人性的扼杀，只不过是给本质上依然"不人道"的道德教育蒙上了一块遮羞布而已。资产阶级对经济利益的贪婪追求，放大了人对物质的欲望，弱化了对精神的追求，"它把粗陋的物质

---

① 中共中央马克思恩格斯列宁斯大林著作编译局. 资本论：第一卷［M］. 北京：人民出版社，1975：94.

② 中共中央马克思恩格斯列宁斯大林著作编译局. 马克思恩格斯全集：第1卷［M］. 北京：人民出版社，1956：411.

③ 中共中央马克思恩格斯列宁斯大林著作编译局. 马克思恩格斯全集：第20卷［M］. 北京：人民出版社，1971：341.

④ 中共中央马克思恩格斯列宁斯大林著作编译局. 马克思恩格斯全集：第4卷［M］. 北京：人民出版社，1958：218.

⑤ 中共中央马克思恩格斯列宁斯大林著作编译局. 马克思恩格斯选集：第1卷［M］. 北京：人民出版社，1972：253.

捧上宝座，毁掉了一切精神内容"①，导致人同人的本质相异化。人的异化使人的道德本质荡然无存，资本主义生产关系的不道德性也就成了确定的事实。我们如果说封建社会的道德教育是以虚妄的神来扼杀人的话，那么资本主义社会的道德教育则是用人的肉体来扼杀自身的灵魂。

在对封建的、宗教的和资产阶级的道德教育进行批评的基础上，马克思、恩格斯提出应建立无产阶级的或共产主义的新道德。恩格斯指出"现在代表着现状的变革、代表着未来的那种道德，即无产阶级道德，肯定拥有最多的能够长久保持的因素"②。无产阶级道德教育的出发点是"现实的个人"，"现实的个人"是建立在历史唯物主义基础上，对人之本质的科学认识和全面把握，它表明人既是有自然生命的人，又是一定社会关系和历史条件下的人，还是具有独立意识，并能通过实践活动改造对象世界的人。"现实的个人"既是道德教育的主体，又是道德教育的客体。马克思主义从社会存在决定社会意识的唯物史观出发，指出道德在本质上是人的社会经济关系的产物。基于上述认识，马克思、恩格斯阐明了道德教育的价值目标："人的自由而全面的发展。"全面性是人的本质，"人以一种全面的方式，也就是说，作为一个完整的人，占有自己的全面的本质"③，"全面发展"意味着道德教育应当促成人的需要、能力、社会关系以及个性等方面都获得发展；"自由发展"意味着在无产阶级的道德教育领域，人既摆脱了封建社会中人对人的依附关系，又摆脱了资本主义社会中人对物的依赖关系，是真正意义上的人的独立与自由。

关于道德教育的原则和方式，马克思、恩格斯指出"人的自由而全面的发展"的道德教育目标的实现，蕴藏于"现实的个人"不断地变革社会并改造自身的实践活动之中，马克思、恩格斯的道德教育理论建立在科学的实践观的哲学基础之上。实践是人类能动改造客体的物质性活动，"社会生活在本质上是实践的"④，人的存在与发展只能在改造客观对象世界这一实践过程中得以实现，

---

① 中共中央马克思恩格斯列宁斯大林著作编译局. 马克思恩格斯全集：第3卷［M］. 北京：人民出版社，1960：505.
② 中共中央马克思恩格斯列宁斯大林著作编译局. 马克思恩格斯选集：第3卷［M］. 北京：人民出版社，1972：133.
③ 中共中央马克思恩格斯列宁斯大林著作编译局. 马克思恩格斯全集：第42卷［M］. 北京：人民出版社，1979：123.
④ 中共中央马克思恩格斯列宁斯大林著作编译局. 马克思恩格斯全集：第3卷［M］. 北京：人民出版社，1960：5.

道德教育同样也只能通过实践活动得以展开。从对实践在道德教育中的重要性的认知出发，马克思、恩格斯反对空洞的"道德说教"，"共产主义者根本不进行任何道德说教，施蒂纳却大量地进行道德的说教。共产主义者不向人们提出道德上的要求"①。这段话并不是说马克思、恩格斯与道德教育理论绝缘，在这里，马克思、恩格斯只是针对性地批判了施蒂纳将"利己主义原则"作为道德的唯一原则，并将其神圣化、抽象化，这种错误的认识，表明了马克思、恩格斯反对脱离实际、抽象空洞的道德说教的鲜明立场。值得注意的是，马克思、恩格斯认为实践构成道德教育的根本途径，反对空洞抽象的道德说教，这并不意味着两人贬低了理论教育的重要性，理论也是对人们进行道德教育的重要方面，但这里有一个前提，那就是理论必须是科学的。"理论只要说服人，就能掌握群众；而理论只要彻底，就能说服人。"② 此外，马克思和恩格斯还就教育与自我教育、青年道德教育、道德模范的教育作用等道德教育中的具体问题有过经典的论述。

马克思、恩格斯道德教育理论是科学性和批判性、理论性和实践性、阶级性和人类性、继承性和创新性的统一，为道德教育提供了科学的世界观和方法论。在今天，继承和弘扬中华优秀传统文化、探索君子人格与大学生道德教育融合的一系列问题，必须坚持马克思主义的指导地位，用马克思主义的科学态度、科学方法，对其进行全面审视、科学鉴别、合理扬弃和自觉运用。

马克思、恩格斯道德教育理论的确立是建立在对旧的、虚假的道德教育的批判基础上的，是我们对先秦儒家君子人格这一传统文化资源做批判性的继承和创新的强大理论武器。马克思主义所倡导的批判的真正意义，是给历史事物以客观而准确的历史定位，在了解其本来面貌的基础上，厘清其发展规律，并用以指导现实。马克思、恩格斯揭示了道德教育的本质，解开了道德教育阶级性的秘密，从这一理论认识出发，在梳理君子人格时，就必须清醒地认识它在历史上，具有维护等级制度、维护既定社会秩序的政治功能，对这一浓重的政治性因素必须予以清洗，对它塑造中华民族传统美德的文化功能应当予以肯定，并积极吸取其中蕴含的道德教化的伦理智慧和教育经验。马克思、恩格斯揭示

---

① 中共中央马克思恩格斯列宁斯大林著作编译局．马克思恩格斯全集：第3卷［M］．北京：人民出版社，1960：275.

② 中共中央马克思恩格斯列宁斯大林著作编译局．马克思恩格斯全集：第1卷［M］．北京：人民出版社，1956：460.

了人的本质，并确立了道德教育的出发点，即"现实的个人"。这启示我们，君子人格的德育内容要在今天的学校道德教育中发挥作用，必须充分考虑学生的时代特点和现实的道德需求，要从学生的主体性出发，以学生的最终成人为诉求。马克思、恩格斯站在科学的"实践观"这一坚实的理论基石之上，反对抽象空洞的道德说教，这说明道德教育应以提升人的道德践行能力、以关注人类自己创造的道德生活世界为最终目的。

（二）坚持中国特色社会主义道德教育方向

恩格斯说："历史从哪里开始，思想进程也应当从哪里开始。"① 新中国成立之初，我们党和国家就开始着手进行道德建设。特别是新时期以来，中国特色社会主义道德建设不断发展和完善，为社会主义道德教育指明了方向。我们对新时期党和国家关于道德教育、道德建设的理论和实践进行系统回顾，在宏观上把握国家道德教育的背景、现状和发展趋势，有助于更好地理解君子人格道德教育思想与当前大学生道德教育的关系，为推动君子人格与大学生道德教育的有效互动提供现实动力。

为了凸显新时期以来党的道德教育的发展脉络，笔者将此历程大致划分为三个时间段：第一阶段为改革开放初至 20 世纪 80 年代末，第二阶段为 20 世纪 90 年代的十年时间，第三阶段为 21 世纪初至今。

第一阶段为党的道德教育的"拨乱反正"和步入正轨时期。

随着改革开放和社会主义市场经济建设的展开，计划经济体制下那种泛政治的道德教育理念和做法，显然已经不能满足新时期加强道德建设的现实需求。因此，道德教育领域，同样亟须来一场深刻的变革，尽快探索建立适应社会主义现代化实践要求的道德教育理念和运作体系，来满足新时期社会主义精神文明建设对道德教育的新要求。党的十一届三中全会确定了"解放思想、开动脑筋、实事求是、团结一致向前看"的思想路线，党在道德教育领域同时开启了全面"拨乱反正"的新探索。

早在 1979 年和 1980 年，邓小平同志就两次讲道："我们的国家已经进入社会主义现代化建设的新时期。……我们要在建设高度物质文明的同时……建设

---

① 中共中央马克思恩格斯列宁斯大林著作编译局．马克思恩格斯全集：第 13 卷［M］．北京：人民出版社，1962：532．

高度的社会主义精神文明。"①"我们要建设的社会主义国家，不但要有高度的物质文明，而且要有高度的精神文明。"② 社会主义现代化建设是物质文明建设和精神文明建设的有机统一，而精神文明建设又是科学文化建设和思想道德建设的有机统一。为了响应党中央的号召，1981 年，共青团中央等 9 个单位联合发出《关于开展文明礼貌活动的倡议》，倡议在全国人民尤其是在青少年中，开展以"讲文明、讲礼貌、讲卫生、讲秩序、讲道德"和"心灵美、语言美、行为美、环境美"为内容的"五讲四美"文明礼貌活动。此后，该活动又与共青团中央在青少年中号召开展的以"热爱祖国、热爱社会主义制度、热爱党"为内容的"三热爱"活动相结合，形成了影响广泛的"五讲四美三热爱"的经典道德教育活动。

与对精神文明建设重要地位的认识相一致，此一时期，道德教育的理念和方式也经历着深刻的转变。由计划经济向市场经济的转变不仅发生在经济领域，这种转变也深刻地影响着人们的思想认识。这种变化主要体现在人们逐步跳出将个人利益和国家利益简单对立的思维模式，开始考虑个人利益的正当性。这一变化对道德教育提出的新任务就是，如何引导人们正确处理个人利益与集体利益、国家利益的关系。为此，党的十二届六中全会通过了《中共中央关于社会主义精神文明建设指导方针的决议》（以下简称《决议》），《决议》首次形成了"社会主义道德建设"这一重要表述③，并明确了社会主义道德教育新的价值理念：既要强调爱国主义和集体主义的重要性，又要肯定个人合法利益的正当性。在道德教育的方式方法上，《决议》指出："在道德建设上，一定要从实际出发……把先进性的要求同广泛性的要求结合起来"。④ 这一教育方法，同样是为了适应改革开放初期人们思想观念的新变化。在社会主义市场经济条件下，多种所有制经济共存，人们的道德水平存在层次上的高低差异。因此，国家既要整体推进社会主义道德建设，开展广泛的群众道德教育实践活动，来提高全社会的道德水平，又要考虑大众的接受程度，考虑教育对象的差异性和层

---

① 邓小平．邓小平文选：第二卷 [M]．北京：人民出版社，1994：208.
② 邓小平．邓小平文选：第二卷 [M]．北京：人民出版社，1994：367.
③ 本书编写组．十一届三中全会以来历次党代会、中央全会报告 公报 决议 决定（上）[M]．北京：中国方正出版社，2008：275.
④ 本书编写组．十一届三中全会以来历次党代会、中央全会报告 公报 决议 决定（上）[M]．北京：中国方正出版社，2008：275.

次性，在具体的道德要求上避免"一刀切"。

第二阶段为党的道德教育的继续深化和不断完善时期。

改革开放后的十年时间内，在"摸着石头过河"、逐步推进社会主义市场经济建设的实践过程中，由于经验不足，在物质文明和精神文明建设中，出现了"一手比较硬、一手比较软"的问题。1989年，邓小平同志就此讲到，我们十年来最大的失误是在教育，特别是对青年的思想政治教育抓得不够①，其中不乏道德教育的失误和欠账。

西方敌对势力采取"和平演变"和"西华化""分化"的策略，对我们进行政治立场、生活方式和价值观念的输出，冲击、腐化着人们的观念认识。为此，还引发了学术界关于当时社会道德正经历"滑坡"与"爬坡"的争鸣与讨论，尽管持论各异，但面对错综复杂的国内、国际形势，学者们更加重视道德教育，更加自觉地推动道德教育与整个社会的协调发展是学者们的共识。

为了应对新形势下，社会主义市场经济建设对道德教育提出的新要求，党和国家在加强社会主义精神文明建设和社会道德建设方面采取了一系列重大部署。党的十三届四中全会把"认真加强思想政治工作，努力开展爱国主义、社会主义、独立自主、艰苦奋斗的教育，切实反对资产阶级自由化"② 作为"四件大事"之一，吹响了此一时期加强道德教育的号角。在党的十四大报告中，江泽民同志又对强化思想道德建设的原则、内容和途径做了进一步阐述。党的十四届三中全会明确要求，将爱国主义、集体主义、社会主义思想教育、中国历史和国情教育以及中华民族传统美德教育等③，作为社会主义精神文明建设的重要内容。在1994年中共中央召开的全国宣传思想工作会议上，江泽民同志强调要"开展艰苦奋斗、勤俭建国的教育，职业道德、社会公德的教育，基本国情的教育和普及法律基本知识教育"，进一步丰富和发展了党的思想道德教育的内容。到了党的十四届六中全会，根据社会主义思想道德建设的新要求，国家通过了《中共中央关于加强社会主义精神文明建设若干重要问题的决议》，该《中共中央关于加强社会主义精神文明建设若干重要问题的决议》将"加强社会主义精神文明建设"作为一项重大战略任务，强调"社会主义思想道德集中体

---

① 邓小平. 邓小平文选：第三卷 [M]. 北京：人民出版社，1993：287.

② 第十三届中央委员会第四次全体会议公报 [EB/OL]. 中国政府网，2008-07-02.

③ 中共中央文献研究室. 十四大以来重要文献选编（上）[M]. 北京：人民出版社，1996：843.

现着精神文明建设的性质和方向"。《中共中央关于加强社会主义精神文明建设若干重要问题的决议》指出了社会主义道德建设的主要内容:"以为人民服务为核心,以集体主义为原则,以爱祖国、爱人民、爱劳动、爱科学、爱社会主义为基本要求,开展社会公德、职业道德、家庭美德教育,在全社会形成团结互助、平等友爱、共同前进的人际关系。"《中共中央关于加强社会主义精神文明建设若干重要问题的决议》还就加强青少年思想道德教育做了重要部署,要求"把传授知识同陶冶情操、养成良好的行为习惯结合起来",努力培养德智体等方面全面发展的社会主义建设者和接班人。①

第三阶段为党的道德教育全面发展和繁荣时期。

进入 21 世纪以来,社会主义市场经济体制不断完善,全方位对外开放局面基本形成,社会主义现代化建设取得巨大成就。特别是党的十八大以来,中国特色社会主义进入新时代,我国社会主要矛盾发生变化,加强国际区域合作和构建新型大国关系取得重大进展。与此同时,世界多极化、文化多样化深入发展,国与国之间思想和文化的交融、交锋更加频繁,社会意识和价值观念日益多元。值得警醒的是,在西方价值观渗透和市场经济利益的驱使下,社会道德领域诚信缺失、奉献意识淡薄、唯利是图等令人痛心疾首的"道德失范"问题仍然存在。破解这些问题,成为社会主义道德教育面临的新课题。

21 世纪以来,党的道德教育迎来了快速发展的大好时期。2001 年,江泽民同志提出了"以德治国"的重要思想,并使之与"依法治国"共同构成了社会主义国家治国方略的两个相辅相成的方面,将道德建设和道德教育提升到了一个全新的高度。同年 9 月,《纲要》颁布施行,将"爱国守法、明礼诚信、团结友善、勤俭自强、敬业奉献"作为社会主义道德规范的核心内容,为党和国家道德建设注入了强大动力。2004 年 2 月,《中共中央 国务院关于进一步加强和改进未成年人思想道德建设的若干意见》出台,明确了未成年人思想道德建设的主要任务:增强爱国情感、确立远大志向、规范行为习惯、提高基本素质。2006 年 3 月,胡锦涛同志提出,在广大干部群众特别是青少年中进行"八荣八耻"社会主义荣辱观教育,明确了社会主义道德教育应"坚持什么、反对什么,倡导什么、抵制什么"。同年 10 月,党的十六届六中全会第一次提出了"建设

---

① 本书编写组. 十一届三中全会以来历次党代会、中央全会报告 公报 决议 决定(上)[M]. 北京:中国方正出版社,2008:574-591.

社会主义核心价值体系"这一战略任务。党的十七大进一步提出社会主义核心价值体系是社会主义意识形态的本质，并首次将加强"个人品德建设"确立为社会主义道德建设的重要内容，这是党在道德教育领域的又一重大创举。

党的十八大以来，党的道德教育进入了全面繁荣时期。道德教育的理念不断深化、内容与时俱进。党的十八大报告提出："积极培育和践行社会主义核心价值观。"①"核心价值观，其实就是一种德，既是个人的德，也是一种大德，就是国家的德、社会的德。"② 2019 年 10 月，《纲要》印发，明确了新时代道德建设的重点任务：筑牢理想信念之基，培育和践行社会主义核心价值观，传承中华传统美德，弘扬民族精神和时代精神。党的十八大以来，我们党面对不断发展变化着的社会主义道德建设实际和人民群众对道德教育的现实需求，以更加自觉、更加务实的态度不断更新和深化道德教育的理念、内容和思路。一方面，道德教育的内容不断丰富和拓展。一是深入实施公民道德建设工程，全面提升公民道德素质；二是坚持依法治国和以德治国相结合，法治和德治相辅相成、相互促进；三是认真汲取中华优秀传统文化的思想精华，以优秀传统文化涵养社会主义核心价值观。另一方面，道德教育的途径更加务实和高效。一是以加强领导干部道德建设，以良好官德引领社会道德建设；二是落实"立德树人"教育根本任务，发挥学校在思想道德教育领域的主阵地作用；三是发挥道德模范的示范引领作用，激励人民群众崇德向善、见贤思齐；四是培育良好家风，以传统家庭美德引领社会风尚。

改革开放四十余年来，党的道德教育制度和实践的一条基本经验就是始终坚持中国特色社会主义道德教育方向。这一基本经验，也是君子人格融入大学生道德教育的时代坐标。一是道德教育要为中国特色社会主义事业服务。君子人格德育体系中，只有那些符合时代发展要求的内容才可以成为大学生道德教育的重要资源，为此就要做好对君子人格德育内涵的细致清理。二是坚持法治教育和道德教育相辅相成。君子人格也有礼、法方面的内容，特别是荀子倡导的"隆礼重法"型的君子人格，但是先秦儒家强调的礼法与现代法治思想相去甚远，君子人格在此方面的阙如亦值得注意。三是做到德性伦理与规范伦理相

---

① 胡锦涛 . 坚定不移沿着中国特色社会主义道路前进 为全面建成小康社会而奋斗——在中国共产党第十八次全国代表大会上的报告 [EB/OL]. 人民网，2012-11-19.

② 习近平 . 习近平谈治国理政 [M]. 北京：外文出版社，2014：168.

统一。新时期以来，党的各类道德教育规范为道德假设提供了强大的制度保障。君子人格更强调通过个体修养的方式实现人的德性塑造，对道德教育的规范体系缺乏明晰的呈现，这一点尚待学界进行系统的发掘整理。四是发挥道德模范的引领示范作用。抓典型、树模范始终是党和国家推进社会主义道德建设的重要手段之一，我们的道德模范是先进性与广泛性的统一，其突出价值就在于让大众信得过、看得懂、学得到。君子人格实际上也是一种道德典范，虽然"人皆可以为尧舜"，但实践中君子人格的某些道德标准又定得过高，使道德教育有"精英化"的倾向，此问题需要引起注意。

二、时代性原则，推动君子人格的创造性转化和创新性发展

党的十八大以来，习近平全面肯定了中华优秀传统文化的地位和价值，同时，明确指出了科学对待中华优秀传统文化的根本遵循："推动中华优秀传统文化创造性转化、创新性发展。"① 对优秀传统文化的创造性转化是一个庞大的系统工程，涉及优秀传统文化的方方面面，因此，在具体的理论研究和实践过程中，我们既需要对优秀传统文化的基本内容有一明晰的认识，又需要从某一具体的内容入手，逐一做好挖掘、阐释和转化工作。

（一）优秀传统文化创造性转化和创新性发展的审视

当前优秀传统文化创造性转化研究面临的一个现实问题就是，既有研究多集中于对优秀传统文化"为何转化"以及"如何转化"的宏观性、整体性的学理探讨上，对"转化什么"的具体问题还有待深入。实际上，就创造性转化而言，我们既需要推进其整体性研究，来达到在总体上认识和把握研究命题的目的，又需要从其中某一具体的内容入手，逐一做好挖掘、阐释和转化工作。从君子人格这一具体的传统文化资源入手，我们不仅可以跳出传统文化创造性转化整体性研究的窠臼，破解形而上的沉思疏离、形而下之域的窘境，还可以为创造性转化提供个案研究的思路和范本，为从由"点"及"面"推动传统文化创造性转化提供理论支撑和实践经验。

我们推动优秀传统文化创造性转化，"就是要按照当前时代特点和要求，对那些至今仍有借鉴价值的内涵和陈旧的表现形式加以改造，赋予其新的时代内

---

① 习近平 . 决胜全面建成小康社会 夺取新时代中国特色社会主义伟大胜利——在中国共产党第十九次全国代表大会上的报告［EB/OL］. 人民网，2017-10-27.

涵和现代表达形式，激活其生命力"①。这意味着，对待优秀传统文化不能照搬照抄，而是应"有区别地对待、有扬弃地继承"，深入挖掘传统文化中的精华，并使之"与当代文化相适应、与现代社会相协调"，成为推动新时代中国特色社会主义事业发展的强大精神动力。同时，我们需要明确的另一个问题是，创造性转化并不是要改变传统文化的性质，将传统文化原本的价值理念直接转化为某一符合时代要求的价值理念，而是要"赋予其新的时代内涵和现代表达形式"。由此观之，创造性转化得以实现的前提是传统文化本身蕴含的价值理念"至今仍有借鉴价值"，也就是说与当今时代倡导的价值观念具有内在的"同质性"，唯有传统文化中的"优秀部分"才具有创造性转化的必要和可能。

"我注六经"最终是为了"六经注我"，因此，对传统的继承本身不是目的，观照现实才是其落脚点。要真正使优秀传统文化在当前时代背景下焕发新的生机和活力，除了要将中华优秀传统文化作为"根"和"魂"，在"返本"中深刻理解传统文化的源头、发现其合理内涵，保持文化的主体性之外，更重要的是要做好"开新"的工作，要在系统、全面地了解当前社会乃至整个人类社会所面临的亟待解决的生存、发展的重大问题和思想文化发展的总趋势的基础上，对传统文化的价值做出合乎时代要求的新阐释。令人遗憾的是，"返本"的工作我们做了很多，但"开新"的理路捉襟见肘。究其原因，我们习惯以简单的历史时空关系，将中华优秀传统文化作为静态的母体性的精神资源，反复强调其价值和意义，而忽视了以当前社会发展新生成的价值理念作为参照系，重新审视优秀传统文化的思想价值和道德意蕴，并对其做出现代性的阐释。

事实上，作为认识主体，人的价值观念从来就不是"白板"一块，新的价值理念的形成，或多或少都会受到既有思想认识的影响，加达默尔从哲学解释学的角度出发，将人类的这一认知规律称为"理解的前见"或者"前理解"。②也就是说，一切新的认识的形成都要接受我们既有的认识的审视、批判和反思，对某一文化形态进行批判性的认识，也必须要有相应的价值尺度。马克思讲道：

---

①　中共中央党史和文献研究院．习近平关于社会主义精神文明建设论述摘编［M］．北京：中央文献出版社，2022：214.

②　加达默尔．真理与方法：哲学诠释学的基本特征：上卷［M］．洪汉鼎，译．上海：上海译文出版社，2004：274.

"光是思想力求成为现实是不够的，现实本身应当力求趋向思想。"① 这段话同样表明，具有客观真理性的理论能够独立于现实而具有"先在性"，并能成为指导现实的"理论先导"。因此，创造性转化的关键就是要确立符合时代要求的、科学合理的价值参照。

当前，符合时代要求的新的价值理念，是在建设中国特色社会主义的伟大实践中形成的具有客观必然性的思想理论，因此，可以作为实现中华优秀传统文化创造性转化的价值尺度。具体来看，从历时性的角度出发，中华优秀传统文化能够成为新时代价值观念的"前理解"，为当前新的价值观念的形成提供精神滋养，在这一视角上，可以说，传统文化已经完成了一次创造性转化；从另一个侧面来看，从已经形成的新时代价值理念出发，将其作为评判尺度，新的价值理念又构成了我们反思中华优秀传统文化的"前理解"，以此为出发点，就实现了从共时性的角度对传统文化进行的第二次创造性转化。当前，我们所要实现的正是传统文化在第二种意义上的创造性转化。

我们需要特别指出的是，为优秀传统文化确立新的价值观念的参照体系，绝不是要"以今律古""以今非古"，绝不是要以今天的标准苛求古人，而是从优秀传统文化的历史根基出发，在挖掘优秀传统文化和时代理念具有的"同质性"的价值追求的基础上，通过比较鉴别，明晰前者相较于后者在内涵上的差异、阙如之处，从而有的放矢地赋予传统文化以新的时代内涵，催发优秀传统文化与新时代价值理念嫁接的老树新枝。

（二）君子人格创造性转化的可能视角

文化具有时代性亦具有发展性，对君子人格进行创造性转化，同样不应将君子人格仅仅看作既成的价值观念，而应从共时性的角度、以新的时代理念对其进行现实性的关照，实现君子人格的现代转向。习近平在党的十九大报告中指出，"推动中华优秀传统文化创造性转化、创新性发展，继承革命文化，发展社会主义先进文化，不忘本来、吸收外来、面向未来，更好构筑中国精神、中国价值、中国力量，为人民提供精神指引"②。这段论述立场鲜明地指出：中国

---

① 中共中央马克思恩格斯列宁斯大林著作编译局. 马克思恩格斯选集：第 1 卷［M］. 北京：人民出版社，1972：10.

② 习近平. 决胜全面建成小康社会 夺取新时代中国特色社会主义伟大胜利——在中国共产党第十九次全国代表大会上的报告［EB/OL］. 人民网，2017-10-27.

精神、中国价值和中国力量体现的价值追求可以作为当前和今后一段时期广大人民群众的"精神指引"，当然，也能为大学生道德教育提供源源不断的精神动力。为此，中国精神、中国价值和中国力量体现的新时代价值理念，既可以作为推动君子人格创造性转化和创新性发展的价值参照，又可以作为君子人格融入大学生道德教育应当坚持的价值原则。

坚持创造性转化和创新性发展是先秦儒家君子人格融入大学生道德教育应当坚持的基本原则之一。我们之所以能从"中国精神""中国价值""中国力量"的三重维度对孔子君子人格进行创造性转化，是因为两者所倡导的价值观念具有内在的"同质性"。同时，认识又是主观与客观具体的历史的统一，具有"同质性"的价值理念，由于具体的历史条件的差异，被赋予了不同的时代内涵。因此，新时代价值观念反补君子人格的内涵不足或者缺失，是实现君子人格创造性转化进而推动君子人格以更为妥当的方式融入大学生道德教育中的关键，具体如下。

第一，我们可以从弘扬中国精神的立场出发，丰富君子人格的时代精神。

中国精神是凝心聚力的兴国之魂、强国之魂。实现中华民族伟大复兴，必须弘扬中国精神，中国精神就是以爱国主义为核心的民族精神和以改革创新为核心的时代精神。

我们弘扬爱国主义精神，必须尊重和传承中华民族历史和文化。对祖国悠久历史、深厚文化的理解和接受，是人们爱国主义情感培育和发展的重要条件。[①] 与此同时，爱国主义既是一个永恒的话题，也是一个具体的历史的范畴，"爱国主义的具体内容，看在什么样的历史条件之下来决定"[②]。事实上，具体内容的不同也就决定了具体内涵的差异性。中国精神所彰显的"爱国主义"和君子人格所蕴含的"家国情怀"在精神实质上具有一致性，但其内涵又有所区别。新时代爱国主义的主题是实现"中国梦"，价值基础是社会主义核心价值观，本质特征是坚持爱国主义、爱社会主义与爱中国共产党相统一。君子人格所体现的"爱国主义"是中国传统社会"爱国主义"的集中体现，从国家政治的视角看，体现了"家国同构""国族一体"的治理格局；从伦理精神的角度

---

① 习近平在中共中央政治局第二十九次集体学习时强调：保持生态文明建设战略定力 努力建设人与自然和谐共生的现代化［EB/OL］. 新华网，2015-12-30.
② 毛泽东选集：第二卷［M］. 北京：人民出版社，1991：520.

看，反映了修德与治国相结合的圣贤观念；从文化心理的角度看，表征了在"礼"的秩序和规范统摄下"忠君"与"爱国"的统一。"爱国，是人世间最深层、最持久的情感，是一个人立德之源、立功之本。"① 因此，从人的情感性出发，君子人格"爱国主义"优良传统创造性转化的内在要求就是，实现以"血缘宗法"关系为本位的伦理性情感向以"公民国家"关系为主导的责任性情感的转变。

中国精神的另一个重要组成部分就是"以改革创新为核心的时代精神"。"中华民族充满变革和开放精神。"② 中华优秀传统文化之所以能够绵延不绝，充满生机，根本性的原因就在于其能够根据不同的时代条件，进行不断的自我革新。③ 在今天，时代精神所要求的改革创新是涉及全方位、全地域、全过程的系统工程。改革是全面的改革，包括政治体制、经济体制、社会体制和文化体制等方面的改革；创新也是全面的创新，包括文化、理论、制度和科技等各方面的创新。君子人格所体现的革新精神，主要还是指社会文化上的因袭更替，以及个体道德层面的自我完善。除此之外，由于历史及客观条件的限制，东西方文化在对世界的认识上存在差异性，西方文化偏向逻辑和分析，注重科学和思维；东方文化偏向体验和综合，注重社会和人生，这也是君子人格革新精神内涵较为单一的深层次原因。有学者指出："崇尚人文的传统文化与崇尚技术的西方现代化之间存在一个需要我们积极弥补的断层和努力跨越的鸿沟。"④ 君子人格与现代社会的这一"断层"和"鸿沟"恰好可以通过改革创新的时代精神加以弥补。

第二，我们可以从涵养中国价值的需要出发，拓展君子人格的时代价值。

中国价值集中体现为社会主义核心价值观。文化的核心是价值观，核心价值观是决定文化性质和方向的最深层次要素。同时，社会主义核心价值观是一种德，既是个人之"小德"，也是国家之"大德"，引导大学生自觉培育和践行社会主义核心价值观，是当前高校德育工作的重要内容。优秀传统文化是涵养社会主义核心价值观的重要源泉，培育和弘扬社会主义核心价值观要认真汲取

---

① 习近平. 在北京大学师生座谈会上的讲话 [M]. 北京：人民出版社，2018：11.
② 习近平. 在庆祝改革开放 40 周年大会上的讲话 [EB/OL]. 新华网，2018-12-18.
③ 习近平. 在庆祝改革开放 40 周年大会上的讲话 [EB/OL]. 新华网，2018-12-18.
④ 徐蓉，宋城长. 论建构中国精神的三重维度 [J]. 思想理论教育，2013（23）：39-43.

优秀传统文化的思想精华和道德精髓。① 社会主义核心价值观既是当今中国特色社会主义价值理想的高度凝练，又是对中国传统价值观念精髓的深刻总结，既符合社会主义道德建设的现实需要，又体现了对传统道德理想的历史传承。

前文已深入剖析了君子人格对社会主义核心价值观的涵养作用，笔者下面将在两者共同价值追求的基础上，重点剖解两者具体内涵呈现出来的差异性，并为君子人格的创造性转化提供价值向导，择其要者述之。

国家层面，社会主义核心价值观一个重要的价值理念就是"和谐"，从时代要求出发，和谐集中体现了"民主与法治的统一、公平与效率的统一、活力与秩序的统一、科学与人文的统一、人与自然的统一"，这是中国特色社会主义的本质要求。同时，中国特色社会主义制度为"和谐"由理想变为现实奠定了制度基础。"尚和合"也是传统文化和君子人格的重要价值准则，"君子和而不同"。对比发现，社会主义核心价值观所倡导的"和谐"与君子人格推崇的"和"有一定的价值契合性，但无疑，前者所指涉的内涵更加丰富，超越了人际交往和社会关系的范畴，将"和谐"理念由个体的道德自觉上升为社会的制度自觉。

社会层面，社会主义核心价值观倡导"平等"。社会主义的平等不仅体现为公民在法律面前一律平等，而且其内在价值取向不断实现人与人之间的实质平等。在法律面前一律平等，更倾向于一种形式平等，这意味着任何人在行为准则上都要获得平等的表现。实质平等则是更深层次的价值诉求，体现了社会主义对"基本善"的分配在结果上的平等。先秦儒家从道德修养的角度出发，认识了人具有平等性的基础，这就是人之"性相近也"以及人皆有"四端之心"等心性论的认识，从这一认识出发，在人格提升以及人的德性完善上，"人皆可以为尧舜"。因此，在对"平等"的认识上，社会主义核心价值观倡导的是马克思主义理论视域下的平等，不仅关注平等的形式，更注重平等的结果，是人格平等、机会平等和权利平等的有机统一，而且君子人格的"平等"关注的焦点在于人的道德发展的可能性。

从个人层面所倡导的"爱国、敬业、诚信、友善"四方面来看，"爱国"是调节个人与社会主义祖国关系的行为准则，"敬业"彰显的是当代社会的职业

① 习近平. 习近平谈治国理政［M］. 北京：外文出版社，2014：163-164.

精神，"诚信"是社会主义道德建设的重要内容，"友善"体现的是社会主义新型的人际关系。关于两者在"爱国"方面的差异，前文已有述及，此处不再赘述。关于"敬业"，君子"事思敬""执事敬""修己以敬"等观念与现代社会要求的职业精神有内在的契合性，但也有一定的差距，前者所指的是对待某一具体事务的态度和做法，而当前所弘扬的敬业精神是对公民职业行为的价值评价。"诚信"和"友善"作为重要的道德内容和厘定人际关系的价值标尺，在社会主义核心价值观和君子人格的价值诉求中，其内涵具有相当程度的一致性。

第三，我们从凝聚中国力量的立场出发，彰显君子人格的时代力量。

实现中华民族伟大复兴，是中华民族近代以来最伟大的梦想。[①] 这一梦想的实现，必须"用13亿人的智慧和力量汇集起不可战胜的磅礴力量"[②]，凝聚中国力量是实现中国梦的根本途径和根本保障。

"凝聚中国力量"既有深厚的马克思主义理论渊源，它本身也是马克思主义中国化的最新理论成果。马克思深刻揭示了人民群众是社会变革的主要力量："各个人——他们的力量就是生产力——是分散的和彼此对立的，而另一方面，这些力量只有在这些个人的交往和相互联系中才是真正的力量"[③]，"最强大的一种生产力是革命阶级本身"[④]。毛泽东同志继承并发扬了马克思主义关于群众作为历史主体地位的理论学说，指出广大人民群众才是主宰社会沉浮的决定性力量，"人民，只有人民，才是创造世界历史的动力"[⑤]，并形成了"一切为了群众，一切依靠群众""从群众中来，到群众中去"等一系列科学的群众观。从科学的群众观出发，凝聚中国力量，就是凝聚亿万中华儿女的现实力量。当然，中国力量不是亿万人民群众个体力量的简单相加，而是亿万人民在实现中国梦过程中形成的合力、迸发的创造力，其本质上是中国特色社会主义的先进生产力。

凝聚中国力量从根本上看，是在"以人民为中心"的价值前提下，在尊重

---

① 习近平. 习近平谈治国理政［M］. 北京：外文出版社，2014：35.
② 人民日报社. 江山就是人民 人民就是江山：习近平总书记系列重要论述综述（2020—2021）［M］. 北京：人民日报出版社，2022：92.
③ 中共中央马克思恩格斯列宁斯大林著作编译局. 马克思恩格斯选集：第1卷［M］. 北京：人民出版社，1972：73.
④ 中共中央马克思恩格斯列宁斯大林著作编译局. 马克思恩格斯选集：第1卷［M］. 北京：人民出版社，1972：162.
⑤ 毛泽东选集：第三卷［M］. 北京：人民出版社，1991：1031.

每一个公民的主体意识的基础上，将个体的独立性、主动性、创造性汇聚成实现中华民族伟大复兴强大力量的自觉行动。君子自强不息的精神品格以及君子人格对"群己关系""义利关系"等的合理认识对激发个人的奋斗精神、对构建和谐团结的群体关系有重要意义，进而为凝聚中国力量提供了可资转化的文化资源。但是，君子人格的"群己观"和"义利观"在深层次上仍具有被动的、消极的意味，因为君子对群与己的考量、对义与利的取舍离不开对外在的道德秩序的遵守。从这一点来看，中国力量体现的时代价值有助于构建君子人格作用发挥的积极面。

习近平在山东曲阜考察期间指出：研究孔子和儒家思想要坚持历史唯物主义立场，去粗取精，去伪存真，使其在新的时代条件下发挥积极作用。马克思曾说："任何真正的哲学都是自己时代的精神上的精华。"① 君子人格，亦是特定社会历史条件下的产物，不可避免地带有其所处时代的历史印记。因此，我们从"中国精神""中国价值""中国力量"所倡导的价值理念出发，为实现君子人格创造性转化确立价值参照，既有助于我们理性分析君子人格对大学生道德教育的价值，又有助于我们反思、消除君子人格的历史局限可能对大学生道德教育造成的不良影响，更有助于君子人格突破自身缺陷、完成发展创新，从而以一种崭新的面貌为大学生道德教育提供丰厚滋养。

三、科学性原则，遵循道德教育的基本规律

我们要想做好高校思想政治工作，必须"遵循思想政治工作规律，遵循教书育人规律，遵循学生成长规律，不断提高工作能力和水平"②。大学生思想道德教育工作与高校思想政治工作密切相关，思想政治工作的"三大规律"与大学生道德教育规律在本质上是一致的。同时，"三大规律"与君子人格所体现的先秦儒家道德教育的原则、方法、途径有着内在相通性。因此，我们只有立足高校思想政治工作的"三大规律"，把握道德教育的基本规律，才能为君子人格融入大学生道德教育提供科学依据。

---

① 中共中央马克思恩格斯列宁斯大林著作编译局．马克思恩格斯全集：第1卷［M］．北京：人民出版社，1956：121．
② 习近平．习近平谈治国理政：第二卷［M］．北京：外文出版社，2017：378．

（一）道德教育基本规律解析

道德观念作为人的生命活动的一部分，源于个人与社会的思想互动与价值关联。关于这一点，马克思既强调"任何人类历史的第一个前提无疑是有生命的个人的存在"①，充分肯定了作为个体生命的大写的"人"的价值优先性，同时，马克思也指出，人的本质是一切社会关系的总和②，科学阐明了社会存在物是"人"的内在规定性。因此，这两个论断对正确认识人的道德观念的生成具有重要的指导意义，那就是既不能脱离思想观念赖以存在的"有生命的个人"，将道德看作某种先验的存在物，以道德戒律的优先性钳制人的观念认识，抹杀个体生命的丰富性与鲜活性，又不能将人抽离于社会关系之外，空谈人的道德理想，将道德看作纯粹的"个人私域"，忽视个人所置身的当下社会背景和历史文化传承。总之，人的道德观念只能在个人与社会的良性互动中得以形成和确立。

人的道德观念生成于个人与社会的有效互动这一客观事实，揭示了道德教育应当遵循客观条件和主观因素相互作用的规律。马克思指出：人们创造自己的历史，并不是随心所欲地或者依据自己选定的条件进行创造，"而是在直接碰到的、既定的、从过去继承下来的条件下创造"③。同样，道德教育首先奠基于一定的社会客观历史条件下，道德观念的形成离不开社会引导与实践驱动。从客观条件的规定性来看，个人充满差异化的道德选择和道德修养背后，总是蕴含着普遍的社会理想和伦理规范的内容。与此同时，社会理想的道德要求往往高于个人现实的道德素养，个人为了达到社会期许的道德水平，在个人价值与社会价值、个人目标与社会目标、个人诉求与社会追求之间就存在着一个持续的矛盾运动过程。这一运动过程包含的基本矛盾就是"我们想要什么"的社会道德理想和"我想要什么"的个人道德理想之间的矛盾。④ 道德教育说到底就是要解决社会道德理想、道德规范与个人道德目标、道德取向之间的矛盾，就

---

① 中共中央马克思恩格斯列宁斯大林著作编译局．马克思恩格斯选集：第1卷［M］．北京：人民出版社，1972：24.

② 中共中央马克思恩格斯列宁斯大林著作编译局．马克思恩格斯全集：第3卷［M］．北京：人民出版社，1960：5.

③ 中共中央马克思恩格斯列宁斯大林著作编译局．马克思恩格斯选集：第1卷［M］．北京：人民出版社，1972：603.

④ 孙正聿．理想信念的理论支撑［M］．长春：吉林人民出版社，2014：8-9.

是说要通过教育活动的引导，弥合个人道德与社会道德之间的差距，推动个人道德取向对社会道德理想的认同、内化与实践。具体到当前高校道德教育来看，高校就是要坚持以"中国梦"为核心进行理想信念教育，以优秀传统文化、革命文化和社会主义先进文化为主旨进行思想道德教育，以社会主义核心价值观为统领进行价值观教育，旗帜鲜明地讲清楚当前社会所倡导的道德理想和弘扬的主流价值观，为大学生道德发展提供明晰的社会价值导向。

　　道德教育除了要尊重客观条件对社会实践活动的规定性，还应当认识道德观念的形成是个体发挥主观能动性、进行自我建构的过程。道德的自我建构是对"有生命的个人"作为道德主体的确证，是建立在个体的生命体验、情感趋向与理性认知基础上的、主体的能动的实践活动。[①] 我们的道德状况总是脱不开客观现实的制约，但在一定范围内，人们却总能按照自己认可的标准和尺度对道德关系进行评判和选择，"选择既是一种创造自我的方式，同时也是一种将自我与外界联系起来的方式"[②]。罗国杰分析了道德选择的实质：道德选择"是人在一定的道德意识支配下，根据某种道德标准，在不同的价值准则和善恶之间所做的自觉自愿的选择"[③]。人能进行道德选择的前提和基础就在于人的意志自由。自由意志是人之为人的根本，正是自由意志彰显了人的主体性，赋予了人超越环境限制和他人控制的内在力量，并为人在道德领域为自身立法提供了可能。道德选择同样是一个动态发展的过程，这也为道德教育的展开创造了便利条件。首先，道德选择会因人不同人生阶段的社会身份而发展变化，伴随着自然生命的成熟和心智模式的完善。人改变的社会身份会赋予人不同的交往空间和社会环境，从而为人的道德选择创设各种可能性。其次，道德选择会根据人不同时期的内在需要而变动调整，人们真正认同某一道德观念，很大程度上在于这一观念契合了人的内在需要，并有助于个体的成长发展和良好社会关系的确立。因此，高校道德教育不是强制性的"给定—接受"过程，而是自主性的"生成—建构"过程。在教育活动中，应充分尊重并激活学生的主体能动性，教会学生进行道德选择，激发学生自觉地把个体道德的现实性和社会道德的理想性结合起来，促使学生从现实的自我走向理想的自我，不断完善自己的道德信

① 孟茹玉．论价值认同的生成机制与教育理路［J］．思想理论教育，2019（5）：59-63.

② 巴恩斯．冷却的太阳：一种存在主义的伦理学［M］．万俊人，苏贤贵，朱国钧，等译．北京：中央编译出版社，1999：137.

③ 罗国杰．伦理学［M］．北京：人民出版社，1989：344.

念并积极地付诸实践。

在道德教育活动中，受教育者能动性作用的发挥有着深刻的哲学意蕴，在此过程中居于基础性地位的，就是道德教育主客体间的关系问题。主客体关系是认识论哲学的一个重要命题，而道德教育作为人类认识实践活动的一部分，也有相似的哲学范畴。说其相似，是因为一般意义上认识的主体是人，客体是被认识者，是与主体相对应的客观事物或外部世界，马克思指出：主体是人，客体是自然，这两者构成统一体。① 在道德教育活动中，作为主体的教育者与主体在实践中所指向的对象即客体——受教育者都是人，即是说，当我们将人作为客体来看待和讨论时，通常意义上的主客体关系就不再是人与自然的关系，而是人与人的关系。

为了更好地理解道德教育中教育者与受教育者这一特殊的主客体关系在认识实践活动中的矛盾运动过程，我们需要区分两对不同的概念，即主体与主体性、客体与客体性。主体与主体性和客体与客体性是两对具有一定联系但分属不同性质的概念，我们既不能夸大两者之间的联系，机械地将两者作为等同的概念加以使用，也不能简单地将两者视为一一对应的固定搭配，忽视它们在实践中的复杂关系。主体与客体相对，主体性与客体性相对，后两者分别是主体与客体之间在产生联系时呈现出来的属性。事实上，在道德教育活动中，作为教育者的主体也会表现出客体性，而作为受教育者的客体同样具有主体性。

我们具体来看：首先，教育者是道德教育活动的组织者和实施者，作为道德教育的主体，教育者具有主体性的特征毋庸讳言，但教育者又表现出客体性的某些特征。道德教育的主体在认识和改造以"人"为客观对象的实践活动中，会受到更多的非自身因素的制约。一方面，作为一项社会性的实践活动，道德教育是社会发展的基石，为了符合社会道德发展目标，人类整体作为社会主体必然会对教育者提出要求，并从道德教育的目标、内容和方式等诸多方面对教育者的施教活动予以限定和制约；另一方面，道德教育的客体——受教育者是有意识的"人"，这一客体具有很强的独立性和能动性。因此，要想达到预期的教育效果，道德教育主体就需要根据客体的个体差异和个体需要进行适时的调整，并获得客体的配合。其次，作为被认识和改造的对象，受教育者是道德教

---

① 中共中央马克思恩格斯列宁斯大林著作编译局．马克思恩格斯选集：第 2 卷 ［M］．北京：人民出版社，1972：88.

育的客体，但受教育者又具有一定的主体性的特征。不管是作为主体的人还是作为客体的人，都是具有主观能动性的人。在道德教育活动中，受教育者并非处于完全的"被动""接受"的地位，受教育者既是处于社会中的人，也是具有独立生命的个体的人，并且这种独立性并不会因为受教育者的客体地位而被消解。人的道德观念的形成是一个包括"知、情、意、行"等不同阶段的复杂过程，也是受教育者思想内部矛盾运动的过程，个体崇高的道德品质是人的本质力量的对象化，而人的本质力量的展现离不开个体的能动的实践活动。道德教育的过程，既是社会道德要求内化为个体道德品质的过程，又是个体道德品质外化为社会道德行为的过程，从这个意义上说，人的自我塑造在道德教育的过程中发挥着重要的作用。因此，教育客体主体性的彰显是逻辑和实践的必然。

总之，道德教育活动中的主客体关系绝不是单向度的"知识"的输送，而应是双向度的"观念"的塑造，我们应该自觉认识并充分尊重主客体所具有的主、客体二重性。这种二重性决定了道德教育是教育和自我教育相结合的过程，在德育过程中，教育者的教育和受教育者的自我教育是两支并存的教育力量，必须发挥这两者的积极性。

（二）融入过程应遵循道德教育的基本规律

从道德教育的教育和自我教育相结合的基本规律出发，我们在将君子人格融入大学生道德教育的过程中，既要做好融入环节的顶层设计，为融入创造良好的外部环境，也应充分尊重学生的主体性地位，激发学生了解认识君子人格的兴趣，并以引导学生自觉践行君子人格符合时代要求的道德观念为目的，让大学生真正成为弘扬和传承君子人格优秀品德的主体。

一是要提升大学生对君子人格的认知了解程度。2004年，中国《新闻周刊》在北京大学、清华大学和中国人民大学三所高校的本科生中进行的调查发现：青年大学生对传统文化的认知、了解程度不高。① 此外，有研究者调查了"大学生对传统文化的掌握情况"发现，相较于中国传统节日，当代大学生更了解或者更倾向于选择西方节日。② 从大学生对传统文化的了解和认识状况不难想象，大学生对君子人格的认知程度亦不容乐观。人的道德形成是"知、情、意、

① 丰鸿平，杜斐然. 当代青年如何看传统？[EB/OL]. 中国新闻网，2004-05-04.
② 陈佳琪，陈奇超，李虎诚. 走向现代勿忘传统：渤海大学等五校大学生掌握传统文化状况调查 [N]. 中国教育报，2007-12-14（3）.

行"等诸要素不断转化、渐次递进、螺旋上升的过程，在此过程中，"知"也就是人的道德认识或者道德观念具有基础性的地位。虽然道德教育的过程具有"多端性"，道德教育可以从知、情、意、行的任何一个环节开始①，但是当我们在讨论以君子人格涵养大学生的道德品质这一具体的道德教育过程时，大学生对君子人格基本内涵、德性内容以及修养方式等的认知程度，就决定了大学生能否以主动、自觉的状态，按照君子人格所彰显的道德原则采取适当的道德行为。如果某一事物，在我们的头脑中缺乏清晰的观念认识，我们对该事物所体现的原则的遵循，只能是偶然的而不是必然的，只能是自发的而不是自觉的。任何未经有意识思考的"不知不觉"的行为，显然不能体现人的主体能动性。

二是要提升大学生对君子人格的实践传承能力。君子人格对大学生道德观念形成的引导作用的发挥，有赖学生的实际体验和亲身感知。就目前的情况来看，大学生对君子人格所蕴含的传统美德的传承弘扬程度不够。价值认同是实践行动的前提和基础，大学生对传统美德缺乏践行能力，其深层次的原因在于对优秀传统文化的价值认识不足。近代以降，中国的社会现实以及世界发展的潮流，导致部分中国人对传统文化的认识产生偏差，对本民族文化丧失了信心，只有少数理论工作者仍在新旧体制更迭的夹缝中研究和秉承传统文化。新中国成立后的很长一段时间内，由于受到国内外各种因素的干扰，传统文化发展传承的民众基础依然薄弱。20世纪90年代中期以来，特别是21世纪以来，中国现代化进程得以快速和成功地发展，经济上的巨大成就引起了国民文化心理上的改变，民众开始回过头来重新发掘渐被遗忘的传统文化。百余年精英关注的文化纷争，演变为民众意识中中西好坏、古今优劣的价值选择，但对优秀传统文化所蕴含的价值的重新估定与继承是一个渐进的过程。2017年，《关于实施中华优秀传统文化传承发展工程的意见》印发，这一方面体现了当前我们对优秀传统文化历史地位和时代价值的科学认识，另一方面说明在实践中，我们对传统文化的传承弘扬仍有漫长的路要走。大学生是传承发展优秀传统文化的主力军，只有提高大学生对包括君子人格在内的优秀传统文化的价值认同，坚定大学生中国特色社会主义"文化自信"，才能从根本上激发起大学生的文化自豪感和文化归属感，进而激励大学生自觉地坚守中华文化立场、传承中华文化基因，自觉地在实践中弘扬中华传统美德、塑造完美道德人格。

---

① 檀传宝. 学校道德教育原理［M］. 3版. 北京：教育科学出版社，2015：89.

尊重学生的主体地位，让大学生真正成为弘扬和传承君子人格优秀品德的主体，在君子人格融入大学生道德教育的实践过程中，我们就要掌握以下几个具体的原则。

一是要注重渗透性。君子人格的产生和形成有其特定的历史条件和社会环境，在其融入大学生道德教育时，应考虑不同的"时空场域"和"认知模式"。在今天的大学生道德教育开展的过程中，有些教育工作者仍然习惯扮演"中介人"的生硬角色，注重"教书"忽视"育人"，注重情感说教忽视价值塑造，注重"知识灌输"忽视"探究启发"，将传统文化的内容原封不动地"讲授"给大学生，在将传统文化融入大学生道德教育的过程中，存在"走形式、摆样子"的现象，甚至将其作为"树业绩、争荣誉"的手段。这种"说教式"的方式难以调动大学生学习的积极性和主动性，也就无法激起学生的学习兴趣和心理共鸣，相反，有可能会造成学生的厌烦情绪和抵触心态。与强制灌输不同，渗透性的教育方式注重发挥传统文化精神对人的熏陶和浸润作用，强调采取隐性的、潜移默化的教育手段，创设合适的教育环境、营造合适的教育氛围，使传统真正"入脑入心"，让学生自觉接受并内化君子人格体现的道德观念。

二是要把握层次性。君子人格在融入大学生道德教育的过程中，要自觉把握融入的层次性，坚决避免"一刀切"。《纲要》指出，要"遵循道德建设规律，把先进性要求与广泛性要求结合起来"①，"先进性"和"广泛性"相结合，实际上就是要把握道德教育的层次性。我们之所以要把握道德教育的层次性，一是由于道德要求本身具有高低差别性，道德规范具有层次性；二是由于个体道德实践的程度具有差异性，道德主体具有层次性。道德规范之所以具有层次性，是因为道德是理想性与现实性的统一，其具体体现就是"道德的底线"和"道德的高标"，前者是个体必须履行的道德义务，后者是超越义务范围的自愿选择。同样，君子人格的道德要求既有"赞天地之化育"的至上道德目标，也有"孝悌为本"的一般道德原则。因此，在将君子人格融入大学生道德教育时，高校应从君子人格的一般道德要求入手，激励学生不断追求更高层次的道德目标。此外，道德主体之所以具有层次性，是因为道德是客观性和主观性的辩证统一体。就其客观性而言，道德包含了不以个人意志为转移的内容和原则；就其主观性讲，客观性的道德要求只有经主体内化之后并自觉地付诸行动，道德

---

① 新时代公民道德建设实施纲要［M］. 北京：人民出版社，2019：11.

才具有意义。这样，不同道德主体甚至同一主体在不同时空条件下，由于认识水平和所处环境的差异，对同一道德要求的实践程度会表现出殊异。因此，对不同的道德主体，比如，低年级学生和高年级学生、学生党员和普通学生，我们就要根据学生的不同层次，提出不同的教育目标、教育内容和教育方法，来提高君子人格融入大学生道德教育中的现实效果。

三是要提升针对性。如上所言，大学生在思想道德上的差异性是客观存在的。同时，大学生的价值观念和思想状况较之以往更加多元化，对具体道德原则和道德内容的认识和解读也更加多样化，对道德知识习得方式、道德习惯养成途径的需求也更加个性化。马克思指出："任何人如果不同时为了自己的某种需要和为了这种需要的器官而做事，他就什么也不能做。"① 这说明，大学生能够自觉养成良好的道德行为习惯的动力来源是自身的内在需要。因而，君子人格在融入大学生道德教育中时，应充分尊重并了解大学生的道德需要，对合理需要予以支持和满足，对不合理需要进行疏导和转化，在解决学生思想困惑的同时，为大学生道德行为的发生提供不竭的动力来源。当然，随着时代的发展，道德教育的内容也不可能原地踏步，当前，推动君子人格融入大学生道德教育中，其内容必然要与坚定中国特色社会主义共同理想、培育和弘扬社会主义核心价值观以及弘扬时代精神和民族精神等新时代道德建设的内容和要求相结合，来不断增强道德教育的时代性和针对性。

第二节　实施路径

一、融入育人主渠道，发挥课程德育主阵地作用

"学校是公民道德建设的重要阵地"，学校道德教育在大学生道德教育中居于首要位置，因此，君子人格思想要想融入大学生道德教育的第一步，就是要融入高校教育教学诸环节之中。"立德树人"是高校的根本任务，课堂是高校落实"立德树人"的主阵地，教学是高校落实"立德树人"的主渠道，将君子人

---

① 中共中央马克思恩格斯列宁斯大林著作编译局. 马克思恩格斯全集：第 3 卷 [M]. 北京：人民出版社，1960：286.

格思想融入课堂教学这一大学生道德教育的主阵地和主渠道，是实现融入目标的首要途径。高校教师是高校课堂教学活动的具体组织者、实施者和领导者，在课堂教学活动中发挥主导性的作用，以君子人格思想加强师德师风建设，是增强教师铸魂育人本领、提升课堂教学德育效果的关键。

（一）将君子人格思想融入课堂教学主渠道，找准"以文化人"的着力点

高校思想政治教育工作"要用好课堂教学这个主渠道"①，2019年11月印发的《纲要》强调，在爱国主义教育开展过程中，要"充分发挥课堂教学的主渠道作用"，课堂教学是高校教育教学的中心环节。同时，高校践行"立德树人"教育使命，就要把思想政治工作贯穿教育教学全过程，实现全程育人、全方位育人，"三全育人"是新时代高校道德教育必须坚持的核心理念。此外，党的十八大以来，习近平多次强调"要更加注重以文化人以文育人"②，"育新人，就是要坚持立德树人、以文化人"③。文化育人成为推动思想政治教育内涵式发展的重要育人体系之一。高校将君子人格思想融入高校思想政治理论课（下文简称"思政课"）、通识课以及专业课课堂教学，寓德育于各类课堂教学之中，使课堂教学成为学校德育工作的主要渠道，既是"立德树人"在课堂教学中的重要体现，又是对"三全育人"德育理念的贯彻落实，也是对"文化育人"体系的有益探索。

一是将君子人格思想融入思政课课堂教学中。

思政课是落实立德树人根本任务的关键课程，高校思想政治工作要"不断提高学生思想水平、政治觉悟、道德品质、文化素养，让学生成为德才兼备、全面发展的人才"④。思政课具有重要的道德教育功能，是大学生道德教育开展的重要载体。有学者指出，大学道德教育课程有三种模式，即"德目主义的直接德育课程、全面主义的间接德育课程和隐性德育课程"⑤，而"高校思想政治教育理论课程作为大学的直接德育课程，其根本目标和任务是帮助大学生树立马克思主义基本立场、观点和方法，树立正确的世界观、人生观和价值观，培

---

① 习近平：把思想政治工作贯穿教育教学全过程［EB/OL］. 人民网，2016-12-08.

② 习近平：把思想政治工作贯穿教育教学全过程［EB/OL］. 人民网，2016-12-08.

③ 习近平. 举旗帜聚民心育新人兴文化展形象 更好完成新形势下宣传思想工作使命任务［EB/OL］. 新华网，2018-08-22.

④ 习近平：把思想政治工作贯穿教育教学全过程［EB/OL］. 人民网，2016-12-08.

⑤ 彭小兰. 中国大学德育课程发展研究［M］. 北京：人民出版社，2013：182.

养社会主义建设者和接班人"①。

思政课的道德教育功能为君子人格思想融入思政课课堂中的教学提供了必要性和可能性。同时，思政课具有文化属性，具有文化育人的功能。对此，沈壮海认为："思想政治教育的理论和内容是社会文化的组成部分，而特定的文化环境又支撑了思想政治教育的发展。"② 思政课的课程学习过程既是开展思想道德教育的过程，也是文化育人的过程。思政课课程学习离不开优秀传统文化的感染与熏陶，为此，就要充分发挥高校思想政治理论课的重要作用，促进思想政治教育与中华优秀传统文化教育的紧密结合。③ 同样的，先秦儒家君子人格为道德教育提供了丰富的素材，在创新发展、批判继承的基础上，挖掘君子人格与思政课教学目标相一致的道德教育内容，并自觉融入课堂教学的各环节中，有助于提升思政课的文化吸引力和德育实效性，有助于提升大学生的文化认同感和文化自信心。

就君子人格融入思政课教学的具体方面，我们可以从以下两方面进行尝试。

首先，更新教学理念。君子人格思想体现了中国教育"德育优先"的特点和长处。新时代，"要把立德树人的成效作为检验学校一切工作的根本标准"④。思政课作为"立德树人"主渠道，更应当纠正轻视德性教育、偏重知识教育的错误倾向。君子人格道德教育的起点是对"孝悌"亲情的人伦道德的培养，这种从人类最基本的社会关系和最自然的情感入手的道德教育，更容易达到预期的教育目的。思政课要提升自身的吸引力、亲和力、说服力和感染力，就不能脱离大学生的生活实际，从人类基本的情感出发，有助于激发大学生对育人工作的心理共鸣和价值认同。君子人格思想一条重要的道德教育观念就是"为仁由己"，承担道德义务是君子发自内心的自由要求，实现道德价值是君子个体存在的生命意义。这种通过启发教育对象内在自觉来提高自身道德素质的育人理念，对思政课教育引导学生自觉树立"为中国特色社会主义奋斗终生"的远大理想，具有启发意义。

其次，融入教学内容。世界观是人的精神世界的核心内容，思政课要帮助

---

① 骆郁廷.高校思想政治理论课程论［M］.武汉：武汉大学出版社，2006：88.

② 沈壮海.思想政治教育的文化视野［M］.北京：人民出版社，2005：327.

③ 教育部关于印发《完善中华优秀传统文化教育指导纲要》的通知［EB/OL］.中华人民共和国教育部官网，2014-03-28.

④ 习近平.在北京大学师生座谈会上的讲话［M］.北京：人民出版社，2018：7.

大学生树立马克思主义的科学世界观。君子人格遵从的世界观是"天人合一"的宇宙观。"天人合一"思想既体现了先秦儒家对世界本质的朴素的唯物论认识，又蕴含了对促进人与自然和谐共生关系的朴素的辩证认识，还表达了对人的地位与价值的肯定和珍视，这些认识在很大程度上契合了马克思主义世界观的基本观点，值得思政课加以借鉴和吸收。人生观是个人对人生目的、人生价值以及人生态度等基本人生问题的观点和看法，思政课要引导大学生在勇担中华民族伟大复兴的历史使命中实现人生价值。人生问题也是君子人格解决和回答的重要问题，君子"明德亲民""成己成物"的人生目的，"修己安人""治平天下"的人生价值，"自强不息""困而不失其所"的人生态度等，有助于引导大学生树立远大理想，正确认识人生意义，形成健康的人生态度。道德观教育是思政课的重要教育内容，成为一个具有高尚道德素养的社会公民是大学生思政课学习的重要目标之一。君子人格蕴含了丰富的道德条目，比如，"仁智勇"的"三达德"、"恭宽信敏惠"的"五行"、"仁义礼智信"的"五常"以及"温良恭俭让"的"五德"等，结合时代要求，思政课积极汲取其中的道德精华，有助于大学生养成讲道德、尊道德、守道德的生活方式。此外，君子人格"重义轻利""以义制利"的"义利观"为大学生集体主义、爱国主义价值观的培育提供了道德资源，君子"中庸"思想对大学生养成理性平和的心态、实现个人身心健康提供了重要启示。

二是将君子人格思想融入通识课课堂教学中。

思政课是大学生思想道德教育的主渠道，而通识课则是大学生思想道德教育的重要"支渠道"，加强"支渠道"建设，发挥"支渠道"的育人作用，对提升大学生的道德素养同样重要。2014 年，教育部印发的《完善中华优秀传统文化教育指导纲要》中则要求有条件的高校要统一开设中华优秀传统文化必修课，将先秦儒家君子人格融入通识课课堂教学中，既是建设好思想道德教育"支渠道"的应有之义，也是发挥好中华传统文化育人功能的重要体现。

通识教育（general education）源自亚里士多德提出的自由教育（liberal education）。在亚氏看来，此处所谓的"自由"就是不"卑陋"，他认为："任何职业、工技或学科，凡可影响一个自由人的身体、灵魂或心理，使之降格而不复适合于善德的操修者，都属'卑陋'。"① 摆脱外在"工技"的实用和功利目的，

---

① 亚里士多德. 政治学［M］. 吴寿彭，译. 北京：商务印书馆，1965：408.

坚守对人内在道德情操的关注，可以说是"自由教育"或"通识教育"诞生的初衷。西方近现代"通识教育"概念，由美国学者帕卡德（A. S. Parkard）于1829年首次提出。19世纪以来，大学教育为了适应社会分工对专门人才的需要，逐步形成了与之相匹配的专业教育体系。专业教育的建立有其客观必然性和社会合理性，但专业教育的过度发展造成了不同学科之间的森严壁垒，导致人知识的窄化，降低了人们对多样化知识探寻的兴趣。同时，人们对科学沉迷及对技术崇拜带来的功利主义和实用主义的教育取向，导致教育丰富人的精神世界这一重要功能的弱化。可以说，专业教育在相当程度上导致了近现代以来高校"教书"与"育人"功能的疏离。因此，作为与专业教育相对应的通识教育，其核心理念就是要使教育关注的重点重回人本身，将实现人的身心和谐发展作为终极关怀。

中国传统教育虽然没有明确地提出"通识教育"的概念，但其教育模式和教育思想与通识教育有着诸多相似之处。由于中国传统社会是一个伦理本位的社会，教育的首要目的就在促使受教育者"成德成人"。忽视科学技术是我国传统教育的不足之处，但对如何"成人"的关注则是其优势所在。余英时认为，中国古代传统教育蕴含了通识教育的基本观念："譬如'观其大略''识其大者'便是讲求'通识'，不陷'支离破碎'。儒家传统中有'博士之学'与'士大夫之学'的分别，前者指'专业'，后者指'通识'。"① 近现代以来，通识教育在我国大学教育中也有着一席之地。比如，《钦定京师大学堂章程》开宗明义地指出学堂创设之目的："造就通才，为全学之纲领。"② 现代教育家梅贻琦提出了"通才教育"的观念，他主张，大学应以培养"通才"为直接的教育目标，不应该也不可能担负起直接为各行各业培养"专才"的任务，大学应着眼于对学生"人格"的全面培养。他还分析了通识教育与专业教育的区别，"通识，一般生活之准备也。专识，特种事业之准备也"，在两者的地位上，"则通识为本，专识为末"③。

"通识教育"的培养目标是"完整的人"，而非限于某一专业领域的专门人

---

① 余英时. 人文·民主·思想 [M]. 北京：海豚出版社，2011：55-56.
② 璩鑫圭，唐良炎. 中国近代教育史资料汇编：学制演变 [M]. 上海：上海教育出版社，1991：235.
③ 梅贻琦. 大学一解 [J]. 中国大学教学，2002（10）：44-47.

才。① 培养"完整的人"，就要为学生搭建包括人文科学、社会科学以及自然科学在内的丰富而非单一的知识结构，其中，人文知识又是通识教育的重点。通识教育的"重要途径之一就是为全体学生提供一个共同的文理基础，特别是一个共同的人文知识基础"②。事实也是如此，国内外大学通识教育在课程设置上的一个共同特点是人文社科类的课程占比最大，所占比重普遍在三分之二以上，有的甚至高达五分之四。对人文教育的重视，必然离不开对本民族文化与文明的传承与发展。纵观现代西方通识教育的发展历程，其总体性的目的就是增进学生对西方文明的认同程度。中国内地的通识教育肇始于1995年教育部在全国52所高校试点实施的文化素质教育工作。21世纪以来，文化素质教育渐趋沉寂，通识教育逐步升温，特别是党的十八大以来，越来越多的高校开设了通识教育课程。值得一提的是，在我国高校的通识教育中，传统文化类课程几乎无一缺席。

高校通识教育虽然并没有将其教育目标定位为道德教育，但它与大学生道德教育有着密切的联系。首先，两者在教育目标上具有契合之处。通识教育作为一种"回归人本"的教育，是教以如何"做人"的教育，关涉到人对自身价值的探索和意义世界的建构，关涉到人的生命质量的提升和精神品格的塑造，其终极目标是培养全面发展的人，这一教育目标与大学生道德教育的目标在本质上相契合。其次，两者在教育任务上具有相通之处。通识教育一个重要任务就是启发人的主体自觉，鼓励大学生自由、自主地探究多维度的知识、感受多样化的世界、获得丰富性的情感，道德教育同样强调道德精神的生成过程是大学生主体性价值的自觉建构过程。最后，两者在教育内容上有相同之处。虽然通识教育的教育内容较道德教育更为宽泛，但是，通识教育与道德教育有着相同的以人文社科为主的学科背景，两者在教育内容上交叉渗透。通识教育的人文内容为道德教育提供了丰富的基础素材，反过来，道德教育的德育内容又为通识教育的深化发展提供了可能。

总之，"通识教育致力于全人的培养"③，既是高校传承中华优秀传统文化

---

① 李曼丽. 通识教育：一种大学教育观 [M]. 北京：清华大学出版社，1999：8.

② 曹莉. 关于文化素质教育与通识教育的辩证思考 [J]. 清华大学教育研究，2007（2）：24-33.

③ 宋尚桂，王希标. 大学通识教育的理论与模式 [M]. 青岛：中国海洋大学出版社，2007：76-77.

的重要渠道，又是高校落实"立德树人"根本任务的重要载体。因此，高校将先秦儒家君子人格思想融入大学生通识教育课程中，既可以增加通识教育的传统文化底蕴，又可以很好地实现通识教育培养"全人"的育人目标。君子人格思想本身就含有通识教育的基因，比如，"君子不器"蕴含了人的全面发展的教育目标，"君子六艺"体现了教育内容的丰富多样性，"博学之，审问之，慎思之，明辨之，笃行之"的君子修身途径，体现了教育过程中人的主体自觉。

君子人格思想在融入通识课课堂教学时要注意做好以下几点：

一是要引入经典诵读。高校应当开设以"先秦儒家君子人格思想"为专题的通识课程，通过讲解先秦诸子经典典籍，让大学生对君子人格的理论知识有深入的把握，因为"通识教育就是以经典教育为核心的教育"①，恰如赫钦斯（Robert Maynard Hutchins）所提出的：通识教育的核心就是让学生通过诵读经典著作来达到"永恒学习"的目的。② 二是要做好透彻讲解。"大学教育必须拒绝肤浅"③，通识课程不应成为内容肤浅、教学粗糙的"水课"，它应当以培养真正意义上的"人"为教学目的。"如果我们将通识教育看作一门又一门课程，这将是最不幸的"④，通识教育要达到育人效果，必须在教学内容的深度上下功夫。教师只有将君子人格在课堂教学中为学生做深入的剖解，将君子人格作为知识、价值与审美的统一予以充分展示，才能引发学生的思考，让学生领悟成人通达之道。三是更新教学方式。通识课不能成为简单的知识传授的课程，而应是一项"精神成人"的活动，只有在教学设计和教学方法上仔细打磨，才能将君子人格的有关知识转化为学生的心灵体验。通识课程更应采用多元的教学方式，通过讨论式、体验式、互动式的课堂教学，激起学生对君子人格的兴趣。比如，可以将"如何做一个现代君子"等开放性的话题引入课堂讨论，可以将有关君子的古诗词、古典音乐、古代绘画等艺术形式带入课堂教学，亦可以组织一些诸如君子礼仪的体验活动，切实增强学生对中华传统美德的认同感。

（二）以君子人格思想加强师德师风建设，增强教师铸魂育人本领

国之大计，教育为本；教育大计，教师为本。高质量的教师队伍是落实

---

① 任庆运. 论通识教育与经典教育 [J]. 高教发展与评估, 2008 (2): 4-6, 120.

② 赫钦斯. 学习型社会 [M]. 林曾, 李德雄, 蒋亚丽, 译. 北京: 社会科学文献出版社出版, 2016: 79.

③ 浦家齐. 通识教育的通达之道: 深度开拓 [J]. 江苏高教, 2007 (5): 72-73.

④ 哈佛委员会. 哈佛通识教育红皮书 [M]. 李曼丽, 译. 北京: 北京大学出版社, 2010: 44.

"立德树人"根本任务的有力保障，是提升课堂教学质量的前提和基础。"教师是人类灵魂的工程师，承担着神圣使命"，因此广大教师应"以德立身、以德立学、以德施教"。① 育才由育师始，育人者先受教育，要坚持把教师队伍建设作为基础工作，建设一支高素质的教师队伍。

新时代以来，为贯彻高校立德树人根本任务，以"课程思政""三全育人"等为代表的高校德育观逐渐形成，全员、全过程、全方位、全课程育人的理念为新形势下高校德育工作指明了方向，这些理念同时意味着高校教师队伍都应该是大学生道德教育的主体。高校教师不仅要"教书"，更要"育人"；不仅要做"经师"，做到学有专长，能授人一技之长，还要努力成为"人师"，达到德行高尚，足为楷模的境界。总之，高校教师应以独有的德、才、情给予学生一种潜移默化、终身受益的引导和启发，真正成为"人类灵魂的工程师"。

高校要加强师德师风建设，让高校教师真正成为道德的实践者和示范者，发挥优良师德师风对大学生道德教育的促进作用，是进一步提升道德教育实效性的必然要求。首先，优良师德师风可以为大学生道德发展提供价值导向。优良师德师风蕴含的价值追求，容易引起大学生的心理共鸣，从而促使大学生产生强烈的价值认同，并引导大学生自觉效仿，转化为学生的道德行为。其次，优良师德师风可以激励大学生追求崇高道德境界。作为与大学生接触最为密切的群体，教师追求高尚，就会激励大学生追求全面发展。当大学生深处良好师德师风营造的优良教风学风中时，他们就会在潜移默化中促使自身行为适应环境要求，获得品德提升。最后，优良师德师风能够有效约束调节大学生的行为。优良师德师风所体现出来的价值观，具有一定的稳定性，教师提倡什么、反对什么、禁止什么，能够直观地被大学生感知和认识到，从而能有效地对大学生的不良行为进行约束、对失当行为进行调节，保障大学生的认识和行为与社会倡导相一致。

党的十八大以后，习近平从党和国家事业发展全局的高度看待教育、教师和师德问题，并在不同场合强调教师要成为"大先生"、要做"好老师"，要成为学生的"筑梦人""引路人"。2014年9月，习近平在同北京师范大学教师代表座谈时，从实现"两个一百年"奋斗目标和中华民族伟大复兴的中国梦的战

---

① 习近平在全国高校思想政治工作会议上强调：把思想政治工作贯穿教育教学全过程 开创我国高等教育事业发展新局面 [N]. 人民日报，2016-12-09（1）.

略高度，提出了党和人民满意的"四有"好老师的标准：有理想信念、有道德情操、有扎实学识和有仁爱之心。这四条标准，细致勾画了具有良好师德师风的"好老师"的具体形象，明确了新时代师德师风建设的具体内容，为加强高校师德师风建设提供了明确的着力点。

先秦儒家同样重视教师在塑造君子人格过程中的重要作用，要让学生养成君子之德，教师自己首先应成为君子之师。第一，教师应志于师道，以教师身份为荣。孟子认为教师地位崇高，甚至可以"为王者师"（《孟子·滕文公上》），并说"君子有三乐"，其中之一就是作为教师的快乐："得天下英才而教育之。"（《孟子·尽心上》）荀子进一步提升了教师的地位，"君师者，治之本也"（《荀子·礼论》），教师是"化民成俗"的肇始，是国家治乱兴衰的根由，"国将兴，必贵师而重傅"，"国将衰，必贱师而轻傅"（《荀子·大略》）。因此，人们能成为教师是莫大的荣幸，教师应该有职业的荣誉感和自豪感，并立定师道、悉心为教，"君子壹教，弟子壹学，亟成"（《荀子·大略》），"壹教"便是专心于教学。第二，教师应身正为范，做到以身立教。"学高为师，身正为范"，教师应以身作则，行为示范。孔子较早提出了"正人正己"的思想，"其身正，不令而行；其身不正，虽令不从"（《论语·子路》），教师的"身教"重于"言教"。孟子进一步发展了这一思想，"大人者，正己而物正者也"（《孟子·尽心上》），故"教者必以正"（《孟子·离娄上》）。教师只有具备了良好的德性，以身立教，教育活动才能有说服力，也才能培养学生正确的道德观，所以荀子说："今人之性恶，必将待师法然后正。"（《荀子·性恶》）第三，教师应勤勉治学，形成广博的知识。师者，传道授业解惑也，教师承担着传播知识、传播思想、传播真理的重大使命，俗话说"要给学生一杯水，自己要有一桶水，更要成为长流水"，因此，教师必须要有相应的知识储备。孔子说自己"非生而知之者，好古，敏以求之者也"（《论语·述而》），教师要有广博的学识就应有勤勉好学的精神，孟子说"君子之志于道也，不成章不达"（《孟子·尽心上》），所以说"学不可以已"（《荀子·劝学》）。教师还应做到"教学相长"（《礼记·学记》），以"教"促进"学"，以"学"反思"教"。故而，教师和师生之间也应当建立相互学习、共同成长的良性关系，对此孔子主张"三人行，必有我师焉"（《论语·述而》），"敏而好学，不耻下问"（《论语·公冶长》）。第四，教师应有教无类，具有慈爱弟子的情怀。教师不能因为学生身份、地位的差异而区别对待，要做到"有教无类"，平等对待学生，孔子说自己"自行束脩以上，吾未尝无诲也"（《论语·述而》）。当然，在给学生以平等的受教育机会的前提下，应尊重学生个人禀赋上的差异，能够"因材施教""长善救失"。教师要能做到这些，必须要对学生抱有慈爱关怀之情，只有教师关爱学生，学生才能尊师重教。孔子就是仁爱弟子的典范，伯牛有疾，孔子探望他时哀叹道："斯人也而有斯疾也！"（《论语·雍也》）颜渊英年早逝，子连连悲叹"天丧予！天丧予！"，"子哭之恸"（《论语·先进》）。正是因为孔子关爱学生，我们才看到子贡对孔子的无限敬慕之情："仲尼，日月也，无得而逾焉。"（《论语·子张》）

先秦儒家关于"师德"建设的真知灼见，亦可以为新时代高校教师努力成为"四有"好老师提供启迪。

首先，坚定的理想信念是良好师德师风的根本。2013年，习近平就曾明确提出，广大教师要"牢固树立中国特色社会主义理想信念"[①]，理想信念是精神之钙，是师德师风建设的首要内容。我们的教育归根结底是中国特色社会主义的教育，高等教育要落实"四个服务"，并使广大青年学子对中国特色社会主义事业充满信心。身为教师，他们要树立"中国特色社会主义理想信念"，这既是政治立场，又是职业道德，这就是习近平多次强调的"大德"。高校教师既要善于"授业""解惑"，更要肩负起"传道"的责任和使命。教师要"传道"，自己首先就要"明道""信道"。因此，高校教师要不断加深对中国特色社会主义理论体系的学习，做到在思想、理论和情感上对中国特色社会主义高度认同。教师所传之"道"，就是要坚持不懈传播马克思主义科学理论，积极培育和弘扬社会主义核心价值观，帮助学生坚定远大理想和共同理想，自觉学习与宣传习近平新时代中国特色社会主义思想。这样，高校教师才能以自身坚定的理想信念，教育、引导青年大学生热爱祖国、热爱人民、热爱中国共产党，培养、激励青年学子自觉做中国特色社会主义的坚定信仰者和忠实实践者。

其次，崇高的道德境界是良好师德师风建设的前提。"教师的职业特性决定了教师必须是道德高尚的人群"，因为"教师的工作是塑造灵魂、塑造生命、塑

---

① 本书编写组. 习近平总书记系列讲话精神学习读本［M］. 北京：中共中央党校出版社，2013：223.

造人的工作"。① 老师应以自身崇高道德境界和优秀人格品质，潜移默化地影响学生。《礼记》有云："师也者，教之以事而喻诸德者也。"老师不仅要教授学生"谋事之才"，还要晓喻学生以"立世之德"，而"喻诸德"则更为根本。教师的道德修养很大程度上影响着学生的品德素质，因此教师"一言、一行、一举、一动，都要修养到不愧为人之师表的地步"②。在今天，教师就应当努力成为新时代公民道德建设的先行者，同时，高校教师应当秉持"执着于教书育人"的敬业精神。教师的道德情操还应体现在对教育事业的忠诚和热爱上，要有无私奉献的高尚情操，要有不懈奋斗的事业精神，要让自己的人生价值在兢兢业业的育人工作中得到实现和升华。高校教师应当树立正确的得失观，他们选择高校教师这一职业，就选择了一种生活方式，就要放弃世俗的浮华，去追寻内心的充实和精神的富足，就要在金钱、物欲、名利同人格的较量中把握住自己，自觉坚守精神家园、坚守人格底线，并以身示范，引导和帮助青年学子找到正确的人生方向、扣好人生的第一粒扣子。

再次，扎实的学识素养是良好师德师风的基础。良好的专业功底是教师的基本业务能力要求，做好老师"不仅要有胜任教学的专业知识，还要有广博的通用知识和宽阔的胸怀视野"③。扎实的学识、深厚的学养、精湛的教学方法是高校教师的立身之本，是教师开展教育活动的先决条件。教师只有自身具备广博的知识、卓越的见识、精深的学问，才能教育引导学生，赢得学生的尊重和认可，帮助自己在教育教学活动中树立威信。"学生往往可以原谅老师严厉刻板，但不能原谅老师学识浅薄。"④ "所谓大学者，非谓有大楼之谓也，有大师之谓也。"⑤ 大学理应成为大师云集、英才辈出的学术圣地，高校教师理应成为业务精湛、学生喜爱的高素质教师。当然，要全面贯彻落实"立德树人"根本任务，高校教师除了具备良好的专业素养，还要具备培养学生全面成长的教育

① 习近平：做党和人民满意的好老师：同北京师范大学师生代表座谈时的讲话 [EB/OL].
  人民网，2014-09-09.
② 陶行知．陶行知全集：第二卷 [M]．成都：四川教育出版社，1991：274.
③ 习近平：做党和人民满意的好老师：同北京师范大学师生代表座谈时的讲话 [EB/OL].
  人民网，2014-09-09.
④ 习近平．做党和人民满意的好老师：同北京师范大学师生代表座谈时的讲话 [EB/OL].
  人民网，2014-09-09.
⑤ 昆明市文史研究馆．望旌旗以千里：昆明抗战遗址遗迹全录（1931—1945）：下卷
  [M]．北京：人民出版社，2018：142.

能力。好老师应充满育人智慧，能够在学习、处世、生活等各方面给学生以帮助和指导。新时代，高校教师应成为社会主义先进文化的拥护者、科学真理的传播者和大学生美好心灵的塑造者，不仅要做学生学习知识和创新思维的引路人，还要做学生锤炼品格和奉献祖国的引路人，矢志培养社会主义建设者和接班人。

最后，博大的仁爱之心是良好师德师风的关键。"好老师应该是仁师，没有爱心的人不可能成为好老师。"①"仁爱"是良好师德师风的关键和灵魂，教师博大的"仁爱之心"应包含三方面的意蕴：一是教师应热爱自己所从事的教育事业。教师要有对教育事业的责任感和奉献精神，珍视自己作为一名"教育者"的身份，要有对人民教师这一崇高职业的敬畏和尊重。二是教师应热爱自己的学生。这种"爱"既本之于"师生"这一特殊的社会关系所产生的人类的社会情感，是教师对学生正确认识和高度负责的体现，又源自教师对教育事业的热爱，是教师深刻理解教育的意义和强烈事业心的体现。三是教师应热爱一切美好的事物，对美好事物的热爱有助于提升人的精神境界、陶冶人的内在心灵、培育人的健全人格。在此过程中，教师既能培养人对事对物豁达、包容的气度，又能使人获得品格的提升和精神的充盈。当然，在这三者之中，"爱生"应当是教师"仁爱之心"的核心。热爱学生首先要尊重学生的独立人格。首先教师应该赏识、信任和接纳每一个学生，尊重学生的个体差异，做到"有教无类""因材施教"，帮助学生树立自尊和自信。其次，要理解学生的内在需要。教师应当认识到学生在教育活动中的主体性，理解学生在不同成长阶段的身心发展需要，并适时地调节教育的内容和方式，在关照学生合理需求的基础上，引导学生健康成长。最后，要宽容学生的成长"烦恼"。教师应以适度的宽容为原则，允许学生表达不同意见，允许学生失败甚至犯错，以同理心谅解并包容学生的不完美，以"循循善诱"的方式发现并激发学生潜能，营造有助于学生成长的良好环境。

二、构建立体化传承体系，创设良好德育环境

历史经验告诉我们，特定的环境通过对各种教育要素的融合，能够潜移默

① 习近平：做党和人民满意的好老师：同北京师范大学师生代表座谈时的讲话［EB/OL］.人民网，2014-09-09.

化地影响人们的道德面貌和价值观念，影响道德教育的内容和方式，进而影响道德教育的现实效果。同时，中华优秀传统文化的传承发展，也需要社会大环境的支持，只有整个社会认同并重视优秀传统文化，君子人格思想才可以融入大学生道德教育的土壤中。教师只有以高度的文化自觉和文化自信营造全社会重视优秀传统文化、传承优秀传统文化的良好氛围，才能使君子人格与大学生道德教育的融合由应然之态变为实然之举。

环境是道德教育的基本要素之一。关于环境，马克思主义认为环境是人类主体改造主客观世界必备的自然条件、社会条件和文化条件的总和。① 就环境与人及教育的关系，马克思主义指出："人创造环境，环境也创造了人。"② 古今中外的思想先驱，一贯重视环境对教育的重要作用。亚里士多德提出只有好社会才能培养好公民，柏拉图也说好的行为习惯有赖于善的本性倾向与良好环境的共同作用。近代法国思想家克洛德·阿德里安·爱尔维修（Claude Adrien Helvetius）主张"人是环境和教育的产物"。现代美国教育理论家杜威也讲到人应当"从环境中习得为人处世之道"。中国古代的思想家也认识到了环境与人的道德成长的关系，孔子说："与善人居，如入芝兰之室，久而不闻其香，即与之化矣。与不善人居，如入鲍鱼之肆，久而不闻其臭，亦与之化矣。"（《孔子家语·六本》）孟子言："富岁，子弟多赖；凶岁，子弟多暴。"（《孟子·告子上》）荀子讲："蓬生麻中，不扶而直；白沙在涅，与之俱黑。"（《荀子·劝学》）古语云"近朱者赤，近墨者黑"就是这个道理。

关于道德教育环境，罗国安认为："德育环境就是影响人形成一定品德的各种事物的总和。"③ 邱伟光和张耀灿同样认为思想道德教育的环境就是那些"影响人的思想政治品德形成、发展和思想政治教育获得开展的一切外部因素"④。可见，道德教育环境是由多种互相联系的环境要素构成的复杂的、立体的、多维的系统。为了研究的方便，人们就需要给复杂的环境要素进行分类。当然，出于研究视角和研究需要的不同，人们对环境要素的分类必然有所不同。比如，

---

① 姚桓. 新时期党建研究论集［M］. 北京：人民出版社，2017：453.

② 中共中央马克思恩格斯列宁斯大林著作编译局. 马克思恩格斯选集：第 1 卷［M］. 北京：人民出版社，1972：43.

③ 罗国安，赵金昭. 德育环境学［M］. 西安：陕西人民出版社，1992：8.

④ 邱伟光，张耀灿. 思想政治教育学原理［M］. 北京：高等教育出版社，1999：144.

有学者按照思想道德教育的内容将环境划分为"社会物质环境和社会精神环境"①，有学者按照环境的作用范围将其划分为"宏观环境和微观环境"②，也有学者以时间为维度将环境划分为"历史环境、现时环境和未来环境"③。从以上分类可以看出，道德教育环境不仅形式多样、内容复杂，其本身又处于动态变化之中，对其分类本身就是一件困难的事情，而要想在理论和实践上取得一致性的意见，则更加困难。因此，我们对道德教育环境的分类多是出于研究便利的需要，并非各分类方法之间确有深渊相隔。

《国家中长期教育改革和发展规划纲要（2010—2020年）》指出："把德育渗透于教育教学的各个环节，贯穿于学校教育、家庭教育和社会教育的各个方面。"《完善中华优秀传统文化教育指导纲要》指出，加强中华优秀传统文化教育要"坚持学校教育、家庭教育、社会教育相结合"。在全国教育大会上，习近平指出："办好教育事业，家庭、学校、政府、社会都有责任。"④ 结合研究主题，同时为了行文方便，我们将道德教育环境按照道德教育组织实施的主体划分为学校道德教育环境、社会道德教育环境和家庭道德教育环境，并就君子人格思想如何融入以上三类道德教育环境，营造良好育人氛围，来形成大学生道德教育的育人合力进行探讨。

一是融入学校道德教育环境中，发挥优质校园文化的育人功能。

学校道德教育环境的重要载体是校园文化建设。《关于加强和改进高等学校校园文化建设的意见》指出："加强校园文化建设对于推进高等教育改革发展、加强和改进大学生思想政治教育、全面提高大学生综合素质，具有十分重要的意义。"习近平指出："一所高校的校风和学风，犹如阳光和空气决定万物生长一样，直接影响着学生学习成长。"⑤《纲要》也强调，要"丰富校园文化生活，营造有利于学生修德立身的良好氛围"。学校特有的文化氛围具有潜移默化的育

---

① 张耀灿，郑永廷，吴潜涛，等. 现代思想政治教育学［M］. 北京：人民出版社，2006：78.

② 陈万柏，张耀灿. 思想政治教育学原理［M］. 北京：高等教育出版社，2007：99.

③ 岳金霞. 思想政治教育环境的分类研究［J］. 石油大学学报（社会科学版），2005（2）：81-85.

④ 中共中央党史和文献研究院. 习近平关于注重家庭家风家教建设论述摘编［M］. 北京：中央文献出版社，2021：81.

⑤ 习近平在全国高校思想政治工作会议上强调：把思想政治工作贯穿教育教学全过程 开创我国高等教育事业发展新局面［N］. 人民日报，2016-12-09（1）.

人功能，对大学生文化品位、精神品质、道德品格的熔铸有独特的感染力，因此，校园文化建设是高校道德教育环境营造的重要组成部分。

校园文化是一所高校在长期的办学历程中形成的育人文化和价值文化的综合，是物质文化和精神文化的统一。物质文化，简单来说就是高校育人活动赖以进行的场所和条件，如各类校园建筑、基础设施、校园绿化、图书资源以及校园雕塑等。精神文化，就是一个高校的精神价值追求，是校园文化的核心和灵魂，如大学的办学理念、师德师风、校风学风以及学生的理想信念、价值取向和精神追求等。校园物质文化和校园精神文化都是校园文化的有机组成部分，两者既相互联系又有所区别，就联系来看，物质文化是某些精神文化得以形成的前提和基础，而精神文化又是对某些物质文化的凝练和升华。就区别而言，这两者分属两种不同类型的文化，它们各自通过不同的方式共同承担校园文化的育人功能。因此，高校对校园文化的建设必须兼顾两种不同的文化类型，不可偏废其一。

我们纵观世界一流大学，都有一个共同的特征，即都具有活跃的校园文化和深邃的人文传统，因此我们所构建的一流大学，也应当是各具特色的办学理念与厚重历史人文精神相统一的大学。从这一认识出发，高校校园文化建设与传承优秀传统文化应实现自觉的"文化融合"，这一融合既体现了历史与现实的统一，又体现了目的和手段的统一。一方面，高校校园文化建设是传承优秀传统文化的重要载体。大学生接触最多的就是校园文化环境，一所高校校园文化是什么样子的，在很大程度上决定着它所培养的学生的精神样貌。大学生是弘扬优秀传统文化的主力军，我们培养的大学生对传统文化的认识程度、认同程度，直接影响了优秀传统文化传承的持续性和有效性。高校的示范和学生的践行，既能为传承优秀传统文化探索多种可能的途径，又能影响和带动大众参与弘扬优秀传统文化的积极性。另一方面，传统文化为校园文化建设提供了丰富的文化养料。优秀传统文化蕴含丰富的德育、智育以及美育等方面的宝贵资源，能够为校园文化建设提供文化基础；优秀传统文化蕴含了仁爱、诚信、正义等丰富的道德资源，为大学生道德教育指明了方向和价值；诸子百家、唐诗宋词、宋明理学、明清小说等，有助于开阔学生视野，增加学生知识储备，丰厚学生人文底蕴；戏曲曲艺、雕塑雕刻、书法绘画等传统艺术形式所蕴含的美育价值，对提升学生审美能力和心灵境界具有重要意义。

　　高校将君子文化融入校园文化建设，是发挥校园文化和传统文化育人合力的一个重要举措。一方面，君子文化可以融入高校校园物质文化环境，营造浓厚的传统文化育人氛围。高校可以在校园中规划设计先秦儒家代表人物，如孔子、孟子、荀子等历史人物的雕像、雕塑，引导学生瞻仰先贤，激发学生对先秦儒家文化的学习兴趣；高校可以结合实际，在校园绿化中种植梅、兰、竹、菊"四君子"典型花木，塑造学生审美人格境界；高校在教室、园区、图书馆、食堂等场所，放置君子修身立德的名言名句，布展关于君子文化的艺术作品，增强学生生活、学习环境的文化意蕴；高校在图书馆、阅览室、活动室等场所，放置专门的传统文化典籍以及关于君子人格思想的学术专著、经典故事等图书，提升学生对君子人格的认知。另一方面，将君子文化积极融入校园精神文化建设中，打造特色化、品牌化的校园文化活动。在高校办学理念上，高校要积极引导学生勤学、修德、明辨、笃实，将大学生道德素质培养放在首要位置；在校风学风上，可以将勤学立志、教学相长、学思结合等价值观念，引入高校学风校风建设中，提升君子人格的感染力；通过邀请专家学者、名师大家举办以"君子修身立德"为主题的传统文化讲座，让学生设计关于"君子人格当代传承"等专题研究项目，将传统文化教育与兴趣培养结合起来，增强君子文化的说服力和传播力。高校要充分发挥各类学生组织、学生社团在活跃校园文化氛围中的重要作用，将君子文化融入社团活动之中，将君子人格崇德修身、明礼爱国、诚实守信、孝老爱亲等道德追求与内容丰富、形式多样的大学生课外文体活动相结合，与大学生校外社会实践相结合，发挥第二、第三课堂德育功能，提升大学生对君子文化的体验感和参与感。

　　二是融入社会道德教育环境中，发挥良好社会风气的育人功能。

　　邓小平强调："我们希望从事教育工作的同志，各个有关部门的同志，整个社会的家家户户，都来关心青少年思想政治的进步。"① 全社会营造积极向上的道德环境和良好的外部氛围环境，对大学生形成正确的是非观念和道德判断至关重要。领导干部的道德修养是加强社会道德建设的关键。习近平在浙江工作时也曾指出，领导干部是一个普通人，又不是一个普通人，其一言一行对社会具有重要的导向作用，关系到社会风气的形成和人们的价值判断。② 《论语·颜

---

① 邓小平．邓小平文选：第二卷［M］．北京：人民出版社，1994：105-106.
② 习近平．之江新语［M］．杭州：浙江人民出版社，2013：258.

渊》中也讲："君子之德风，小人之德草，草上之风，必偃。"因此，以君子人格思想推动社会主义官德建设，以良好官德引领社会风尚，是实现君子人格融入当前社会实践、净化社会道德环境的一条重要途径。

马克思、恩格斯虽然没有专门提出对领导干部的道德要求，但其思想中蕴含了共产党员修养原则。共产党员应始终为工人群众谋利益，因为共产党员"没有任何同整个无产阶级的利益不同的利益"①。共产党员要有高度的纪律观念，"我们现在必须绝对保持党的纪律，否则将一事无成"②。共产党员还应当有坚定的理想信念，要将实现共产主义作为最高理想。中国共产党人历来重视领导干部的思想道德建设。毛泽东讲到我们的领导干部都是"人民的勤务员"，要全心全意为人民服务，党员干部要把"官僚主义""抛到粪缸里去"③，要坚持清廉勤俭，"贪污和浪费是极大的犯罪"④。邓小平指出全党同志要发扬"大公无私、服从大局、艰苦奋斗、廉洁奉公"⑤的精神。江泽民要求党员干部必要"讲修养、讲道德、讲廉耻"⑥。胡锦涛提出领导干部务必要"常修为政之德，常思贪欲之害，常怀律己之心"⑦。党的十八大以来，习近平将官德建设提升到了前所未有的高度。他指出领导干部要"明大德、守公德、严私德"，提出了新时代好干部的标准："信念坚定、为民服务、勤政务实、敢于担当、清正廉洁。"⑧ 他探索了新时代加强官德建设的有效举措，比如，从"全面依法治国"和"全面从严治党"的战略高度出发，抓住领导干部这一"关键少数"，深入推进反腐败斗争，强化各类监督，扎紧"制度笼子"。又如我国持续广泛地开展教育活动，从"党的群众路线教育实践活动"到"三严三实"，从"两学一做"到"不忘初心、牢记使命"主题教育，实现了领导干部官德教育的常态化和制度化。

---

① 中共中央马克思恩格斯列宁斯大林著作编译局．马克思恩格斯选集：第1卷［M］．北京：人民出版社，1972：264.
② 中共中央马克思恩格斯列宁斯大林著作编译局．马克思恩格斯全集：第29卷［M］．北京：人民出版社，1972：413.
③ 毛泽东选集：第一卷［M］．北京：人民出版社，1991：124.
④ 毛泽东选集：第一卷［M］．北京：人民出版社，1991：134.
⑤ 邓小平．邓小平文选：第二卷［M］．北京：人民出版社，1994：368.
⑥ 江泽民．江泽民文选：第三卷［M］．北京：人民出版社，2006：330.
⑦ 本书编写组．《胡锦涛总书记在第十七届中央纪委第六次全会上的重要讲话》学习读本［M］．北京：人民出版社，2011：6.
⑧ 习近平出席全国组织工作会议并发表重要讲话［EB/OL］．中国政府网，2013-06-29.

君子道德思想为"官德"建设提供了源头活水，"君子"初始含义就是对统治者或有一定官职的人的称谓，《尚书·周书》中就有"凡我有官君子"之说。更进一步，君子之德的部分内容甚至可以直接嫁接到当前"官德"建设上并能开花结果。早在西周时期，统治者就已经萌发了"敬德保民""民为邦本"的"民本"思想。孔子则明确提出"为政以德"的主张，从政人才的选拔应"举贤才""远佞人"。为此，孔子认为"尊五美"的君子是"从政"的合适人选，"君子惠而不费，劳而不怨，欲而不贪，泰而不骄，威而不猛"（《论语·尧曰》）。他说身居官位的君子应具备四种美德："有君子之道四焉：其行己也恭，其事上也敬，其养民也惠，其使民也义。"（《论语·公冶长》）他还提出了君子从政的现实操守，比如，戒奢尚简，"奢则不孙，俭则固。与其不孙，宁固"（《论语·述而》）。又如勤勉敬业，"居之无倦，行之以忠"（《论语·颜渊》）。孟子主张为官之要首在修德，他说"尊贤使能，俊杰在位"（《论语·公孙丑上》）。他首次提出了"民贵君轻"的思想，故此，统治者应施行"仁政"，"以德行仁者王"（《孟子·公孙丑上》），"君行仁政，斯民亲其上、死其长矣"（《孟子·梁惠王下》）。他还指出从政者应清正廉洁，戒除贪欲，"归洁其身而已矣"（《孟子·万章上》），"无欲其所不欲"（《孟子·尽心上》）。在君民关系的认识上，荀子说："水则载舟，水则覆舟。"（《荀子·哀公》）他同样主张统治者应做到公道正气、廉洁清明，"公道达而私门塞矣，公义明而私事息矣。如是，则德厚者进而佞说者止，贪利者退而廉节者起"（《荀子·君道》）。总之，在先秦儒家看来，官德建设关乎国家兴亡、社会风气，而官德建设的根本就是要让从政者修养君子之德，从而达到国泰民安的目的。先秦儒家的官德思想不乏真知灼见，值得在今天的官德建设过程中学习和借鉴。

新时代，加强官德建设、树立良好党风政风的重要目的之一，就是要以良好党风、政风淳化社风、民风，就是要发挥领导干部道德示范作用，引导全社会形成"崇德向善"的浓厚氛围。中国自古就有"以吏为师"的社会传统，所以，先秦儒家反复强调良好官德之于"化民成俗"的重要作用："苟正其身矣，于从政乎何有？不能正其身，如正人何？"（《论语·子路》）"君仁，莫不仁；君义，莫不义；君正，莫不正。"（《孟子·离娄上》）"君者，仪也；民者，景也；仪正而景正。君者，槃也；民者，水也；槃圆而水圆。君者，盂也；盂方而水方。"（《荀子·君道》）邓小平也讲道："党是整个社会的表率，党的各级领导同志又是全党的表率。"① 可见，领导干部由于其特殊的社会地位，在社会道德建设中具有"头雁效应"，领导干部只有自身做到"明大德、守公德、严私德"，才能赢得大众的信任和拥护，才能激发人们"见贤思齐"的道德意愿，才能在全社会营造崇德向善的浓厚氛围，进而也才能为广大青年大学生提供健康成长的社会道德环境。

三是融入家庭道德教育环境中，发挥优良家风家教的育人功能。

"家庭是人生的第一个课堂，父母是孩子的第一任老师。"② 家庭教育是道德教育和传统文化传承的重要途径，为此，厘清大学生家庭教育目前存在的问题，细化家庭教育传承优秀传统文化的举措，是发挥家庭教育上述功能的前提和基础，而以君子人格思想优化家庭道德教育环境又是其中的一项重要内容。

马克思、恩格斯讲过，家庭教育在个人成长过程中发挥着无可替代的作用，"孩子的发展能力取决于父母的发展"③。家庭教育最重要的就是品德教育和如何做人的教育。④ 家庭道德教育是家庭教育的重要组成部分，是一个人道德教育的起点和基础。然而，我们看到大学生家庭道德教育在实践过程中却存在诸多不尽如人意之处：一方面，家庭交流沟通不畅、亲子关系紧张，导致家庭道德教育缺乏良好氛围。有的家长将教育的责任完全推向学校，主观上与子女主动交流沟通的意愿不强；子女和家长在生活方式、思想观念和价值取向等方面存在"代沟"，客观上加剧了父母和子女之间的关系疏离。处于青春期的学生，急于脱离父母的约束，将父母的关心当作"累赘"。另一方面，家长对家庭道德教育重视程度不够，家庭教育缺乏必要的道德教育内容。在德育认识上，家长往往更关注学生的学业、就业等现实问题，对智育的重视程度远超过德育；在德育方式上，父母习惯于以"说教"代替"身教"，教育效果不理想；在德育内容上，家长由于自身认识所限，教育内容重"私德"而轻"公德"。针对这些问题，君子人格的德育理念都有恰当的回应。比如，"立德成人"对道德重要性的强调，"孝老爱亲"对和睦家庭关系的营造，"言传身教"对榜样示范的重视，"立己达人"对公共道德秩序的维护等。

---

① 邓小平. 邓小平文选：第二卷 [M]. 北京：人民出版社，1994：177.
② 习近平：在会见第一届全国文明家庭代表时的讲话 [EB/OL]. 人民网，2016-12-15.
③ 中共中央马克思恩格斯列宁斯大林著作编译局. 马克思恩格斯全集：第 3 卷 [M]. 北京：人民出版社，1960：498.
④ 习近平. 习近平谈治国理政：第二卷 [M]. 北京：外文出版社，2017：354.

就当前君子人格融入家庭道德教育中的具体措施而言，笔者认为最重要的是以君子人格思想培育优良家风。培育良好家风是家庭道德教育传承中华优秀传统文化的重要途径，而先秦儒家构建的家庭伦理观念以及君子人格蕴含的核心道德理念，是当代优良家风建设的精神食粮。

家风，是建立在血缘亲情基础上的家庭或家族，经世代相传，并随社会发展不断演进而逐渐形成的较为稳固的一致性的精神气质、价值观念、生活习惯和行为方式等的总和。家风既是框范和指导家庭成员日常行为和处世方式的行为原则，又是维系家庭或家族成员特定文化认同的精神纽带，是家庭道德教育环境的直观体现。儒家历来就有重视家风、家教的优良传统，比如，我们所熟知的《颜氏家训》《朱子治家格言》以及《曾国藩家书》等，都是我国传统家庭道德教育的典范。此外，中国老一辈无产阶级革命家，比如，毛泽东时常告诫毛岸英不能贪图享乐，要努力奋斗；邓小平以自己的实际行动教育子女要尊老爱幼、艰苦朴素；习仲勋一向严格要求家人要以国家利益为重。这些无不体现了家风建设对优化家庭道德教育环境的重要性。

党的十八大以来，习近平高度重视传承良好家风对个人成长以及社会发展的重要作用，他反复提及要让家庭"成为人们梦想起航的地方"，"广大家庭都要弘扬优良家风，以千千万万家庭的好家风支撑起全社会的好风气"①。优良家风对家庭成员具有重要的教育引导作用，家长应为子女树立榜样，通过正确的行动、正确的思想和正确的方法教育引导子女成长成才。② 家风建设不仅对一个家庭和谐幸福至关重要，它对实现国家安定富强也有重要意义，弘扬家庭美德、传承良好家风"关系到民族和国家的和谐稳定与发展繁荣"。③ 因此，重视家庭建设，注重家庭、家教和家风是任何时代都应当积极倡导和弘扬的价值原则。④

在"家国同构"的传统社会中，儒家的道德实践源于对家庭伦理道德的恪守。以"孝悌为本"的君子人格，体现了儒家礼仪规则以及道德原则的家庭生活面向。在中华传统家庭美德中，良好家风的价值基础是儒家文化，其价值目标就是化育家庭成员的君子之德。因此，家风是君子之德的外显，家教是对君

---

① 习近平. 习近平谈治国理政：第二卷 [M]. 北京：外文出版社，2017：355-356.

② 习近平. 习近平著作选读：第一卷 [M]. 北京：人民出版社，2023：544-548.

③ 林伯海，师晓娟. 家风的意蕴及其当代价值 [J]. 思想政治教育研究，2017（5）：111-115.

④ 习近平. 在 2015 年春节团拜会上的讲话 [N]. 人民日报，2015-02-18（2）.

子之德的涵养。当前，弘扬中华传统家庭美德，传承优良家风家教，加强大学生家庭美德教育，无疑离不开对先秦儒家君子文化的吸收借鉴。以良好家风涵养君子品德，是"中国式人格成长"的一大特色。千百年来，在家风潜移默化的熏陶下，无数君子仁人以修身齐家为价值原点、以学修并进为立德方式、以成己成物为修养目标，锻造了中华民族"慎终追远""民胞物与"的独特精神品格，并成为个人道德成长的重要基石。在先秦儒家看来，家风也是个人与家庭、社会以及国家沟通联系的重要纽带。《周易》有言"正家而天下定矣"，说明了家风与国家富强、社会安定的内在关系。先秦儒家还指出家风与国家命运有着深刻的内在联系，从《论语》的"迩之事父，远之事君"，到《孟子》的"天下之本在国，国之本在家，家之本在身"，再到《大学》的"宜其家人，而后可以教国人"等，这些论述无不与君子人格"修齐治平"的家国情怀同频共振，以君子人格思想培育优良家风，对优化大学生家庭道德教育环境无疑是一条切实可行的路径。

三、推动道德主体性生成，塑造时代"新君子"

新时代高校道德教育的落脚点是培养担当民族复兴大任的时代新人。将君子人格融入大学生道德教育中取得实效性的关键，就是要激发大学生的道德主体性，让大学生努力成长为担当民族复兴大任的时代新人。

（一）君子与时代新人关系辨析

党的十九大报告提出"培养担当民族复兴大任的时代新人"，到全国宣传思想工作会议提出"育新人"，再到全国教育大会要求"塑造新人"，无不显示了新时代塑造新人才的重要性与紧迫性。"一个时代有一个时代的问题，一代人有一代人的使命。"[1] 每一个时代都有每一个时代要解决的现实问题，都需要一大批推动当时社会发展的新生力量，因此，欲新一国者，必先新一国之民。笔者多次论及，孔子宣扬君子人格，就是希望以君子之德肩负起弘扬西周礼乐文明的重任，结束战火纷飞、民不聊生的社会现实，实现治国安邦、国富民强的社会理想。先秦儒家君子人格修养从"修身齐家"始，至"治国平天下"止，是完整的"内圣外王"的路数，是个人道德理想与社会责任担当的有机融合。中

---

① 中共中央宣传部. 习近平新时代中国特色社会主义思想学习纲要 [M]. 北京：学习出版社，人民出版社，2019：81.

国古代无数仁人志士所推崇的诸如"苟利国家生死以，岂因祸福避趋之""天下兴亡，匹夫有责"等人生志向，同样是遵循君子道德理想的精神而来的。因此，回到先秦儒家所处的历史现实中，君子亦是当时的"时代新人"，是"亲民"而"止于至善"的践行者。同样，加强当前高校道德教育规律性研究、提升道德教育科学化水平的落脚点是为了培养"时代新人"。与此同时，"时代新人"也理应成为明德惟馨的典范，成为社会主义道德的践行者、良好风尚的维护者和时代使命的担当者。

要理解君子和时代新人的关系，我们可以借助一中间概念——公民。就君子和公民的关系问题，一种观点认为两者"同质"，主张"君子即公民"。姚中秋等学者认为君子重"德行"，"德"是指道德修身，"行"含有"治理"之意，即参与公共事务。儒家的治理是对公共事务和私人事务的结合，而君子修齐治平之路的落脚点是对公共事务的处理。他们进一步指出，我们不应囿于西方的经验而是应当从中国的传统出发，来重新定义"公民"，他们认为"凡是参与公共事务的"都应被称为"公民"，而君子正是积极承担公共事务的那部分人，因此，君子即公民。① 一种观点认为两者殊异，君子与公民是两个不同的概念。郭忠华认为，公民是个体在政治共同体中的正式成员身份，以及由此形成的权利、义务、情感和行为。公民是由一系列相互联系、密不可分的身份要素构成的整体，忽视公民要素的多重性而仅强调单一的"公共参与"，无疑简化并损害了"公民"的概念。由此，他指出君子与公民实属两个迥异的概念，他们的差别体现在伦理与法理、美德与权利、集体与个人等方面。② 第三种观点主张应在承认两者差异性的前提下，积极寻求两者的一致性和兼容性。王苍龙从余英时关于君子具有"吏"和"师"的双重身份的观点出发，指出君子具有双重属性，即君子作为道德主体的道德属性和作为治理主体的政治属性。因其政治属性与现代公民概念很难接榫，为此，可以以现代"公民"概念为底色，辅之以"君子"的道德属性，通过"公民的君子化"路径，塑造集仁义礼智的个体美德和内圣外王的治世理想于一身的新型公民，即塑造"君子式公民"这一新主体③。

① 姚中秋，郭忠华，郭台辉，等. 君子与公民：寻找中国文明脉络中的秩序主体 [J]. 天府新论，2015（6）：48-54.

② 郭忠华. 公民身份的核心问题 [M]. 北京：中央编译出版社，2016：3.

③ 王苍龙."公民式君子"抑或"君子式公民"：重新思考君子与公民 [J]. 天府新论，2018（1）：52-61.

"君子式公民"或者说"君子公民",实际上也就是徐复观所提出的"将道德观念和权利观念结合起来"①　的方案,即"君子公民,以仁和权利、责任为核心,把修身为本的传统责任伦理和自由为本的现代权利道德结合起来"②。笔者比较赞同此观点,塑造新时代"君子公民",既体现了对君子人格的创造性转化和创新性发展,又将"公民"看作道德和权利的统一,使中国公民具有"中国魂",这在一定意义上也是对公民理论的完善和发展。

"时代新人"首先应当是社会主义公民。党的十七大报告提出,要"加强公民意识教育";党的十八大报告指出,要"全面提高公民道德素质";党的十九大报告要求,要"深入实施公民道德建设工程"。《国家中长期教育改革和发展规划纲要(2010—2020年)》也提出要"培养社会主义合格公民"。党的二十大报告提出,要"实施公民道德建设工程,弘扬中华传统美德"。就君子人格和时代新人的关系,钱念孙认为:君子是中华民族千锤百炼的人格基因,是数千年中国人推崇的正面人格形象。时代新人是新时代党对培养什么人提出的新要求,是塑造人才的新目标。表面看,两者似乎相隔较远、差距较大,实质上,两者基本精神和内在要求高度重合、颇为一致。③　牟钟鉴指出,当代新君子应当是"有仁义、有涵养、有操守、有容量、有坦诚、有责任"的统一体④,这是立足时代,对传统君子人格的丰富和发展。党的十九大报告指出,青年人要"坚定理想信念,志存高远,脚踏实地,勇做时代的弄潮儿",我们理解"时代新人"应当是有理想信念、有责任担当和有道德情操的全面发展的新青年。再联系君子公民体现的身份要素来看的话,"时代新人"完全可以被看作当前社会的"新君子"。

每个时代都有不同的对"时代新人"的标准和要求,但历来被人重视的、对人才的一个基本的要求就是应当具备崇高的道德品质。因此,高校所培养的担当民族复兴大任的时代新人必然是"德才兼备"的人。"德为才之帅,才为德之资",时代新人应该在教育和自我教育的过程中,做到明大德、守公德、严私德,成为中华传统美德的自觉弘扬者,成为新时代社会主义道德的积极践行者。为此,从遵循教育和自我教育相结合的道德教育规律出发,一方面,高校应坚

---

① 徐复观. 学术与政治之间 [M]. 台北:台湾学生书局,1985:227.

② 王啸,黄上芳. 培养君子公民 [J]. 教育学报,2019,15(1):26-31.

③ 王啸,黄上芳. 从君子到时代新人 [M]. 福州:福建教育出版社,2019:1.

④ 牟钟鉴. 重铸君子人格 推动移风易俗 [J]. 孔子研究,2016(1):5-13.

持把"立德树人"的成效作为检验学校一切工作的根本标准，为青年学生扣好人生第一颗扣子，打好人生底色；另一方面，道德观念的形成依赖人的道德自觉，道德情感的建立离不开人对具体情境的体验，道德理想的实现根植于人的道德实践中。因此，主体的认识、认同和践行是道德教育得以完成的标志。广大青年学子要真正懂得"国无德不兴，人无德不立"的深刻道理，要有提升自身道德素质的主体自觉，在日常学习、生活和工作中，积极主动地去获得丰富的道德认知，养成积极的道德情感，形成正确的道德判断并奉行恰当的道德实践，让崇高的道德品质和完美的理想人格成为新时代大学生自觉追寻的精神境界与价值原则。

（二）大学生应努力成长为新时代的"新君子"

我们要想培养担当民族复兴大任的时代新人就"要在坚定理想信念上下功夫……要在厚植爱国主义情怀上下功夫……要在加强品德修养上下功夫……要在增长知识见识上下功夫……要在培养奋斗精神上下功夫……要在增强综合素质上下功夫"①。"六个下功夫"不仅是对教育者的要求，也是对受教育者的要求。高校是"六个下功夫"的实施主体，"六个下功夫"是高校落实立德树人根本任务的基本要求，同时，大学生也是"六个下功夫"的主体，它是新时代大学生自觉提升道德素养的根本方向。作为具有能动性的鲜活个体，大学生也应从育人要求来实现自身成才目标，并将努力成长为担当民族复兴大任的"时代新人"变为内心信念和自觉行动。

一是坚定崇高理想信念，做有道君子。坚定的理想信念是大学生道德素养的首要内容。大学生锤炼坚定的理想信念意义重大："广大青年一定要坚定理想信念"，"青年一代有理想、有担当，国家就有前途，民族就有希望，实现我们的发展目标就有源源不断的强大力量"②。大学生要自觉树立共产主义远大理想和中国特色社会主义共同理想，自觉投身于现代化强国建设和伟大复兴"中国梦"的历史进程中。不管是共产主义远大理想，还是社会主义现代化强国建设和伟大复兴中国梦的实现，我们都需要一个长期的艰苦奋斗的过程，没有坚定

---

① 习近平. 坚持中国特色社会主义教育发展道路 培养德智体美劳全面发展的社会主义建设者和接班人 [N]. 人民日报, 2018-09-11 (1).

② 中共中央文献研究室. 习近平关于实现中华民族伟大复兴的中国梦论述摘编 [M]. 北京: 中央文献出版社, 2013: 51.

的理想信念，我们是很难在这个过程中坚持下来的。理念信念也就是古人说的"立志""励志"。古语云："功崇惟志，业广惟勤。"只有胸怀大志、信念坚定的人才能有所成就。君子人格也特别重视对理想信念的坚守。孔子提出君子人格应具备的四种品格，"志于道，据于德，依于仁，游于艺"（《论语·述而》），其中，居于首位的是"志于道"。"志于道"就是要立高远之志，要有追求崇高理想的坚定的内心信念，"三军可夺帅也，匹夫不可夺志也"（《论语·子罕》）。孟子在回答王子垫"士何事？"的疑问时，指出士君子的根本修养就在"尚志"（《孟子·尽心上》），即志行高尚。孔、孟、荀等先秦诸子更是以实际行动诠释了君子对理想信念的坚守。为结束春秋战国战乱频发的局面，诸子都曾游历各国宣扬自己的道德理想，其间历经磨难，孔子在陈有绝粮之困、在宋及匡又险遭杀身，孟子两次入宋、齐均不得赏识，荀子更是在游历讲学途中客死楚国，但他们"谋道不谋食""忧道不忧贫"的志向始终未变，展现了"知其不可而为之"的君子风貌。高校深入挖掘君子"立志尚志"的精神内核，既有利于增强大学生的文化自信，又有利于激励学生立志肩负起民族复兴的时代责任。

二是厚植爱国主义情怀，做爱国君子。"爱国，是人世间最深层、最持久的情感，是一个人立德之源、立功之本"[1]，新时代爱国主义教育应聚焦青少年[2]。在当前多元文化思潮的冲击下，有些青年人对本民族、本国家的文化嗤之以鼻，对其他民族、其他国家的文化趋之若鹜。有的大学生将自己看作超越民族、超越国家的存在，漠视国家建设取得的伟大历史成就，否定优秀传统文化的历史存在，甚至对祖国妄加指责、任意贬低。我们只有树立深厚的爱国情怀，将自己的人生理想始终同民族的命运、国家的未来紧密相连，才能在体现社会价值的同时实现人生价值。"弘扬爱国主义精神，必须尊重和传承中华民族历史和文化。"[3] 一个人爱国主义情怀的培育和发展，离不开对祖国历史和文化的理解和接受。爱国主义有着深厚绵长的历史底蕴，大学生可以从君子人格中探寻到爱国主义的价值资源。汉代思想家荀悦说："为世忧乐者，君子之志也；不为世忧乐者，小人之志也。"（《申鉴·杂言上》）这句话就是说君子的志向就是要以

---

① 习近平．在北京大学师生座谈会上的讲话 [M]．北京：人民出版社，2018：11.

② 中共中央　国务院印发《新时代爱国主义教育实施纲要》[EB/OL]．中国中央人民政府网，2019-11-12.

③ 李文阁，孙煜华，李达．兴国之魂：文化强国背景下的核心价值体系和核心价值观研究 [M]．北京：人民出版社，2017：248.

国家兴亡为己任，那些眼里只有个人私利的人只不过是蝇营狗苟的小人罢了。孔子讲君子应"修己以安百姓"，体现了"修身齐家治国平天下"的家国情怀。孟子讲"达则兼济天下"，体现了为国为民的积极的出世精神。荀子认为，人能"群"，而能"群"的原因在于人贵有"义"，"群"与"义"是以天下为己任。这些认识都是中国传统的爱国主义的思想精髓，也是世人所推崇的"天下兴亡，匹夫有责"等爱国主义传统的精神源头。君子人格彰显的"家国情怀"，是大学生了解中华民族历史，秉承传统文化基因，增强爱国主义情感的好教材。

三是自觉加强品德修养，做尚德君子。"道德之于个人、之于社会，都具有基础性意义，做人做事第一位的是崇德修身。"① 因此，青年大学生要自觉"加强道德修养，注重道德实践"②。在当前，大学生加强品德修养的核心就是要自觉践行社会主义核心价值观，核心价值观其实就是一种德。中国人之所以是中国人，是因为我们都有着中国人特有的精神和日用而不自觉的价值观念。"牢固的核心价值观，都有其固有的根本"③，这一根本就是我们的历史和传统，因此，社会主义核心价值观根植于传统并生成于当下，充分体现了我们对优秀传统文化的传承和升华。社会主义核心价值观在内容体系上把公民、社会和国家的价值要求融为一体，从某种程度来看，这与君子人格有着内在相通性。君子人格"修身"观念与个人层面要求相呼应，"齐家"观念与社会层面要求相对应，而"治平"观念则与国家层面要求相契合。先秦儒家塑造的君子人格，首先是一种道德力量的人格，蕴含了浓厚的道德精神，散发着无穷的道德魅力。君子人格的道德精髓是社会主义核心价值观涵养的重要源泉，君子人格的许多价值理念在当前的道德教育中，仍具有滋润人的道德心灵的重要作用。比如，君子人格体现了："知者不惑"的道德认知、"仁者爱人"的道德情感、"勇者不惧"的道德意志、"谋道忧道"的道德信念以及"履礼践仁"的道德行为。凡此种种，都为新时代高校学子正确道德认知的形成、丰富道德情感的获取以及自觉道德行为的推行，提供了宝贵的学习内容。

四是努力增长知识见识，做乐学君子。建设社会主义现代化强国，人才是第一资源。大学生要有求知好学的人生态度，要有真学问，练真本领。当代青

---

① 中共中央党史和文献研究院. 习近平关于社会主义精神文明建设论述摘编［M］. 北京：中央文献出版社，2022：107.

② 习近平. 习近平谈治国理政［M］. 北京：外文出版社，2014：172.

③ 习近平. 习近平谈治国理政［M］. 北京：外文出版社，2014：164.

年学子，要想服务中国特色社会主义建设的伟大事业，为中华民族伟大复兴贡献力量，就必须牢固掌握专业知识，不断增长阅历见识，持续提升能力才干。求知好学同样也是君子人格的重要方面。关于求知，孔子说"知之为知之，不知为不知，是知也"（《论语·为政》），这是说求知的科学态度。孟子认为"知者无不知"（《孟子·尽心上》），这是说明求知对一个人的重要性。荀子直接指出求知是人之本性，"凡以知，人之性也"（《荀子·解蔽》）。要想获得广博的知识，就应勤奋好学，先秦儒家重视学习对君子之成的重要作用，他们对学习的内容、目的、态度和方法都有精辟的论述。比如，孔子讲学习的内容有"君子博学于文，约之以礼"，讲学习的方法有"学而时习之""温故而知新"，讲学习的态度有"学而不厌"。就学习态度，孟子举"弈棋"之例，说明学习应"专心致志"，又以"掘井"之事，道出学习要持之以恒。在学习方法上，孟子讲"博学而详说之，将以反说约也"（《孟子·离娄下》），主张学习应做到融会贯通。荀子指出了君子学习的目的是"以美其身"，提出了学习的程序，如"始乎诵经，终乎读礼"（《荀子·劝学》），还分析了由"闻见"到"知"再到"行"的不同的学习阶段，"君子之学也，入乎耳，箸乎心，布乎四体，形乎动静"（《荀子·劝学》）。大学生应自觉体悟君子人格求知好学的精神内涵，"心无旁骛求知问学，增长见识，丰富学识"①，珍惜韶华，做"求真理、悟道理、明事理"的乐学君子。

五是不断砥砺奋斗的精神，做自强君子。"幸福都是奋斗出来的，奋斗本身就是一种幸福"②，青年大学生应该珍惜时代际遇，做新时代的奋斗者，为实现伟大复兴的中国梦不懈奋斗。"艰难困苦，玉汝于成"，中国共产党近百年来的光辉历史就是一部艰苦奋斗的历史，毛泽东同志指出"艰苦奋斗精神"是"我们的政治本色"。今天，建设社会主义现代化强国，更需要发扬艰苦奋斗精神。一个不争的事实是，当代大学生是在和平稳定、相对富裕的环境下成长起来的，未经历过时代变革和社会动荡的艰苦岁月，在物质条件极大改善的情况下，有些学生在思想观念和生活方式上，受到拜金主义、享乐主义和消费主义的侵蚀，丧失了艰苦奋斗的优良传统。鉴于此，大学生更应具有砥砺奋斗的精神。奋斗

---

① 习近平. 坚持中国特色社会主义教育发展道路 培养德智体美劳全面发展的社会主义建设者和接班人［N］. 人民日报，2018-09-11（1）.

② 习近平. 在北京大学师生座谈会上的讲话［N］. 人民日报，2018-05-03（2）.

精神是中华民族的文化基因，也是君子人格的精神内涵。《易传》有言："天行健，君子以自强不息。"孔子说："发愤忘食，乐以忘忧，不知老之将至。"（《论语·述而》）这实际上就是其一生奋斗历程的生动写照。孔子的弟子曾参言，"士不可以不弘毅，任重而道远"（《论语·泰伯》），离开了艰苦奋斗的过程，君子又怎能彰显自己的道德人格呢？《荀子·大略》上记载了一段孔子和子贡的对话，子贡对孔子说自己觉得学习太辛苦了，希望可以休息，孔子说等你死了就可以休息了，子贡慨叹"大哉，死乎！君子息焉，小人休焉。"这段对话鲜明地诠释了生命不息、奋斗不止的"死而后已"的人生态度。孟子"天将降大任于是人也"（《孟子·告子下》）的经典论述，更是成为无数古今中外名人奋斗路上的座右铭。因此，君子人格自强不息的奋斗精神可以很好地激励广大青年学子"在奋斗中释放青春激情、追逐青春理想"①。

六是全面增强综合素质，做通达君子。当前国际竞争日益激烈，国际较量进入白热化，而综合国力竞争说到底是人才竞争。大学是培养"人才的摇篮"，大学生能否学以致用和成为对社会有用的优秀人才，关键靠个人综合素质的提高。青年人的综合素质体现了一个国家的发展活力，"是一个国家核心竞争力的重要因素"②。增强大学生的综合素质就是要促进学生德智体美劳各方面协调发展、全面发展。先秦儒家推崇的君子就是通才达道、全面发展的人。"文质彬彬，然后君子"（《论语·雍也》），作为君子，他的文化修养和内在品德同样重要，不可偏废。"知者不惑，仁者不忧，勇者不惧"（《论语·子罕》），君子人格实质上是崇高的道德理想、完善的知识水平和全面的认知能力的集中体现。君子"志于道，据于德，依于仁，游于艺"（《论语·述而》），这段话阐明了君子之学应当以道为根本，以仁、德为纲领，以六艺为基础，实现全面均衡的发展。"六艺"即礼、乐、射、御、书、数，要成为君子就应当具备广博的知识和各种才能。孔子本人也是一个博学多才的人，他自己说"吾少也贱，故多能鄙事"（《论语·子罕》），墨子评价他"博于诗书，察于礼乐，详于万物"（《墨子·公孟》）。孔子不仅是一个哲学家、教育家，他还精通数学、乐理，会射箭、驾车，能谱曲、演奏，还掌握天文历法、庖厨饮食等方面的知识。荀

---

① 习近平. 在北京大学师生座谈会上的讲话［N］. 人民日报，2018-05-03.
② 习近平. 在中国政法大学考察时强调：立德树人德法兼修抓好法治人才培养 励志勤学刻苦磨炼促进青年成长进步［N］. 人民日报，2017-05-04（1）.

子指出君子人格应当是"全""粹""美"的统一，"君子知夫不全不粹之不足以为美也……夫是之谓成人"（《荀子·劝学》）。君子的可贵之处就在于其全面和纯粹，君子人格应当重"智"求"全"，是集丰富知识、完美道德和高尚审美于一体，全面发展的理想人格。"君子不器"所包含的"通才达道"的人格要求，为大学生积极发展各方面能力、提升自身综合素养提供了有益的启示。

　　总之，"时代新人"是新时代君子人格的新形象，大学生应只争朝夕，不负韶华，将"立德修身"内化为自身的价值追求，勇于承担民族复兴的历史使命和时代责任。大学生应坚定"文化自信"，积极成为中华传统美德的学习者、传播者和践行者，应积极吸收借鉴先秦儒家君子人格思想蕴含的道德理想、价值原则和修身智慧，并自觉从"六个下功夫"方面锤炼品格、增长才干，努力成长为"德才兼备"的社会主义建设者和接班人。

参考文献

一、中文

（一）专著

[1] 贝淡宁. 中国新儒家 [M]. 吴万伟, 译. 上海: 上海三联书店, 2010.

[2] 中共中央宣传部. 习近平新时代中国特色社会主义思想三十讲 [M]. 北京: 学习出版社, 2018.

[3] 蔡元培. 蔡元培全集: 第四卷 [M]. 北京: 中华书局, 1984.

[4] 陈秉公. 大学生人格学 [M]. 长春: 长春出版社, 1989.

[5] 陈春莲. 杜威道德教育思想研究 [M]. 北京: 中国社会出版社, 2017.

[6] 陈来. 古代思想文化的世界: 春秋时代的宗教、伦理与社会思想 [M]. 北京: 生活·读书·新知三联书店, 2002.

[7] 陈青之. 中国教育史 [M]. 北京: 中国文史出版社, 2016.

[8] 成中英. 合外内之道——儒家哲学论 [M]. 北京: 中国社会科学出版社, 2001.

[9] 邓小平. 邓小平文选: 第二卷 [M]. 北京: 人民出版社, 1994.

[10] 邓小平. 邓小平文选: 第三卷 [M]. 北京: 人民出版社, 1993.

[11] 狄百瑞. 儒家的困境 [M]. 黄水婴, 译. 北京: 北京大学出版社, 2009.

[12] 杜维明. 儒家传统与文明对话 [M]. 彭国翔, 编译. 石家庄: 河北人民出版社, 2006.

[13] 杜维明. 现代精神与儒家传统 [M]. 北京: 生活·读书·新知三联书店, 2013.

［14］方东美．中国人生哲学［M］．北京：中华书局，2012.

［15］方东美．中国哲学精神及其发展［M］．北京：中华书局，2012.

［16］方熹．道德教育的哲学理路［M］．北京：中国社会科学出版社，2019.

［17］方勇，李波．荀子［M］．北京：中华书局，2015.

［18］冯建军．当代道德教育的人学论域［M］．福州：福建教育出版社，2015.

［19］冯契．中国古代哲学的逻辑发展［M］．上海：东方出版中心出版社，2009.

［20］冯友兰．中国哲学简史［M］．北京：北京大学出版社，1996.

［21］福泽谕吉．福泽谕吉教育论著选［M］．王桂，译．北京：人民教育出版社，1991.

［22］高德胜．时代精神与道德教育［M］．北京：教育科学出版社，2013.

［23］高玉祥．健全人格及其塑造［M］．北京：北京师范大学出版社，1997.

［24］葛兆光．中国思想史：中国思想史导论［M］．上海：复旦大学出版社，2004.

［25］顾明远．教育大辞典［M］．增订合编本．上海：上海教育出版社，1998.

［26］顾友仁．中国传统文化与思想政治教育的创新［M］．合肥：安徽大学出版社，2011.

［27］郭齐家．中国教育史：上卷［M］．北京：人民教育出版社，2015.

［28］郭齐勇．文化学概论［M］．武汉：武汉大学出版社，2014.

［29］国际儒学联合会．儒学现代性探索［M］．北京：北京图书馆出版社，2002.

［30］国际儒学联合会．儒学与道德建设［M］．北京：首都师范大学出版社，2011.

［31］侯外庐．中国古代思想通史［M］．北京：人民出版社，1959.

［32］胡厚福．德育学原理［M］．北京：北京师范大学出版社，1997.

［33］胡适，撰．耿云志，等导读．中国哲学史大纲［M］．上海：上海古籍出版社，2019.

［34］黄书光. 价值观念变迁中的中国德育改革［M］. 南京：江苏教育出版社，2008.

［35］黄希庭. 大学生心理健康教育［M］. 上海：华东师范大学出版社，2009.

［36］黄希庭. 当代中国大学生心理特点与教育［M］. 上海：上海教育出版社，1999.

［37］黄希庭. 人格心理学［M］. 杭州：浙江教育出版社，2002.

［38］黄钊. 中国古代德育思想史论［M］. 北京：中国社会科学出版社，2011.

［39］靳义亭. 传统文化融入高校思想政治教育研究［M］. 北京：中国社会科学出版社，2016.

［40］居云飞. 兴国之魂：社会主义核心价值观与中华优秀传统文化［M］. 北京：中国社会科学出版社，2014.

［41］兰久富. 社会转型时期的价值观念［M］. 北京：北京师范大学出版社，1999.

［42］劳思光. 新编中国哲学史：第一卷［M］. 桂林：广西师范大学出版社，2005.

［43］李长泰. 天地人和——儒家君子思想研究［M］. 北京：人民出版社，2012.

［44］李泽厚. 论语今读［M］. 合肥：安徽文艺出版社，1998.

［45］李泽厚. 中国古代思想史论［M］. 北京：生活·读书·新知三联书店，2008.

［46］刘宝楠. 论语正义［M］. 高流水，点校. 北京：中华书局，1990.

［47］刘建军. 中国共产党思想政治教育的理论与实践［M］. 北京：中国人民大学出版社，2008.

［48］刘俊田，林松，禹克坤. 四书全译［M］. 贵阳：贵州人民出版社，1988.

［49］鲁洁，王逢贤. 德育新论［M］. 南京：江苏教育出版社，1994.

［50］鲁洁. 现代德育基本理论探讨［M］. 南京：江苏教育出版社，2003.

［51］罗国杰. 传统伦理与现代社会［M］. 北京：中国人民大学出版社，

2012.

　　［52］罗国杰，马博宣，余进．伦理学教程［M］．北京：中国人民大学出版社，1985.

　　［53］罗国杰．伦理学［M］．北京：人民出版社，2014.

　　［54］罗国杰．马克思主义价值观研究［M］．北京：人民出版社，2013.

　　［55］罗国杰．中国传统道德［M］．北京：中国人民大学出版社，1995.

　　［56］马俊峰．马克思主义价值理论研究［M］．北京：北京师范大学出版社，2012.

　　［57］毛泽东．毛泽东文集：第一卷［M］．北京：人民出版社，1999.

　　［58］毛泽东选集：第1卷［M］．北京：人民出版社，1991.

　　［59］孟宪承．孟宪承文集：第11卷·中国古代教育文选［M］．上海：华东师范大学出版社，2010.

　　［60］牟宗三．中国哲学十九讲［M］．上海：上海古籍出版社，2005.

　　［61］戚万学，等．道德教育的文化使命［M］．北京：教育科学出版社，2010.

　　［62］钱穆．国史大纲［M］．北京：商务印书馆，1996.

　　［63］钱穆．论语新解［M］．北京：生活·读书·新知三联书店，2002.

　　［64］张晔，秦华伟．人格理论与塑造［M］．北京：国防工业出版社，2006.

　　［65］饶从满．日本现代化进程中的道德教育［M］．济南：山东人民出版社，2010.

　　［66］任继愈．中国哲学发展史［M］．北京：人民出版社，1983.

　　［67］沈壮海．思想政治教育的文化视野［M］．北京：人民出版社，2015.

　　［68］沈壮海．思想政治教育有效性研究［M］．武汉：武汉大学出版社，2001.

　　［69］石云霞．新中国思想理论教育60年（1949—2009）［M］．武汉：华中科技大学出版社，2009.

　　［70］檀传宝．学校道德教育原理［M］．3版．北京：教育科学出版社，2015.

　　［71］汤一介．在儒学中寻找智慧［M］．北京：中国人民大学出版社，2016.

[72] 唐汉卫. 现代美国道德教育研究 [M]. 济南：山东人民出版社，2010.

[73] 唐凯麟. 伦理学 [M]. 北京：高等教育出版社，2001.

[74] 王文锦. 大学中庸译注 [M]. 北京：中华书局，2008.

[75] 王先谦. 荀子集解 [M]. 北京：中华书局，1988.

[76] 王燕文. 社会主义核心价值观研究丛书 [M]. 南京：江苏人民出版社，2015.

[77] 王易. 传统文化与思想政治教育创新研究 [M]. 北京：中国人民大学出版社，2018.

[78] 王员. 建国初期党的思想政治教育及其基本经验 [M]. 北京：社会科学文献出版社，2013.

[79] 韦政通. 中国思想史 [M]. 长春：吉林出版集团，2009.

[80] 习近平. 习近平谈治国理政：第一卷 [M]. 北京：外文出版社，2014.

[81] 习近平. 习近平谈治国理政：第二卷 [M]. 北京：外文出版社，2017.

[82] 萧公权. 中国政治思想史 [M]. 沈阳：辽宁教育出版社，1998.

[83] 肖川. 主体性道德人格教育 [M]. 北京：北京师范大学出版社，2002.

[84] 许启贤. 中国共产党思想政治教育史 [M]. 北京：中国人民大学出版社，1999.

[85] 许倬云. 中国古代社会史论：春秋战国时期的社会流动 [M]. 邹水杰，译. 桂林：广西师范大学出版社，2006.

[86] 幺峻洲. 孟子说解 [M]. 济南：齐鲁书社，2006.

[87] 严开宏. 价值多元与道德教育 [M]. 福州：福建教育出版社，2016.

[88] 杨伯峻. 论语译注 [M]. 北京：中华书局，1980.

[89] 杨伯峻. 孟子译注 [M]. 北京：中华书局，2000.

[90] 杨天宇. 礼记译注 [M]. 上海：上海古籍出版社，2004.

[91] 余英时. 现代儒学的回顾与展望 [M]. 北京：生活·读书·新知三联书店，2004.

[92] 余英时. 现代儒学论 [M]. 2版. 上海：上海人民出版社，2010.

[93] 袁贵仁. 价值观的理论与实践 [M]. 北京：北京师范大学出版社，2013.

[94] 约翰·罗尔斯. 正义论 [M]. 何怀宏，何包钢，廖申白，译. 北京：中国社会科学出版社，2009.

[95] 张岱年. 张岱年哲学文选（下）[M]. 北京：中国广播电视出版社，1999.

[96] 张岱年. 中国伦理思想研究 [M]. 上海：上海人民出版社，1989.

[97] 张岱年，方克立. 中国文化概论 [M]. 北京：北京师范大学出版社，1994.

[98] 张洪高. 从仁爱到正义：中国道德教育核心价值转变研究 [M]. 济南：山东人民出版社，2011.

[99] 张启华，张树军. 中国共产党思想理论发展史：下卷 [M]. 北京：人民出版社，2011.

[100] 张青兰. 人格的现代转型与塑造 [M]. 广州：广东人民出版社，2005.

[101] 张世欣. 中国古代思想道德教育史 [M]. 杭州：浙江大学出版社，2010.

[102] 张晓东. 中国现代化进程中的道德重建 [M]. 贵阳：贵州人民出版社，2002.

[103] 张学森. 核心价值观的历史演进与当代构建 [M]. 北京：人民出版社，2014.

[104] 张耀灿. 中国共产党思想政治工作史论 [M]. 北京：高等教育出版社，1999.

[105] 张玉芬. 大学生人格教育 [M]. 北京：经济管理出版社，2006.

[106] 张自慧. 礼文化的价值与反思 [M]. 上海：学林出版社，2008.

[107] 章诗同. 荀子简注 [M]. 上海：上海人民出版社，1974.

[108] 赵振洲. 现代西方道德教育策略研究 [M]. 济南：山东人民出版社，2010.

[109] 中共中央马克思恩格斯列宁斯大林著作编译局. 列宁选集：第3卷

[M]. 北京：人民出版社，2012.

[110] 中共中央马克思恩格斯列宁斯大林著作编译局. 马克思恩格斯全集：第2卷 [M]. 北京：人民出版社，1957.

[111] 中共中央马克思恩格斯列宁斯大林著作编译局. 马克思恩格斯全集：第12卷 [M]. 北京：人民出版社，1962.

[112] 中共中央马克思恩格斯列宁斯大林著作编译局. 马克思恩格斯全集：第31卷 [M]. 北京：人民出版社，1972.

[113] 中共中央马克思恩格斯列宁斯大林著作编译局. 马克思恩格斯全集：第42卷 [M]. 北京：人民出版社，1979.

[114] 中共中央马克思恩格斯列宁斯大林著作编译局. 马克思恩格斯全集：第20卷 [M]. 北京：人民出版社，1971.

[115] 中共中央马克思恩格斯列宁斯大林著作编译局. 马克思恩格斯全集：第3卷 [M]. 北京：人民出版社，1960.

[116] 中共中央马克思恩格斯列宁斯大林著作编译局. 马克思恩格斯全集：第1卷 [M]. 北京：人民出版社，1956.

[117] 中共中央马克思恩格斯列宁斯大林著作编译局. 马克思恩格斯选集：第1卷 [M]. 北京：人民出版社，2012.

[118] 中共中央文献研究室. 建国以来重要文献选编：第八册 [M]. 北京：中央文献出版社，1994.

[119] 中共中央文献研究室. 建国以来重要文献选编：第四册 [M]. 北京：中央文献出版社，1993.

[120] 中共中央文献研究室. 建国以来重要文献选编：第一册 [M]. 北京：中央文献出版社，1992.

[121] 中共中央文献研究室. 毛泽东 邓小平 江泽民论世界观人生观价值观 [M]. 北京：人民出版社，1997.

[122] 中共中央文献研究室，中共湖南省《毛泽东早期文稿》编辑组. 毛泽东早期文稿 [M]. 长沙：湖南人民出版社，2008.

[123] 中共中央文献研究室. 十八大以来重要文献选编（中）[M]. 北京：中央文献出版社，2014.

[124] 中共中央文献研究室. 十四大以来重要文献选编（上）[M]. 北京：

人民出版社，1996.

[125] 中华文化学院. 中华文化的创造性转化和创新性发展 [M]. 北京：学习出版社，2015.

[126] 中央档案馆，中共中央文献研究室. 中共中央文件选集：第1~25册 [M]. 北京：人民出版社，2013.

[127] 朱金瑞. 道德哲学读本 [M]. 北京：金城出版社，2016.

[128] 朱熹. 四书集注 [M]. 北京：北京古籍出版社，2000.

[129] 朱贻庭. 中国传统伦理思想史 [M]. 上海：华东师范大学出版社，2003.

[130] 朱义禄. 儒家理想人格与中国文化 [M]. 上海：复旦大学出版社，2006.

（二）期刊

[1] 陈春琳，薛勇. 塑造健康人格视角下的大学生诚信教育 [J]. 黑龙江高教研究，2004（12）.

[2] 陈建文. 健康人格教育的理论透视 [J]. 高等教育研究，2010，31（3）.

[3] 陈来. 如何看待儒家文化与中国传统文化 [J]. 中国哲学史，2018（1）.

[4] 陈利民. 儒家思想中的理想人格与修养方式 [J]. 现代大学教育，2004（1）.

[5] 陈占安，赵为民，张晓娟，等. 当代大学生与中国传统文化 [J]. 北京大学学报（哲学社会科学版），1996（1）.

[6] 程京武，卢宁. 对构建以传统文化为载体的思想政治教育有效机制的思考 [J]. 高教探索，2008（5）.

[7] 邓如辛. 新时期大学生人格培养的对策 [J]. 黑龙江高教研究，2007（1）.

[8] 邓旭阳. 孔子道德人格榜样教育对大学生思想教育工作的启示 [J]. 江苏高教，2014（5）.

[9] 狄奥. 论中国优良传统道德对当代大学生道德人格教育的现实价值 [J]. 学校党建与思想教育，2006（1）.

[10] 杜继艳，房咏梅. 先秦儒家理想人格思想之透视 [J]. 通化师范学院学报，2008，29（7）.

[11] 杜建华. 和谐社会视阈下大学生道德人格的塑造 [J]. 广州大学学报（社会科学版），2012（7）.

[12] 杜喜荣. 儒家"内圣外王"理想人格对当代大学生素质教育的启示 [J]. 教育理论与实践，2006（22）.

[13] 范芹，范国华. 中国传统文化视域下的思想政治教育 [J]. 东南大学学报（哲学社会科学版），2015，17（S2）.

[14] 冯刚. 新时代中国特色社会主义思想政治教育的创新发展 [J]. 中国高等教育，2018（Z1）.

[15] 冯建军，傅淳华. 多元文化时代道德教育的困境与抉择 [J]. 西北师大学报（社会科学版），2008（1）.

[16] 高飞. 试论大学生道德人格塑造的当代价值及基本策略 [J]. 教育探索，2012（12）.

[17] 高伟洁. 儒家君子理想与当代公民素质教育 [J]. 郑州大学学报（哲学社会科学版），2008（5）.

[18] 高学文，靳琪. 孔子的理想人格及其意义 [J]. 天水师范学院学报，2008（3）.

[19] 古琳. 社会主义荣辱观与当代大学生道德人格的建构 [J]. 贵州社会科学，2008（2）.

[20] 顾晓虎. 大学生网络道德人格的缺失与重塑 [J]. 江苏高教，2007（5）.

[21] 郭建锋，朱莉. 儒家文化对现代思想政治教育的启示 [J]. 思想教育研究，2010（8）.

[22] 郭三玲. 儒家理想人格与当代大学生道德人格培养 [J]. 学校党建与思想教育，2009（2）.

[23] 韩磊. 汲取儒家优秀文化，提高大学生道德修养 [J]. 贵州民族学院学报（哲学社会科学版），2006（1）.

[24] 韩丽颖. 立德树人：生成逻辑·精神实质·实践进路 [J]. 东北师大学报（哲学社会科学版），2016（6）.

[25] 何宇红. 儒家文化与大学生思想政治教育 [J]. 黑龙江高教研究, 2009 (10).

[26] 胡彩业. 当代大学生的人格问题及对策 [J]. 商情 (教育经济研究), 2007 (4).

[27] 黄光国. "道" 与 "君子": 儒家的自我修养论 [J]. 华中师范大学学报 (人文社会科学版), 2014, 53 (3).

[28] 黄军利. 把传统文化渗透于思想政治教育之中 [J]. 中国高等教育, 2016 (20).

[29] 李斌. 儒家的人生哲学与理想人格 [J]. 宁夏大学学报 (人文社会科学版), 2004 (6).

[30] 李长泰. 儒家君子范畴内涵新论 [J]. 江西社会科学, 2011, 31 (10).

[31] 李大伟. 基于传统文化维度的大学生思想政治教育创新探究 [J]. 江苏高教, 2012 (2).

[32] 李桂兰. 西方人格理论与当代青年健康人格的塑造 [J]. 宁夏大学学报 (人文社会科学版), 2007 (5).

[33] 李启军. 儒家人格美理想与梁漱溟的 "君子" 形象 [J]. 中国文化研究, 2011 (1).

[34] 李英林. 当代大学生道德人格的文化生成 [J]. 黑龙江高教研究, 2007 (10).

[35] 林伯海, 师晓娟. 家风的意蕴及其当代价值 [J]. 思想政治教育研究, 2017, 33 (5).

[36] 林泰. 对待传统文化要坚持马克思主义的分析方法 [J]. 思想理论教育导刊, 2015 (5).

[37] 刘昕, 刘海鹰. 论中华优秀传统文化在大学生思想政治教育中的作用与实践 [J]. 管子学刊, 2016 (4).

[38] 楼宇烈. 发扬人文精神, 重视自我修养 [J]. 孔子研究, 1999 (4).

[39] 鲁洁. 人对人的理解: 道德教育的基础——道德教育当代转型的思考 [J]. 教育研究, 2000 (7).

[40] 吕楠. 大学生主体性道德人格教育对重塑社会道德的思考 [J]. 湖北

社会科学，2012（6）．

　　[41] 吕平. 论当代大学生人际交往中的功利主义倾向 [J]. 大学（研究与评价），2007（4）．

　　[42] 马凤芹. 论大学生人格素养的构建 [J]. 教育探索，2007（3）．

　　[43] 马平均，易琳. 儒家君子思想对培育和践行社会主义核心价值观的启示 [J]. 学校党建与思想教育，2015（24）．

　　[44] 孟茹玉. 论价值认同的生成机制与教育理路 [J]. 思想理论教育，2019（5）．

　　[45] 牟钟鉴. 重铸君子人格 推动移风易俗 [J]. 孔子研究，2016（1）．

　　[46] 曲江滨，张薇. 传统文化在大学生思想政治教育中的价值与应用 [J]. 学校党建与思想教育，2012（1）．

　　[47] 任庆运. 论通识教育与经典教育 [J]. 高教发展与评估，2008（2）．

　　[48] 尚建飞. 先秦儒家君子人格的价值内涵 [J]. 内蒙古大学学报（哲学社会科学版），2013，45（6）．

　　[49] 佘双好. 论新时代思想政治教育发展的新使命 [J]. 思想理论教育，2018（5）．

　　[50] 沈韬. 儒家道德教育与人格塑造 [J]. 教育评论，2013（4）．

　　[51] 宋冬林. 汲取儒家道德文化精华 塑造大学生和谐人格 [J]. 中国高教研究，2007（10）．

　　[52] 宋珺. 论实践育人理念在高等教育中的实施 [J]. 思想教育研究，2012（7）．

　　[53] 孙德玉. 先秦儒家人格教育思想的理论基础论略 [J]. 合肥师范学院学报，2008（5）．

　　[54] 孙松发. 谈塑造大学生道德人格的教育 [J]. 湖北社会科学，2003（9）．

　　[55] 唐璐. 儒家理想人格对当代大学生人生观的启示 [J]. 北京航空航天大学学报（社会科学版），2007（2）．

　　[56] 涂文娟. 论慎独与大学生道德人格成长 [J]. 道德与文明，2008（2）．

　　[57] 万光侠. 中华传统文化创造性转化创新性发展的哲学审视 [J]. 东岳论丛，2017，38（9）．

［58］王苍龙.“公民式君子”抑或“君子式公民”：重新思考君子与公民 [J].天府新论，2018（1）.

［59］王丹.儒家文化的和谐理念与大学生和谐人格教育 [J].江苏高教，2011（2）.

［60］王丰先.孔子的理想人格思想 [J].兰州交通大学学报，2005（2）.

［61］王莉萍，王芳.在思想政治教育中弘扬民族传统文化精神的研究 [J].内蒙古师范大学学报（教育科学版），2007（11）.

［62］王娜.传统文化融于大学生理想信念教育的价值与实现 [J].思想政治教育研究，2017，33（1）.

［63］吴长庚.儒家忠恕之道的当代价值 [J].上饶师范学院学报（社会科学版），2004（5）.

［64］吴正南.“君子”考源 [J].武汉教育学院学报，1998（5）.

［65］肖川.主体性道德人格教育：概念与特征 [J].北京师范大学学报（社会科学版），1999（3）.

［66］许静波.构建和谐社会与大学生道德人格的养成 [J].黑龙江高教研究，2005（9）.

［67］许思安，张积家.儒家君子人格结构探析 [J].教育研究，2010，31（8）.

［68］杨国荣.人格之境与成人之道：从孟子看儒家人格学说 [J].南京社会科学，1994（6）.

［69］易小明.道德内化概念及其问题 [J].伦理学研究，2011（5）.

［70］曾海军.君子恶居下流：兼论儒家的担当精神 [J].中山大学学报（社会科学版），2013，53（6）.

［71］张洪伟.论传统文化在大学生思想政治教育中的意义 [J].吉林师范大学学报（人文社会科学版），2010，38（3）.

［72］张世友.儒家人格理论对大学生健全人格培育的现实价值 [J].教育评论，2005（5）.

［73］张秀明，王宝状.大学生健康人格的培养 [J].中国青年政治学院学报，2007（6）.

［74］张学军.先秦儒家“君子人格”的阳刚美及其现代价值 [J].学术论

坛，2005（5）.

[75] 赵琼. 网络与大学生和谐道德人格的建构 [J]. 思想教育研究，2005
（8）.

[76] 郑雪. 健康人格的理论探索 [J]. 华南师范大学学报（社会科学版），
2006（5）.

[77] 郑永廷. 论当代精神文化的发展与价值 [J]. 中国高教研究，2002
（5）.

[78] 教育部关于加强普通高等学校大学生心理健康教育工作的意见 [J].
思想理论教育导刊，2001（4）.

[79] 祖嘉合. 论当代大学生社会共同理想的教育和引导 [J]. 思想理论教
育导刊，2012（7）.

（三）学位论文

[1] 鲍彩莲. 试论孔子的理想人格：君子 [D]. 大连：辽宁师范大
学，2003.

[2] 查文静. 先秦儒家思想在大学德育中的应用探讨 [D]. 昆明：云南大
学，2018.

[3] 杜继艳. 先秦儒家理想人格思想与当代大学生健全人格的塑造 [D].
长春：东北师范大学，2006.

[4] 冯琳舒. 孔子君子人格思想对大学生道德人格塑造的启示 [D]. 长春：
长春理工大学，2015.

[5] 庞晓利. 儒家君子人格对新时代大学生道德人格培育的启示 [D]. 桂
林：广西师范大学，2016.

[6] 熊燕华. 孔子君子人格观探析 [D]. 武汉：华中科技大学，2007.

[7] 张春乐. 孔子德育思想融入新时期大学生道德教育研究 [D]. 延安：
延安大学，2018.

二、英文

（一）专著

[1] BERKOWITZ M W ，OSER F. Moral Education：Theory and Application
[M]. Mahwah：Lawrence Erlbaum，1985.

［2］KURTINES W，GEWIRTZ J L. Moral Development：An Introduction ［M］. Boston：Allyn & Bacon，1995.

［3］LAPSLEY D K. Moral Psychology ［M］. Boulder，CO：Westview Press，1996.

［4］LAPSLEY D K，NARVAEZ D. Moral Development，Self，and Identity ［M］. Mahwah：Erlbaum，2004.

（二）期刊

［1］NEWMAN M L，HOLDEN G W，DELVILLE Y. Isolation and the Stress of Being Bullied ［J］. Journal of Adolescence，2005，28（3）．

［2］WALKER L J，PITTS R C. Naturalistic Conceptions of Moral Maturity ［J］. Developmental Psychology，1998，34（3）．

后 记

"国无德不兴，人无德不立。"大学生是祖国的未来和民族的希望，大学生的道德水准和精神风貌在很大程度上折射了整个民族的文明素养。高校要加强大学生道德教育，引导大学生将正确的道德认知、自觉的道德养成与积极的道德实践相结合，让他们践行社会主义核心价值观，既是高校落实"立德树人"根本任务的必然要求，也是培养担当民族复兴大任的时代新人的必然要求。中华优秀传统文化历史源远流长、内容博大精深，是中华民族精神的象征。优秀传统文化以儒家为主导，以伦理为核心，体现了浓厚的道德意蕴。从优秀传统文化的道德价值来看，先秦儒家君子人格思想，是中华民族"最深层次的精神追求"和"独特的精神标识"的典型代表之一，甚至在一定意义上具有"根"和"魂"的地位和价值。因此，高校要充分挖掘先秦儒家君子人格理想蕴含的具有时代价值的思想观念、人文精神和道德规范，并对其进行创造性转化和创新性发展，对推动新时代大学生道德教育高质量发展具有重要的理论和实践意义。本书的立论正是建立在上述两方面认识的基础之上的。

本书是在我的博士学位论文基础上形成的，在此，要由衷地感谢我的恩师刘占祥教授！恩师于我，是师似父亦类友。我的老师学养深厚、文江学海，师之学问纵贯古今，融通中外、怀瑾握瑜、蕴珠含玑。每每在我写作陷入迷惑与困顿之时，老师总能切中问题要害，使我茅塞顿开、如饮甘饴。我的老师思想睿智、见识超绝，对我的点拨，既有严的要求、高的标准，又有细的指导、精的打磨，既注重对我思路和眼界的开拓，又不辞字斟句酌之辛劳，让我深深体会到了老师用心之良苦。我的老师潜心育人、循循善诱，对我时有的懈怠从未有严厉之训责，对我微末的进步却总报以无限之嘉许，不断坚定我求学问道的信心。我的老师常谆谆教诲："文章之道，思维为魂魄，逻辑为筋骨，语言为血肉"，引导我步步探究学术真谛。我的老师温厚纯直、慈爱可亲，常教我人生哲理。当我向老师倾诉苦闷之时，老师辄以左手托右肘横于胸前，右手微扬夹一支香烟淡淡吸一口，静静聆听。听我发完牢骚，老师总能春风化雨，以其淡然清逸的心境为我排遣生活中的烦忧、工作上的苦闷。

这篇书稿得以完成，要真诚地感谢在选题、撰写及修改过程中为我提出许多宝贵建议的鲜于浩教授、苏志宏教授、何云庵教授、林伯海教授、肖平教授、田雪梅教授、胡子祥教授、田永秀教授、冉绵惠教授、邓淑华教授、杨先农教授、王淑芹教授……我正是因为有了他们的耐心解答、真诚鼓励与时常鞭策，才使书稿更加丰富、完整。

感恩我的家人对我的默默支持和鼓励，家人用血浓于水的亲情给予我爱和温暖，让我能心无旁骛地投身于书稿的写作中。感谢众同窗好友一路扶持，这份弥足珍贵的师门情谊让原本单调的写作生活充满了欢乐与感动。特别感谢西南交通大学党委学生工作部张军琪部长，张部长是我在西南交通大学求学和工作的良师益友，在学业上，经常予以我督促和激励，在工作中，又给予我帮助和指导。张部长待人谦虚、做事严谨的处世态度一直是我学习的榜样。同时，本书出版也得到了党委学生工作部和张军琪部长的鼎力支持。

最后，我要郑重地感谢学界前辈们所做的开创性的研究工作和形成的博大精深的思想成果，正是因为站在巨人的肩上，我的研究才得以顺利进行。

君子曰："学不可以已。"书稿付梓意味着我粗浅的研究暂告一段落，但对学问的不懈求索刚刚翻开新的一页。王国维先生说："人生过处惟存悔，知识增时只益疑。"从今住后，我唯有以更专心、更刻苦的姿态踏上新的学习征程，只争朝夕，不负韶华，不负大家对我的关心、鼓励和帮助！

石莹

2024 年 2 月